O Poder da Atenção

Combata a distração, recupere o foco

O Poder da Atenção

Uma Forma Inovadora de Restaurar o Equilíbrio, a Felicidade e a Produtividade

Gloria Mark

ALTA BOOKS
GRUPO EDITORIAL
Rio de Janeiro, 2024

O Poder da Atenção

Alta Life é um selo da editora Alta Books do Grupo Editorial Alta Books (Starlin Alta Editora e Consultoria LTDA).

ISBN: 978-85-5082-208-2

Translated from original Attention Span. Copyright © 2023 by Gloria Mark. ISBN 978-1-335-44941-2. This translation is published and sold by Hanover Square Press, *the owner of all rights to publish and sell the same. PORTUGUESE language edition published by Starlin Alta Editora e Consultoria Ltda, Copyright © 2024 by* STARLIN ALTA EDITORA E CONSULTORIA LTDA.

Impresso no Brasil — 1ª Edição, 2024 — Edição revisada conforme o Acordo Ortográfico da Língua Portuguesa de 2009.

Dados Internacionais de Catalogação na Publicação (CIP) de acordo com ISBD

M345p Mark, Gloria

O poder da atenção: uma forma inovadora de restaurar o equilíbrio, a felicidade e a produtividade / Gloria Mark. - Rio de Janeiro : Alta Books, 2024.
320 p. ; 15,7cm x 23cm.

Inclui índice.
ISBN: 978-85-5082-208-2

1. Autoajuda. 2. Atenção. 3. Equilíbrio. 4. Felicidade. 5. Produtividade. I. Título.

2024-170 CDD 158.1
CDU 159.947

Elaborado por Odilio Hilario Moreira Junior - CRB-8/9949

Índice para catálogo sistemático:
1. Autoajuda 158.1
2. Autoajuda 159.947

Produção Editorial: Grupo Editorial Alta Books
Diretor Editorial: Anderson Vieira
Editor da Obra: Ibraíma Tavares
Vendas Governamentais: Cristiane Mutüs
Gerência Comercial: Claudio Lima
Gerência Marketing: Andréa Guatiello

Produtor Editorial: Thales Silva
Tradução: Helena Coutinho
Copidesque: Isabella Veras
Revisão: Kamilla Wozniak; Denise Himpel
Diagramação: Rita Motta

ALTA BOOKS
GRUPO EDITORIAL

Rua Viúva Cláudio, 291 — Bairro Industrial do Jacaré
CEP: 20.970-031 — Rio de Janeiro (RJ)
Tels.: (21) 3278-8069 / 3278-8419
www.altabooks.com.br — altabooks@altabooks.com.br
Ouvidoria: ouvidoria@altabooks.com.br

Editora **afiliada à:**

ASSOCIADO Câmara Brasileira do Livro

Para minha mãe, que se concentrou no que é importante.

SUMÁRIO

Parte Três: Foco, Ritmo e Equilíbrio

INTRODUÇÃO:

Quebrando Mitos sobre a Atenção

Pensamos que nossa civilização está perto de seu meridiano, mas estamos apenas no canto do galo e na estrela da manhã.

— Ralph Waldo Emerson

Imagine abrir seu notebook pela manhã. Imediatamente, aparece uma enxurrada de e-mails. Você olha para eles, vários demandando atenção, começa a respondê-los, percebendo que cada um exige certo esforço. Em seguida, você passa a trabalhar em um projeto que precisa terminar ainda hoje, atende alguns telefonemas, mas recebe a notificação de outro e-mail, da sua supervisora. Você passa a ele de imediato para que ela constate, implicitamente, que você está fazendo o seu trabalho. Mas então o calendário o notifica sobre sua próxima reunião no Zoom. São apenas 10 horas da manhã, e você já começa a se sentir cansado. Às 3 da tarde, mal consegue pensar no projeto com o prazo para hoje. Começando a trabalhar nele, você descobre que está com problemas para se concentrar e não para de cometer erros.

Ou, talvez, seu plano para o dia seja fazer os seus impostos. Mas, primeiro, você verifica o Facebook e se vê envolvido em postagens de amigos. Um link para um vídeo interessante o leva ao YouTube, e então você nota as recomendações na barra lateral e fica imerso assistindo a outros vídeos. Você sai do YouTube e volta para os impostos, mas lembra que precisa enviar e-mails sobre a reforma na sua casa. Quando entra na sua caixa de entrada, vê outras mensagens com as quais deve lidar. Três horas se passaram, e você não tem mais energia nem disposição para se concentrar nesses impostos.

Desenvolvemos laços indestrutíveis com nossos computadores e celulares durante grande parte das horas que passamos acordados. Quando seu celular toca, sinalizando uma mensagem de texto, você não pode ignorá-lo. A onipresença dos smartphones e o acesso à internet mudaram as normas do trabalho e da vida pessoal com a expectativa de estarmos disponíveis 24 horas por dia, 7 dias por semana. Não é incomum que as pessoas relatem que acordam no meio da noite e verificam seus celulares em busca de mensagens e e-mails. Ouvi muito isso durante a minha pesquisa. Qualquer indivíduo que tente se desconectar paga um preço por não acompanhar as informações e mensagens. Entre nosso mundo competitivo de trabalho e nossa rede social interconectada de relacionamentos, ninguém pode se dar ao luxo de ficar de fora.

Um novo tipo de comportamento surgiu com o advento da computação, no qual alternamos dinamicamente nossa atenção entre diferentes aplicativos, telas e dispositivos. Como cientista e pesquisadora, tive a sorte de poder observar (e rastrear empiricamente) esse padrão de alternância de atenção e, com ele, o acúmulo de estresse e exaustão dos últimos vinte anos, à medida que nos tornamos mais dependentes de nossos dispositivos. Simplificando, nosso uso de tecnologias pessoais afeta nossa capacidade de prestar atenção. O que tenho visto é que, nas últimas duas décadas, as mentes humanas passaram coletivamente por uma mudança impressionante na forma como se concentram na informação. Mas também vi como o estresse está associado à alternância de atenção — e precisamos levar isso a sério: a Organização Mundial da Saúde identificou o estresse como uma epidemia do século XXI.[1] No momento em que este livro está sendo escrito, o mundo está lutando contra uma pandemia, as pessoas estão gastando mais tempo do que nunca em seus dispositivos e o estresse tem aumentado.

Sou psicóloga de formação, mas quase não cheguei a ser. O microbiologista Louis Pasteur escreveu que "o acaso favorece a mente preparada", e foi por acaso, e com a mente aberta às oportunidades, que entrei nessa área. A verdade é que comecei como artista e nunca pensei que faria outra coisa. Estudei artes plásticas no Instituto de Arte de Cleveland, especializando-me em pintura e desenho. Eu estava profundamente arraigada no expressionismo abstrato — tão profundamente, na verdade, que, anos depois, quando li os cadernos que guardei enquanto pintava, não consegui entendê-los. A escrita era abstrata demais para a minha atual perspectiva como cientista.

Depois de me formar, recebi uma bolsa do British Arts Council e fui para Londres pintar murais. Mas, durante aquele ano, experimentei a realidade de como era difícil ganhar a vida como artista. Também descobri que um colega talentoso, recém-formado em uma escola de arte, estava estudando odontologia para ganhar a vida (é uma boa profissão, mas não requer anos de formação artística). Também já tinha ouvido falar de outro artista que era meu conhecido e trabalhava como ascensorista. Embora algumas pessoas possam ser tão dedicadas à arte que estejam dispostas a passar oito horas por dia em um trabalho de que não gostam para apoiar sua paixão, logo percebi que essa vida não era para mim. Felizmente, eu também era boa em matemática e sabia que era muito mais fácil ganhar o pão de cada dia usando essa habilidade.

Foi assim que acabei na Universidade de Michigan, atrás de um mestrado em estatística, o que abriria caminho para que estudasse psicologia e uso de computadores. Na época, eu só precisava trabalhar, então me candidatei a um cargo de assistente de pesquisa com Manfred Kochen, um cientista da informação. Quando entrei em seu escritório para a entrevista, o Dr. Kochen me perguntou: Sabe programar? (não); Conhece a teoria dos conjuntos difusos? (não); Conhece a teoria das redes? (não). Peguei a mochila e me levantei para sair do escritório. Então, o Dr. Kochen me chamou: "Bem, o que você sabe fazer?" Virei-me e respondi-lhe que sabia pintar. Ele me disse para voltar e sentar.

O Dr. Kochen me disse que, antes de obter seu PhD em matemática no Instituto de Tecnologia de Massachusetts (MIT, na sigla em inglês), tivera aulas na Liga de Estudantes de Arte em Nova York. Em seguida, conversamos sobre arte por mais duas horas. Por fim, ele me disse: "Tenho uma bolsa para estudar o processo de descoberta. Você acha que poderia trabalhar nisso?" Com a arrogância e a ingenuidade da juventude, respondi que sim, com certeza. Eu sabia como os artistas faziam descobertas. Só precisava encontrar uma maneira de descrever isso em termos acadêmicos. Mergulhei no estudo da psicologia cognitiva, e esse trabalho acabou se transformando em um artigo apresentado em uma conferência. Mergulhei no mundo da psicologia e da ciência da informação, obtendo meu doutorado em Columbia.

O acaso cruzou meu caminho de novo quando, como primeiro emprego após a formatura, fui contratada por uma empresa de tecnologia da informação para empregar ideias psicológicas no estudo do uso da tecnologia. A companhia, Electronic Data Systems, montou um laboratório afiliado ao MIT. Conhecida como EDS, ela estava testando como computadores poderiam ajudar nas reuniões de negócios e montou uma sala de conferências com computadores em rede para que estudássemos como as pessoas colaboravam. A empresa teve a perspicácia de acreditar que precisava de um psicólogo para entender como elas usavam computadores durante reuniões de negócios. Hoje, ver computadores em rede em uma sala de conferências não é algo que nos assombra, mas, naquela época, lembro que me senti emocionada, achando que havia entrado no futuro. Era estimulante pensar que eu poderia estudar o uso da tecnologia em um ambiente de trabalho real.

Esse emprego foi o começo do que se tornaria uma jornada de décadas para estudar o uso e o abuso da tecnologia sob uma perspectiva psicológica. Este livro é o resultado da minha jornada, capturando o que aprendi sobre nossa natureza humana e social mais profunda, como pensamos, trabalhamos e interagimos uns com os outros e como isso é impactado pelas ferramentas que usamos. Essas "ferramentas" percorreram um longo caminho desde os computadores em rede da EDS, a tal ponto que os dispositivos digitais estão interligados com nossas esferas profissionais, sociais e privadas, portanto, este livro também trata de como nossas vidas mudaram na era digital. O uso da tecnologia é tão comum e onipresente que não pode mais ser desconectado de quem somos. O comportamento humano e o design da tecnologia da computação se influenciam mutuamente, e as mudanças estão acontecendo na velocidade da luz.

»«

Quando entrei no meio acadêmico, criei o que chamo de "laboratórios vivos" para estudar como as pessoas usam a tecnologia. Como psicóloga, sou treinada para levar os outros a laboratórios para estudar seu comportamento, a fim de controlar o maior número possível de variáveis, mas senti que, para realmente entender como as pessoas usam a tecnologia e como isso as afeta, tinha que presenciar o dia a dia delas. Dessa forma, poderia ter uma visão mais completa de suas emoções, relacionamentos, pressões e conflitos de trabalho e, é claro, de suas multitarefas, distrações e estresse, enquanto elas usam seus computadores e celulares. Foi assim que acabei sentada atrás de pessoas, observando-as em seus escritórios reais e clicando em um cronômetro toda vez que trocavam de tela no computador ou pegavam um celular (posteriormente, conseguimos atualizar nossa tecnologia para rastrear isso digitalmente, para grande alívio de meus alunos de pós-graduação). Foi também como me vi em uma sala de reuniões convencendo uma mesa cheia de executivos a me deixar desligar o e-mail de seus funcionários por uma semana e anexar monitores de frequência cardíaca a esses trabalhadores. Ou como descobrimos que câmeras vestíveis projetadas para tirar fotos faciais periódicas, a fim de medir a interação pessoal durante o trabalho, podem ocasionalmente confundir um assento de vaso sanitário com um rosto humano se os participantes do sexo masculino se esquecerem de desligar a câmera antes de ir ao banheiro. A ciência, especialmente fora de laboratórios controlados, nunca é perfeita.

Nas milhares de horas que passei estudando as pessoas no decorrer de seu trabalho diário, ouvi um sentimento comum. Elas relatam que estão sobrecarregadas e exaustas porque precisam lidar com muita informação e muitas mensagens. Esvaziar a caixa de entrada é uma tarefa tão difícil e fútil quanto a luta de Sísifo — assim que reduzimos nossos e-mails a uma quantidade administrável, uma nova avalanche chega. Também dizem que é muito difícil se concentrarem quando estão em seus computadores e smartphones. Veremos neste livro que as distrações não se devem apenas às notificações que aparecem nas telas ou ao toque dos celulares. Surpreendentemente, as pessoas se distraem quase com a mesma frequência devido a algo interno — um pensamento, uma memória, uma vontade de procurar informações ou um desejo de se conectar com outras pessoas. Quando você está dentro da maior loja de doces do mundo, é difícil resistir a experimentar os produtos.

Levamos grande parte das horas que passamos acordados no que chamo de mundo digital — um ambiente experiencial que acessamos por meio de computadores, smartphones e tablets. Não precisamos estar em um espaço de realidade virtual completo para experimentarmos a profunda imersão que sentimos todos os dias apenas usando nossos dispositivos. Ao passar tanto tempo imersos, desenvolvemos novos hábitos, expectativas e práticas culturais que, por sua vez, levam muitos a se perguntarem: como retomar o controle da nossa atenção neste mundo digital?

Por que nos sentimos no controle de nossas vidas no mundo físico, mas não no controle de nossa atenção no mundo digital? Este é apenas um dos paradoxos que enfrentamos com o aumento da computação. A tecnologia foi projetada com a intenção de aumentar nossas capacidades e nos ajudar a produzir mais informações, mas, em vez disso, sentimo-nos distraídos e exaustos. Gestores enviam mensagens e esperam respostas imediatas, mas também exigem produtividade. Um caso que descreverei mais adiante é o de um gestor que constantemente delegava trabalho a um funcionário por e-mail e, no entanto, esperava que ele cumprisse suas outras obrigações. Quando cortamos o acesso ao e-mail nesta empresa por uma semana, em vez de telefonar ou visitar o funcionário pessoalmente para lhe atribuir o trabalho, o gerente apenas parou de lhe passar tarefas. É muito mais fácil delegar trabalho por via eletrônica. Há também um paradoxo no próprio design da internet — uma estrutura que facilita a localização de informações e mapeia a organização da nossa memória como uma rede de associações. Mas a estrutura de nós e links da internet também nos incita a passar incontáveis horas navegando. Podemos ter a ilusão de que estamos fazendo mais e de que nossa capacidade humana se expande quando alternamos nossa atenção ou executamos multitarefas, mas, na verdade, estamos fazendo menos. Foi demonstrado que realizar multitarefas repetidamente está associado a um desempenho inferior quando medido objetivamente.

»«

Há outras desvantagens em executar multitarefas. Há um custo de troca — um tempo perdido porque, sempre que alterna a atenção, você precisa se reorientar para a nova tarefa. O custo não seria tão alto, se retomássemos imediatamente um projeto interrompido, mas nossos dados mostram que não é assim. Em vez disso, voltamos nossa atenção para, pelo menos, dois outros projetos com um atraso de mais de 25 minutos antes de retornarmos à tarefa interrompida. Esses intervalo de tempo e essa mudança de contexto são suficientes para interromper significativamente nosso trabalho.

Outro custo das multitarefas é que elas estão associadas a emoções negativas — ansiedade, estresse e esgotamento. O e-mail, um dos principais culpados pela distração, está especialmente associado ao estresse. Em um estudo que descreverei, descobrimos que, quando seu acesso ao e-mail era cortado por uma semana, as pessoas conseguiam se concentrar por mais tempo em seus computadores e desviar a atenção com menos frequência. Melhor ainda, vimos que, sem acesso ao e-mail, os monitores de frequência cardíaca mostraram uma variabilidade mensurável na frequência cardíaca ao final da semana de trabalho, demonstrando que as pessoas também estavam significativamente menos estressadas.[2]

A ciência mostra consistentemente que multitarefas causam estresse — nossa pressão arterial e frequência cardíaca aumentam —, e isso combina com nossas próprias percepções de que nos sentimos mais estressados. Até mesmo nossa resposta imune contra doenças enfraquece quando realizamos várias tarefas ao mesmo tempo. Há também um custo, pois, muitas vezes, ainda ficamos pensando na última coisa que fizemos enquanto trabalhamos na tarefa atual — aquela postagem emocionante que você acabou de ler pode ficar em sua mente e interferir na tarefa que tem em mãos. Mas o custo mais alto está em usar nossa preciosa e limitada capacidade de atenção, ou recursos cognitivos, especialmente quando temos que acompanhar várias tarefas interrompidas. É como ter um tanque que vaza e deixa pouco combustível para o nosso trabalho.

A percepção de que é difícil focar ao usar nossos dispositivos pessoais é, na verdade, apoiada pela ciência. Minha própria pesquisa, assim como as de outros, mostrou que, nos últimos quinze anos, nossa atenção diminuiu quando usamos nossos dispositivos. Nosso foco enquanto usamos computadores e smartphones tornou-se curto — insanamente curto —, já que agora gastamos, em média, cerca de 47 segundos em qualquer tela. Isso é verdade para todos: *baby boomers*, Geração X, *millennials* e Geração Z.

A internet começou a ser amplamente utilizada há menos de trinta anos. Muitas vezes, esquecemos que nossas vidas digitais são muito jovens — mais jovens do que a queda do Muro de Berlim, a formação da União Europeia e a primeira identificação do vírus HIV/AIDS. Quase 30% da população mundial é da Geração Z, nascida depois de 1997, e, tendo crescido com internet e smartphones, ela não experimentou a vida antes dessa revolução. Tendo percorrido eu mesma as gerações pré-internet e a da internet, ainda me maravilho com nossa capacidade de obter atualizações de notícias, procurar aconselhamento médico, descobrir quais lugares nossos amigos estão visitando, trabalhar de forma colaborativa em documentos com colegas e twittar nossos pensamentos para o mundo — tudo em segundos. No entanto, nós nos tornamos tão dependentes da internet que entramos em pânico quando a conexão cai, mesmo que por um momento.

Nossa sociedade digital e nossa atenção

Com os avanços da computação e nossa adoção desenfreada de computadores, smartphones e internet, nossa relação cotidiana com a tecnologia passou por uma rápida transformação, e isso é particularmente evidente pelas mudanças em nossos comportamentos de atenção. Hoje, a maioria das pessoas passa uma parte significativa da vida que leva acordada em dispositivos digitais (inclusive quando eles as acordam no meio da noite). O que há na maneira como usamos nossos dispositivos que afeta nossa capacidade de concentração e nos faz sentir tão esgotados?

Muito antes do surgimento da internet, o economista vencedor do Prêmio Nobel e psicólogo cognitivo Herb Simon capturou o dilema essencial de nossas vidas no mundo digital quando escreveu que "uma riqueza de informações cria uma pobreza de atenção e uma necessidade de alocar essa atenção de forma eficiente".[3] O progresso tecnológico abriu caminho para a criação contínua de dados e para o acesso quase ilimitado a informações e pessoas. Todos os dias, em quase todo o mundo, temos a oportunidade de mergulhar no vasto acervo de informações que a tecnologia nos oferece. Podemos usar aplicativos de computador e inteligência artificial para aumentar nossa capacidade de processar informações na internet, mas, em última análise, a mente humana age como um gargalo.

Se fôssemos super-humanos, teríamos uma capacidade ilimitada de focar e absorver informações e uma memória ilimitada para armazenar tudo. Talvez, em um futuro não tão distante, os humanos possam ter chips implantados no córtex pré-frontal que forneçam alta capacidade de processamento e vastos bancos de memória. Mas, por enquanto, isso é um sonho especulativo, e a história de como a mídia digital afeta nossa atenção e nosso humor é muito mais complicada do que apenas a quantidade de informações à nossa disposição.

Quando falamos sobre nossa cultura tecnológica acelerada, muitas vezes, surge a questão do transtorno de deficit de atenção e hiperatividade. Mas a dificuldade em mantermos a atenção em nossos computadores e celulares é um problema vivenciado por uma população muito mais ampla do que apenas aqueles com TDAH. A melhor estimativa que encontrei de prevalência desse transtorno entre adultos é de 4,6%, com base em uma revisão de 2021 de 40 estudos conduzidos com mais de 107 mil indivíduos.[4] Entre crianças e adolescentes norte-americanos de 2 a 17 anos, uma pesquisa de 2016 com mais de

50 mil famílias revelou que 8,4% dessa faixa etária foi diagnosticada com TDAH, tomando por base o relato dos pais.[5] Alguns estudos sugerem que pessoas portadoras desse transtorno podem ter um uso mais problemático do celular do que indivíduos não portadores. Uma pesquisa investigando 432 pessoas que relataram ter TDAH e seu uso do celular encontrou uma correlação entre os dois.[6] Embora o resultado seja intrigante, é importante enfatizar que ainda sabemos muito pouco sobre a relação entre esse transtorno e o uso de dispositivos pessoais — mais pesquisas são necessárias para vermos se há alguma conexão causal. Mas não devemos descartar a questão da atenção e dos dispositivos como algo que só é vivenciado por quem tem TDAH — em nossa cultura atual, todos são afetados.

Mitos modernos sobre a nossa distração

Nas conversas populares sobre as rápidas mudanças na nossa cultura, surgiram quatro mitos modernos sobre nosso relacionamento com a tecnologia de computação. Essas narrativas, apesar de sua popularidade, foram provadas falsas pela ciência, como descreverei neste livro.

O primeiro mito é que devemos sempre nos esforçar para estar focados quando usamos computadores e que, dessa forma, seremos produtivos. Devemos nos sentir culpados, se não conseguirmos nos concentrar. Mas acontece que focar por longos períodos, especialmente sem pausas, não é natural para a maioria das pessoas. Assim como a natureza é abundante em ritmos, nossa pesquisa mostra que a atenção também segue um compasso. A atenção focada vai e vem naturalmente. Há momentos durante o dia em que estamos em nosso foco máximo, e outros em que não estamos. Além disso, o foco sustentado está associado ao estresse. Não podemos enfrentar o desafio mental de focar por longos períodos ao longo do dia, assim como não podemos ser desafiados a levantar pesos sem parar o dia todo, sem que o nosso desempenho diminua quando ficarmos sem energia (ou recursos cognitivos), o que acontece bem antes do final de um dia típico de trabalho de oito horas.

O segundo mito é que o fluxo é o estado ideal pelo qual devemos nos esforçar quando usamos tecnologias. *Fluxo*, termo desenvolvido pelo psicólogo Mihaly Csikszentmihalyi, é o estado de atenção ideal, em que estamos tão envolvidos em uma experiência que perdemos o contato com o mundo exterior e não percebemos o passar do tempo. Sentimos alegria, entusiasmo e ficamos no auge da criatividade. A maioria de nós já experimentou o fluxo em algum momento. Pode ter sido ao tocar música, ao ouvir uma grande sinfonia de Mozart ou uma canção de rock do Led Zeppelin. Ou talvez você tenha entrado nesse estado enquanto jogava futebol e todos os jogadores pareciam se sincronizar magicamente. Se é um pintor ou ceramista, é provável que você já tenha estado no fluxo enquanto criava obras de arte — sentindo uma inspiração ilimitada e mantendo o foco com facilidade.

O ideal do fluxo é uma boa ambição, só que ele é raro em nossas rotinas, ainda mais se você for um trabalhador do conhecimento, o que significa que lida principalmente com o uso de informações digitais. Embora não seja incomum que o fluxo ocorra, se você for um artista, dançarino, músico, marceneiro ou atleta, para a maioria de nós, que passa muito tempo em frente a uma tela de computador ou ao celular, ele raramente acontece. Não é o computador em si que o atrapalha — é mais a natureza do trabalho de alguém. Você pode experimentar o fluxo facilmente, se compuser música no computador ou se programar algo complexo, mas não se trabalhar agendando reuniões ou escrevendo relatórios. Esse estado não ocorre enquanto brincamos com jogos de palavras ou assistimos à Netflix — isso atrai nossa atenção, mas não são experiências criativas de pico. Em vez do foco do fluxo, nossa atenção no mundo digital geralmente é de curta duração e tem a qualidade de ser dinâmica e mudar de tela para tela — o que chamo de cinética.

O terceiro mito é que as distrações, interrupções e multitarefas que experimentamos ao usarmos nossos dispositivos se devem principalmente às notificações que recebemos e à nossa própria falta de disciplina. Embora muito tenha sido escrito sobre como as notificações adaptadas por algoritmos desempenham um papel no sequestro da atenção, pouco se conhece sobre como a atenção está sujeita a outras pressões. Não usamos tecnologia no vácuo. Nossos comportamentos no mundo físico são influenciados pela cultura em que vivemos. Assim, nossos comportamentos no mundo digital também são influenciados por forças ambientais, sociais e tecnológicas. Essas influências também não ocorrem apenas no mundo ocidental, mas são universais.

Algumas delas podem ser inesperadas. Em primeiro lugar, os humanos pensam em termos de associações, e a internet se aproveitou disso, com seu design de rede tão perfeitamente sintonizado com o pensamento que faz não apenas você encontrar informações com facilidade, mas também não parar de buscar pepitas interessantes depois de achar o que estava procurando. Além disso, embora saiba que as diferenças individuais são o que tornam os seres humanos únicos, você talvez não perceba como os traços de personalidade podem afetar nossa atenção. Para alguns, é fácil autorregular o comportamento e não checar o Instagram enquanto, para outros, praticar o autocontrole é um grande desafio. Você também pode não estar ciente de como alguns traços de personalidade influenciam a duração da atenção no computador e no celular, ou a frequência com que alguém verifica o e-mail. Outra influência é o fato de sermos seres sociais e, portanto, suscetíveis às forças sociais de outros. Recebemos recompensas sociais quando interagimos com outras pessoas, curvamo-nos à pressão dos colegas, respondemos ao poder e queremos manter um crédito positivo de capital social com colegas e amigos, o que, por sua vez, leva-nos a continuar verificando e-mails e redes sociais. Além disso, embora você esteja, sem dúvida, ciente de que estamos imersos em uma cultura de mídia além de apenas computadores ou smartphones, talvez não perceba que os hábitos que adquire em outras mídias podem influenciar sua atenção no computador. As quatro horas diárias que o norte-americano médio passa vendo TV passivamente (a média de horas de exibição aumenta com a idade), além das que leva assistindo ao YouTube e a videoclipes, acostumou o espectador a experimentar mudanças rápidas e contínuas de cena, o que, por sua vez, pode reforçar os hábitos de tela no computador.

O quarto mito amplamente compartilhado é que a atividade mecânica e irracional que fazemos em nossos computadores e celulares não tem valor. Nesta narrativa, somos pressionados a eliminar atividades irracionais, como montar quebra-cabeças bobos, navegar nas redes sociais, ou apenas passar tempo na internet, para que possamos ser produtivos. A resposta curta é que sim, estamos perdendo tempo ao ficarmos presos em um labirinto de redes sociais, ainda mais quando temos coisas importantes a fazer e prazos a cumprir.

Essa é uma armadilha de atenção que abordarei no livro. Porém, é possível fazer pausas curtas e realizar essas atividades mecânicas com intenção e moderação para relaxar. Há uma razão pela qual as pessoas são atraídas por essas atividades — em suma, descobrimos, em nossos estudos, que isso torna as pessoas felizes. Ficamos mais felizes quando usamos nossa atenção para atividades fáceis e envolventes que não sejam desafiadoras e estressantes. Deixar a mente vagar enquanto fazemos pausas com tarefas fáceis, tanto online quanto no mundo físico, ajuda-nos a reabastecer nossos escassos recursos cognitivos e, com mais recursos, somos mais capazes de nos concentrar e ser produtivos. Jean Stafford, autor vencedor do Prêmio Pulitzer, usou atividades mecânicas, como jardinagem, para ajudar a desestressar e reconstruir seus recursos cognitivos para a escrita.[7] Mostrarei como as atividades mecânicas não apenas funcionam em conjunto com a atenção focada, mas também desempenham um papel ao nos ajudar a alcançar o bem-estar.

Neste livro, vou mergulhar fundo na pesquisa que mostra as razões pelas quais esses mitos populares não são reais. Um motivo para o surgimento deles é que a ciência da atenção não foi considerada na descrição de como usamos tecnologias pessoais. Nossa atenção em computadores é afetada por muitas coisas — o trabalho que fazemos, a quantidade de recursos cognitivos disponíveis, a hora do dia, o estresse, a qualidade do sono e uma série de outros fatores. Se aceitarmos a ideia de que as distrações são, principalmente, nossa própria culpa, ignoramos o fato de que fazemos parte de uma cultura sociotécnica mais ampla que exerce influência sobre nosso comportamento.

Reenquadrando nosso objetivo da produtividade para o bem-estar

Em 2009, aconteceu algo que me abriu os olhos. Naquele ano, recebi o diagnóstico de câncer de cólon em estágio III. Eu achava que era a pessoa mais saudável que conhecia. Corria diariamente, comia de forma saudável e mantinha meu peso baixo. De repente, me disseram que eu tinha uma taxa de sobrevivência de 69% em 5 anos. Eu estava determinada a fazer parte do grupo dos 69% e fico feliz em informar que faço. Estou livre do câncer há quatorze anos no momento em que escrevo este livro e pretendo continuar assim. Na época do diagnóstico, a causa do câncer não era conhecida. Uma triagem genética não mostrou nenhum gene responsável ou vínculo genético familiar. Mas, nos anos anteriores, eu havia passado por uma tremenda quantidade de estresse e me lembro de pensar que, em algum momento, pagaria o preço por isso. Embora eu saiba que não posso atribuir meu diagnóstico de câncer apenas ao meu tempo de tela ou à minha vida profissional, sabe-se que o estresse enfraquece o sistema imunológico. Além disso, quando alguém experimenta um acontecimento que ameaça a própria vida, percebe que o tempo é finito. Meu diagnóstico foi um alerta para eu pensar em como estava gastando meu tempo — passava boa parte em meus dispositivos e ficava muito estressada por causa disso. Também percebi como, em nossa era digital atual, sentir uma pressão de tempo tão intensa e tanto estresse é algo generalizado — eu só precisava olhar ao meu redor e ouvir o que meus colegas e participantes do estudo estavam dizendo. Essas experiências me fizeram pensar ainda mais profundamente sobre o papel que os dispositivos digitais desempenham em nosso bem-estar.

Apesar disso, eles nos trouxeram muitos benefícios, e grande progresso ao facilitarem nossas vidas, permitindo-nos trabalhar em casa, conectar-nos com entes queridos, receber cuidados médicos especializados, encontrar informações e muito mais. Meu susto com a minha saúde me deixou profundamente ciente de que precisamos repensar como usamos nossos dispositivos, mantendo nossa saúde e bem-estar.

Sempre ouvimos que agora temos os meios técnicos para sermos incessantemente produtivos nessa era digital e que precisamos otimizar o tempo o máximo possível. Minha própria experiência de vida e minha pesquisa me levaram a uma conclusão diferente: devemos pensar em como alcançar nosso máximo bem-estar. Precisamos mudar a conversa, passando de ajustar nossas vidas a fim de sermos produtivos ao máximo, a, em vez disso, ajustar nossas vidas a fim de nos sentirmos equilibrados. Nosso objetivo ao usar dispositivos deve ser manter um estoque positivo de recursos mentais para que experimentemos um nível mais alto de bem-estar. Como resultado, seremos mais produtivos.

»«

A era digital moderna causou uma mudança fundamental em como pensamos e trabalhamos, e em como focamos nossa atenção e nos realizamos. Nossa tecnologia diária, nossos ambientes culturais e sociais e nossa natureza humana individual, juntos, dificultam o foco. Agora, precisamos de um novo paradigma para entender como nos mantermos felizes, produtivos e realizados. As balas de prata que nos foram prometidas para melhorar o foco e a produtividade são vazias, baseadas em suposições erradas sobre atenção. Em vez de considerá-la como um estado binário em que ou estamos focados ou distraídos, devemos entender que ela é muito mais matizada. Nos capítulos seguintes, mostrarei como cada tipo de atenção — estar concentrado, fazer atividades mecânicas e até mesmo sentir-se entediado — tem valor e propósito quando se trata de manter um equilíbrio positivo de recursos cognitivos ao longo do dia. Isso significa que o foco não é o único estado "ótimo" de atenção, mas funciona melhor quando equilibrado com outros tipos que sobrecarregam menos nossos recursos.

Este livro é dividido em três partes. Na primeira, apresento algumas ciências importantes sobre a atenção. O estudo dela é um vasto campo coberto por milhares de artigos ao longo de mais de um século, desde William James, considerado o pai da psicologia. Cobrir todos os aspectos da atenção relacionados à experiência no mundo digital seria muito longo. Portanto, restringi-me a apenas alguns conceitos-chave, como a teoria e o papel dos recursos cognitivos limitados, que ajudarão você a entender seu comportamento ao usar dispositivos. O restante da Parte Um abrange pesquisas que fiz com colegas, mostrando o quanto as pessoas realmente executam multitarefas e são interrompidas e como nossa capacidade de atenção tem diminuído com o surgimento da computação pessoal e dos smartphones. Abordarei o primeiro mito mostrando que, em vez de lutar pelo foco ininterrupto, é importante considerar o equilíbrio dos estados de atenção. Também discutirei o segundo mito e explicarei que encontrar o próprio ritmo de atenção é mais viável do que atingir o fluxo. Na Parte Dois, abordarei o terceiro mito e as razões pelas quais realizamos várias tarefas ao mesmo tempo e nos distraímos, mergulhando profundamente nas influências individuais, sociais, ambientais e tecnológicas sobre nossa atenção, distrações, interrupções e multitarefas no ambiente digital. Também abordarei o quarto mito, apresentando resultados de pesquisas que mostram como a atividade irracional realmente traz benefícios e pode nos ajudar a repor nossos recursos. Na Parte Três, discutirei soluções: como podemos desenvolver a capacidade de controle de atenção, com base em pesquisas que mostram como as pessoas podem ser seus próprios agentes de mudança bem-sucedidos, e como você pode usar seus dispositivos e seguir seu próprio ritmo de atenção.

Ao longo dos anos, muitos colegas e alunos expressaram o quanto se identificam com os resultados da minha pesquisa. Você deve perceber que as percepções que tem sobre a própria atenção foram confirmadas pela ciência. Este livro pretende ajudá-lo a entender por que você tem tanta dificuldade em manter o foco, por que se distrai facilmente e se autointerrompe e por que sua atenção muda tanto quando usa dispositivos. A mudança real começa com a consciência, e desenvolver a capacidade de controlar a atenção é entender por que nos comportamos assim para que possamos autorrefletir e corrigir o curso. Se seu objetivo é alcançar um equilíbrio psicológico saudável, você manterá seus recursos mentais reabastecidos e, como subproduto, será mais produtivo. À medida que nosso mundo digital continua a acelerar, estou otimista e acho que também podemos encontrar equilíbrio dentro dele.

Parte Um:

A Anatomia da Atenção

CAPÍTULO UM:

Seus Recursos Cognitivos Limitados

A maioria das pessoas sabe ajustar as configurações de computadores, tablets e smartphones. É provável que você tenha uma compreensão básica de como a internet funciona e, quando seu dispositivo fica sem conexão, consiga solucionar o problema. Embora a maioria de nós tenha uma boa noção sobre o funcionamento dos dispositivos, poucos sabem como nossa atenção funciona quando os usamos. Para entender por que mudamos nosso foco tão rapidamente nos nossos dispositivos, por que sucumbimos às distrações e por que nossos dias parecem tão desgastantes, neste capítulo, abriremos a caixa-preta da mente e examinaremos os processos psicológicos profundos que explicam nossos comportamentos digitais únicos. Mais adiante no livro, também abordaremos uma visão holística das forças subjacentes que podem explicar por que executamos multitarefas e nos distraímos tanto. Mas, primeiro, começaremos com os conceitos básicos da atenção, como ela funciona, quanta energia realmente é necessária para realizar tarefas "simples" e como as ferramentas digitais que usamos quase sempre exigem dos nossos recursos limitados de atenção.

A mudança da minha relação com a tecnologia

Minha jornada de estudo sobre por que nossa atenção é drenada tão rapidamente ao usar nossos dispositivos começou em 2000, quando iniciei minha carreira acadêmica. Embora a bolha da internet tivesse estourado, aquele ano deu início a uma nova década de avanços acelerados nas tecnologias digitais. Nos 10 anos seguintes, 5 milhões de startups seriam fundadas. Em 2003, veríamos o nascimento de uma gigante das redes sociais que desencadeou uma onda de outras gigantes que mudaram a vida não apenas de indivíduos, mas da sociedade como um todo. Em 2007, seríamos apresentados a um pequeno computador de bolso que mudou como, quando e onde acessamos informações e pessoas.

O ano 2000, além de marcar um ponto de virada na evolução digital, também mudou a minha relação com a tecnologia. Eu havia acabado de voltar para os Estados Unidos depois de trabalhar em um grande instituto de pesquisa na Alemanha, onde desfrutei de uma vida profissional equilibrada. Lá, eu não precisava solicitar verbas, não precisava dar aulas, não precisava participar de comitês e podia focar um único projeto. Porém, quando fui trabalhar na Universidade da Califórnia em Irvine, de repente, me vi inserida em uma nova cultura: trabalhava em vários projetos, solicitava verbas para financiar ainda outros, dava aulas, orientava estudantes, participava de comitês e construía uma nova rede de contatos. Eu sabia que deveria frear alguns projetos, mas como recusar tantas oportunidades interessantes?

Ficava grudada na tela do meu computador enquanto tentava acompanhar tudo. Minha atenção mudava constantemente entre meus diferentes projetos e também entre aplicativos e sites, muitas vezes nem relacionados ao trabalho. Às vezes, essas mudanças eram motivadas por e-mails ou outras notificações, mas, outras, também por meus próprios pensamentos. Era muito difícil passar meu tempo terminando um projeto, mesmo que parcialmente, antes de começar a trabalhar em outro. E essa alternância de atenção só se intensificou ao longo da década.

Um exemplo dessa mudança de relação está na hora do almoço. Na Alemanha, o almoço é uma refeição grande e quente, chamada *Mittagessen*. Quando o meio-dia se aproximava, meus colegas se reuniam para almoçar. Todos esperávamos ansiosamente por esse longo e agradável intervalo, que durava cerca de uma hora. Caminhávamos até o refeitório, comíamos uma refeição quente e passávamos o tempo conversando animados, fofocando e discutindo novas tecnologias. Então, como um acréscimo saudável à hora de almoço, nós dávamos uma *Runde*, caminhada de vinte minutos pelo campus. Todos voltávamos ao trabalho revigorados e cheios de novas ideias. Quando retornei aos Estados Unidos, minhas práticas da hora do almoço mudaram drasticamente. Logo depois de dar minha primeira aula, eu corria ao refeitório para comprar um almoço para viagem. Voltava correndo para o escritório e, no corredor, passava pelas portas abertas de todos os meus colegas, espiando-os, vendo cada um deles comer sanduíches na frente das telas de computador. Eu, então, deslizava para a minha cadeira, ligava o computador e fazia o mesmo. A hora do almoço não era mais uma pausa do trabalho, mas um breve intervalo para garantir comida antes de voltar para a tela.

Quando comecei a conversar com colegas e amigos sobre como eu estava apegada à tela do computador, apesar de ainda ter dificuldade em me concentrar no que estava nela, descobri que outras pessoas relatavam comportamentos semelhantes. Quanto mais eu conversava com os outros, mais descobria que essa experiência era bastante comum. Eles diziam alternar a atenção com frequência, e passavam mais tempo do que nunca nos dispositivos. Era perturbador, mas, como cientista, também era intrigante para mim. O que estava acontecendo? Comecei a considerar estudar esse fenômeno objetivamente.

Eu me sinto muito sortuda por ter estado no lugar certo, na hora certa, na área certa, quando diversas novas tecnologias, tão comuns hoje, foram introduzidas. Lembro-me da primeira vez que usei um telefone celular. Eram meados da década de 1980. Eu era estudante e estava andando de táxi pelo Central Park com um amigo. A Motorola havia lançado seu telefone DynaTAC 8000X, que poucos possuíam, pois custaria cerca de US$10 mil hoje. Além disso, a bateria só durava trinta minutos para chamadas. Meu amigo, que se orgulhava de estar sempre à frente na adoção de novas tecnologias, entregou-me seu celular e disse que eu poderia experimentá-lo. O telefone era enorme para os padrões de hoje. É difícil descrever a alegria que senti, passando pelo Central Park em um táxi, quando ouvi a ligação conectar. Eu sentiria a mesma alegria alguns anos depois, quando vi aqueles computadores em rede na sala de conferências da EDS em meu primeiro emprego e, mais tarde, em meus primeiros encontros com um navegador gráfico da web, um vídeo em streaming, os espaços físicos imersivos de realidade virtual chamados CAVES e os ambientes virtuais online, versões menores do que agora é chamado de metaverso. Também tive a sorte de estar na profissão certa, trabalhando como psicóloga, equipada com treinamento e métodos para observar e estudar como nossa atenção e comportamento mudavam à medida que essas tecnologias entravam em nossas vidas.

Sua capacidade de controlar a atenção

A psicologia é um campo científico relativamente jovem em comparação com a química, a física ou a medicina, que abrangem séculos e até milênios. William James, pioneiro no estudo da atenção, também é conhecido como "o pai da psicologia". Nascido em 1842 na cidade de Nova York em uma família rica e cosmopolita, tinha Ralph Waldo Emerson como padrinho e o romancista Henry James como irmão mais novo. Quando jovem, ele não tinha certeza de sua trajetória e experimentou diferentes atividades, primeiro estudando arte, depois, química e medicina, até finalmente se decidir pela psicologia. Mas não havia departamento de psicologia em meados da década de 1870, quando foi contratado como professor de Harvard — o primeiro laboratório de psicologia seria aberto em 1879 por Wilhelm Wundt na Universidade de Leipzig — e, portanto, James também percorreu diversos departamentos acadêmicos, primeiro integrando o corpo docente de fisiologia e, depois, os (recém-criados) departamentos de filosofia e psicologia. A exposição a esses diferentes campos que abordavam diferentes aspectos do corpo e da mente gerou seu interesse de compreender um aspecto muito básico do ser humano — a atenção.

William James foi um escritor prolífico, concluindo seu grande tratado *The Principles of Psychology*, de quase 1400 páginas, em 1890. Ele era capaz de escrever mais de 2 mil palavras por dia. Na verdade, James usou a psicologia de forma inteligente para limitar distrações e aproveitar, com eficiência, seu tempo para escrever. Em um hábito que seria considerado incomum hoje, ele agendava suas horas de atendimento com os estudantes durante o jantar na própria casa para que não fosse interrompido enquanto trabalhava de dia. A maioria dos alunos era tímida demais para ir à sua casa, e isso limitava a quantidade de visitas. Qualquer estudante que comparecesse era conduzido à sala de jantar para se encontrar com o professor enquanto ele continuava comendo.[1]

James foi o primeiro a definir a atenção por meio de uma perspectiva psicológica. Sua definição não é muito diferente de como a maioria de nós pensa sobre o assunto hoje: "*Todo mundo sabe o que é atenção. É a tomada de posse pela mente, de forma clara e vívida, de um entre o que parecem ser vários objetos ou linhas de pensamento simultâneos possíveis. A focalização e a concentração da consciência são de sua essência.*"[2]

Também importante, James acreditava que a escolha do nosso foco de atenção é consequencial, pois construímos nossa experiência de vida desta maneira: "*Milhões de itens da ordem externa estão presentes em meus sentidos, mas nunca entram adequadamente em minha experiência. Por quê? Porque eles não têm nenhum interesse para mim. Minha experiência é o que eu concordo em atender. Apenas aqueles itens que percebo moldam minha mente — sem interesse seletivo, a experiência é um caos absoluto.*"[3]

Em outras palavras, ele acreditava que o foco de atenção pelo que decidimos torna-se parte da nossa experiência. Posso estar caminhando em um belo jardim com o celular na mão. Enviando uma mensagem para um amigo e tentando escrever corretamente para evitar o corretor automático, que, muitas vezes, corrige errado. É a mensagem que entra no registro da minha experiência, e não a maciez do solo, o canto dos pássaros ou o escarlate das azaleias. Concentrei minha atenção na mensagem, e poderia estar na Times Square.

Para James, então, enquanto nos movemos pelo mundo, somos confrontados por diferentes tipos de estímulos, e escolhemos, por vontade própria, o que focar. Em outras palavras, podemos controlar o foco da nossa atenção. Ah, se fosse fácil como James imaginava.

Suas redes de atenção

A partir da descrição de James, você pode imaginar que existe um lugar central em seu cérebro onde reside a atenção. Mas, na verdade, ela é um sistema de diferentes redes, localizadas em diferentes partes do cérebro, que, juntas, compõem o sistema de atenção.[4] Ele é como o sistema financeiro, em que não existe uma entidade única que possamos apontar, mas que é composto por diferentes serviços financeiros, prestados por empresas de investimento, bancos, seguradoras e assim por diante. No sistema de atenção, nossas redes de atenção executam diversas operações quando tentamos nos atentar a algo, como focar nossas telas ou gerenciar interrupções. Primeiro, há o *alerta*, usado para mantermos a vigilância durante uma tarefa, como quando tentamos nos concentrar em escrever aquele relatório para cumprir um prazo. Em seguida, há a *orientação*, usada para priorizarmos e selecionarmos os estímulos a fim de nos concentrarmos, como quando encontramos um e-mail do gerente em nossa caixa de entrada que deve ser respondido primeiro, ou optamos por responder ao sinal sonoro que indica uma mensagem de texto recebida. Por último, há o *controle executivo*, que gerencia a interferência de estímulos irrelevantes, tal qual faz um atacante no futebol, para que possamos manter o foco[5], como quando tentamos nos conter e não reagir a distrações.

Você pode comparar o funcionamento desses sistemas ao de uma orquestra. O alerta é contar os compassos e observar o maestro para não perder a deixa; a orientação é garantir que você esteja no lugar certo na partitura, no tom certo, na dinâmica certa e saiba com quem mais deve tocar; o controle executivo é evitar distrações causadas por um flash de câmera na plateia ou por outros músicos, mesmo se você estiver concentrado em um belo solo que outra pessoa está tocando.

»«

Quando tentamos focar a atenção e buscar nossos objetivos, utilizamos um conjunto de processos mentais conhecido como função executiva, considerado o governador da mente. A função executiva tem a tarefa heroica de gerenciar diferentes tipos de processos: a priorização e alternância das tarefas, a tomada de decisões, a manutenção e alocação da atenção, o uso da memória de trabalho e a prática da autorregulação.[6]

O governador trabalha bem quando as tarefas são fáceis, como quando usamos o Facebook. O problema começa quando elas, e o esforço para gerenciá-las, se tornam difíceis. Isso acontece quando tentamos lidar com várias demandas e muitas interrupções. Diversas coisas acontecem nesse caso: precisamos alocar atenção à tarefa em mãos, mas, então, atendemos à interrupção, tentando manter as demandas interrompidas em mente, tudo isso enquanto resistimos a novas distrações. Quando esse processo todo ocorre sob pressão de tempo e por um período prolongado, o sobrecarregado governador da sua mente luta para manter seus objetivos. É quando você começa a notar um impacto no desempenho.

Ao usarmos nossos dispositivos, nos deparamos com uma interface que desafia nossa capacidade de manter a atenção em nossos objetivos. Além dos sinais visuais, como abas do navegador, ícones de redes sociais e notificações, que representam uma porta de entrada para informações — há também a *ideia* de que existe um vasto reservatório de dados ao nosso alcance. Você pode não gostar de estar próximo a esse excesso quando está tentando trabalhar em uma única tarefa, como um relatório mensal atrasado, e então se força a resistir à tentação de alternar para qualquer uma dessas outras fontes de informação. Mas, mesmo que consiga não se voltar para outra tarefa ou distração, sua função executiva ainda está trabalhando constantemente para inibir esse comportamento.

Seu conjunto limitado de recursos cognitivos

Agora, vamos analisar por que você se sente tão exausto às 15h e acaba recorrendo às redes sociais para uma pausa. Há uma teoria de longa data bem aceita na psicologia, com mais de cinquenta anos de pesquisa, de que a mente tem um conjunto limitado de recursos de atenção, ou cognitivos, que usamos diariamente.[7,8] Podemos considerá-los como sua capacidade de atenção, ou seja, a quantidade dela que você tem disponível. Uma suposição básica é que tais recursos são necessários para o processamento de informações, e esse conjunto de recursos é limitado. Eles podem se esgotar, e isso afeta o seu desempenho a curto prazo, como quando você precisa trabalhar em uma tarefa difícil por uma hora e lidar com interrupções. Mas, a longo prazo, ou ao longo do dia, a variação homeostática (o tempo decorrido desde que você acordou) também está associada ao declínio no desempenho.[9] A causa da sua exaustão e dos erros que comete provavelmente é o fato de você estar usando, sem restrição, esses recursos cognitivos limitados, demandando mais do que tem disponível. Então, quando chegam as 15h, após uma manhã de gerenciamento de e-mails, mensagens, telefonemas e reuniões sem pausas significativas, é provável que haja menos recursos de atenção disponíveis para você manter o estado de alerta e para que sua função executiva — o regulador da sua mente — o ajude a evitar distrações pelas redes sociais.

A teoria dos recursos cognitivos limitados explica o seu desempenho quando a sua carga de trabalho é alta.[10] No dia a dia, você tenta manter o foco, mas é interrompido, alternando tarefas e tentando resistir às distrações no computador e no celular. Alocamos seletivamente nossos recursos de atenção para diferentes atividades: ler, fazer ligações, lidar com interrupções, ou até mesmo para pensamentos internos, assim como alocamos nossos recursos financeiros para gastar em coisas diferentes. Imagine que você vai a uma feira de agricultores que só aceita dinheiro e, por isso, sacou uma quantia em um caixa eletrônico. Você gasta quase tudo em pão artesanal, queijo trufado e carne de gado alimentado com capim, mas aí o dinheiro quase acaba. Sobram apenas algumas moedas, e a única coisa que você pode comprar são uns vegetais murchos. Se quiser comprar algo de boa qualidade, tem que voltar ao caixa eletrônico e recarregar a carteira. Sua atenção funciona da mesma forma. Quando os recursos de atenção acabam, precisamos de uma pausa para recarregá-los. O desempenho sofre quando precisamos de mais recursos cognitivos do que temos disponíveis.[11]

Acredita-se que a carga cognitiva que você experimenta em suas atividades, ou seja, seu esforço mental, corresponda à demanda de seus recursos cognitivos.[12] Essa carga, há muito, é medida em laboratório por meio do desempenho da pessoa em tarefas, como procurar uma letra-alvo entre outras distratoras exibidas em uma tela. Com o tempo, o desempenho diminui, e supõe-se que os recursos cognitivos se esgotaram. Outra medida é verificar o diâmetro da pupila, que aumenta com a carga cognitiva. Ela costuma ser medida em estudos laboratoriais durante a realização de tarefas cognitivas, como a aritmética mental, o desempenho de atenção sustentada ou a tomada de decisões.[13] Infelizmente, a dilatação da pupila não pode ser medida em ambientes reais, porque ela é influenciada pela luz do ambiente, e nunca há uma iluminação perfeitamente consistente em casa ou em locais de trabalho. Outra medida de carga cognitiva é a termografia facial feita com uma câmera termográfica, pois as mudanças de temperatura no rosto correspondem ao esforço mental. Mas, novamente, esse método apresenta desafios em ambientes reais, porque o movimento da cabeça deve ser restrito para que seja monitorado pela câmera.

Acontece que existe uma base fisiológica real no cérebro que fundamenta como os recursos cognitivos estão sendo usados. Estudos de neurociência mostram que, quando as pessoas concentram sua atenção, uma região cerebral se torna metabolicamente ativa, e o dióxido de carbono no sangue aumenta. Por sua vez, o aumento desse composto faz com que os vasos sanguíneos se dilatem para remover resíduos nessa parte ativada do cérebro.[14] Mas, à medida que as pessoas passam mais tempo em foco sustentado, sua vigilância e a velocidade do sangue diminuem.[15,16] A mudança na atenção e no desempenho sugere que os recursos cognitivos não são reabastecidos durante a tarefa. Para reabastecê-los, é preciso interromper a tarefa difícil e permitir a reposição deles. Assim, o fluxo sanguíneo no cérebro parece ser um indicador metabólico do uso dos recursos cognitivos durante a concentração. Ele fornece evidências neurocientíficas para a teoria dos recursos cognitivos e explica o que acontece quando nosso cérebro trabalha duro para manter o foco.

»«

O campo emergente da neuroergonomia monitora a atividade cerebral durante a realização de tarefas para medir a carga cognitiva, isto é, o esforço mental. Os pesquisadores medem a atividade cerebral da atenção sustentada a partir de técnicas como a tomografia por emissão de pósitrons (PET) ou a imagem por ressonância magnética funcional (fMRI). O problema, porém, é que as pessoas precisam ficar imóveis para a PET e a fMRI, e isso restringe severamente os tipos de atividades possíveis durante os exames, dificultando o estudo do comportamento da atenção. Mas a ultrassonografia Doppler transcraniana resolve esse problema, usando ondas sonoras para medir a circulação de sangue nas artérias cerebrais médias, que fornecem grande parte do fluxo sanguíneo para o cérebro. Essa técnica costuma ser usada para diagnosticar derrames ou obstruções de artérias, mas também pode medir o que acontece durante a realização de uma tarefa que requer atenção concentrada. Para medir o fluxo sanguíneo enquanto prestam atenção, as pessoas vão a um laboratório e colocam, na cabeça, uma faixa com um pequeno transdutor embutido, que não restringe o movimento do corpo como a PET ou a fMRI. Elas, então, executam tarefas, como monitorar uma tela por trinta minutos e julgar se uma linha é mais longa que outra. Outra abordagem promissora para medir a carga cognitiva com base no fluxo sanguíneo cerebral é a espectroscopia funcional de infravermelho próximo (fNIRS), que mede as mudanças com base na reflexão da luz da hemoglobina oxigenada e desoxigenada. Um estudo em um ambiente de escritório simulado mostrou que a fNIRS pode detectar diferenças de carga de trabalho em várias tarefas de leitura, mesmo que atravessadas por interrupções, mas não em tarefas de escrita.[17]

Interfaces cérebro-computador, como a ultrassonografia Doppler transcraniana ou a fNIRS, são eficazes em ambientes restritos, como cabines de aviões ou escritórios simulados em laboratório. Porém, fora de um ambiente restrito, é mais difícil medir a atenção e os recursos cognitivos utilizados na realização da maioria das tarefas. O que experimentamos no dia a dia não é tão controlado quanto em um laboratório, e há muitas coisas que podem afetar nosso desempenho. No cotidiano, nossa performance mental não depende apenas da quantidade de recursos cognitivos disponíveis, mas também do tipo e da dificuldade da tarefa, bem como da quantidade de atividades realizadas simultaneamente. Tarefas fáceis, como assistir passivamente a um vídeo no YouTube, usam poucos recursos. Mas uma atividade difícil, como escrever um relatório, exige que você pesquise, leia e resuma materiais, bem como tome outras decisões complexas, e podemos supor, a partir de estudos de laboratório, que isso demanda muitos recursos cognitivos. Também sabemos, devido a anos de pesquisa em laboratório, que duas tarefas diferentes podem ser executadas simultaneamente sem degradação do desempenho, se pelo menos uma delas exigir pouco ou nenhum esforço, como você ouvir música instrumental enquanto lê um texto no computador. Agora, imagine que está alternando entre múltiplas tarefas mais desafiadoras, como enviar mensagens, atualizar o currículo, pesquisar na internet, verificar e-mails e atender a telefonemas. Presumimos que mais recursos cognitivos serão gastos para navegar entre essas diferentes atividades em comparação a, por exemplo, você apenas falar ao telefone enquanto caminha, pois podemos caminhar automaticamente, sem pensar. E, é claro, com nossa atenção voltada ao telefonema, nossa consciência do ambiente ao redor diminui.

Essa teoria também sustenta que diferentes recursos cognitivos são usados para diferentes tipos de tarefas. Você gastaria recursos diferentes ao realizar operações visuais, auditivas ou espaciais.[18,19] Exemplos dessas operações distintas são quando você lê uma notícia, fala ao telefone ou joga um videogame que envolve habilidades espaciais. Atividades que exigem os mesmos tipos de recursos e competem por eles, como duas tarefas auditivas que envolvem ouvir uma conferência de áudio e um telefonema separado, terão mais interferência, especialmente se você alternar rapidamente entre elas, e será muito difícil realizar ambas sem errar.

É por isso que, com o tempo, você se sente tão exausto após tentar se concentrar, ser continuamente interrompido e se ver alternando a atenção entre várias tarefas. A função executiva da sua mente está a todo vapor, fazendo o trabalho necessário para manter o desempenho. Quando você tenta manter esse tipo de alternância de tarefas ao longo do tempo, seu desempenho diminui, e isso é evidenciado repetidamente em estudos de laboratório. Depois de um dia inteiro ou mesmo algumas horas alternando freneticamente entre diferentes tarefas, sem uma pausa substancial, você simplesmente não tem a capacidade que tinha no início do dia. Fica acabado.

Felizmente, os recursos cognitivos podem ser alocados com flexibilidade entre as tarefas. Se você estiver falando ao telefone enquanto dirige, e um veículo, de repente, ziguezaguear na sua frente, sua atenção será totalmente realocada para a condução do carro, e, então, você interromperá o telefonema. Se estiver enviando mensagens enquanto seu parceiro na mesa de jantar está tentando conversar com você, e se ele levantar a voz em um tom irritado, você talvez faça uma pausa do celular e dedique a atenção ao seu parceiro.

Embora saibamos que alternar entre responder a e-mails, lidar com interrupções e preencher relatórios trimestrais possa consumir seus recursos, outras atividades podem reabastecê-los. Algumas são intuitivas. Se você acabou de retornar ao trabalho após um fim de semana relaxante em que recuperou o sono, deve ter recursos cognitivos suficientes na segunda-feira de manhã. Uma boa noite de sono, com uma quantidade razoável de sono profundo e, especialmente, de sono REM (que beneficia a memória e a capacidade de manter a atenção), pode acumular recursos. Quando as pessoas se distanciam psicologicamente de uma situação estressante, também podem recuperar seus recursos cognitivos.[20] Tirar férias, ainda mais em um lugar tranquilo, pode permitir que a mente se resete. Mesmo meros vinte minutos de contato com a natureza podem refrescar a cabeça.[21] Mas o que você talvez não saiba é que jogar algo simples e sem sentido como Two Dots (um aplicativo em que, como o nome sugere, você conecta pontos) também pode permitir que sua mente faça uma pausa.

O uso de recursos cognitivos é uma importante teoria de longa data que ajuda a explicar o desempenho da atenção. Ao longo deste livro, peço que você imagine um medidor de combustível que indique o volume do seu tanque de recursos cognitivos. Quando se sente subjetivamente esgotado, e seu desempenho começa a cair, seu medidor indica um tanque quase vazio. Mas, se você se sente revigorado no início do dia, seu medidor deve indicar um tanque cheio.

Atenção sustentada e cinética

Nossa atenção pode mudar momento a momento, oscilando entre o estado de alerta e a mente que vaga. Os psicólogos mediram essas oscilações, desenvolvendo uma técnica inteligente chamada tarefa de desempenho contínuo de início gradual (gradCPT).[22] Nesse teste, os participantes são levados a um laboratório e veem diferentes fotografias, como de montanhas ou cidades, que aparecem e desaparecem, além de mudar a cada oitocentos milissegundos — pouco menos de um segundo.[23] Os participantes são instruídos a apertar um botão quando virem fotos da cidade, mas não ao verem as da montanha, e fazem isso com centenas de imagens. Isso permite ao pesquisador discernir, momento a momento, se a pessoa está prestando atenção ou distraída. Talvez não seja surpreendente, mas, quanto mais a mente oscila entre um estado atento e um estado não atento de divagação, pior é o desempenho medido.[24]

Estudos de atenção sustentada, como os que usam a gradCPT, quase sempre são realizados em laboratório, medindo oscilações momento a momento. Mas o que acontece com a nossa atenção quando estamos em ambientes cotidianos, fora do laboratório? Em minha pesquisa, tenho me interessado em estudar a atenção no meio natural. Embora esperássemos, com base nos resultados da gradCPT, que ela oscilasse entre foco e distração momento a momento na mesma tela, também é verdade que a atenção alterna entre diferentes telas e aplicativos, e eu descobri que essas alternâncias, às vezes, são muito rápidas. Ao contrário de estudos laboratoriais que medem a atenção das pessoas com estímulos relativamente uniformes, como letras ou imagens, no mundo real, elas estão alternando a atenção entre tipos bastante diferentes de tarefas com estímulos muito distintos. Algumas pessoas podem se atentar a certas coisas de forma rápida e breve, enquanto outras podem demandar uma atenção prolongada ao longo do tempo. Além disso, ao contrário dos estudos laboratoriais que normalmente usam símbolos neutros como letras ou números, as diferentes atividades do dia a dia podem evocar diferentes tipos de emoções: tristeza ao ler uma notícia ou diversão ao ler a mensagem de um amigo.

»«

Mas o que também acontece quando as pessoas alternam a atenção entre diferentes tarefas é que elas precisam reconfigurar a representação interna de uma tarefa para outra, no que o psicólogo Stephen Monsell descreve como "troca de marcha mental".[25] Essas representações são conhecidas como esquemas[26], e você pode imaginá-las como um roteiro interno que descreve o seu padrão de comportamento em uma atividade específica. Usamos esses esquemas mentais para interpretarmos o mundo e organizarmos como fazemos as coisas. Ao escrever um relatório, você pode invocar um esquema de abrir um documento do Word e começar a digitar. Quando responde a um e-mail, você tem um padrão de comportamento diferente: talvez clique em seu gerenciador de e-mails, verifique-os, começando pelo mais recente, selecione o que vai responder e exclua ou arquive os outros. Cada vez que você alterna tarefas, sua atenção é redirecionada. Essa alternância de atividades é como apagar sua lousa interna e fazer anotações nela para a nova tarefa. Quando você é muito interrompido, está rapidamente reconfigurando seus esquemas internos — apagando a lousa, escrevendo nela, apagando-a novamente e assim por diante. Dá para imaginar a rapidez com que seus recursos cognitivos diminuem.

Enquanto escrevia este capítulo, percebi que não havia um vocabulário para descrever, no caso do uso dos dispositivos, esse tipo de alternância de atenção que observamos no dia a dia. Às vezes, essa ausência parecia proposital e, outras, vezes caótica. Às vezes, o foco das pessoas pode parecer sustentado, mas, inexplicavelmente, elas parecem impulsionadas a mudar sua atenção para algo diferente: um outro projeto, e-mail, uma página da internet ou rede social. A atenção delas pode ser estimulada por um toque ou *pop-up*, mas também pode ser desencadeada por algo que seja imperceptível ao observador, algo dentro delas: uma memória ou um desejo interior. Procurei por algum tempo uma palavra para descrever esse tipo de rápida alternância de atenção. Ela certamente era energética. Comecei a olhar para os termos usados na física. De repente, o termo *cinética* chamou minha atenção e pareceu se encaixar. Essa palavra significa algo dinâmico, em movimento, marcado por atividade vigorosa. A atenção cinética refere-se a um estado dinâmico de atenção caracterizado por mudanças rápidas, como aquelas entre aplicativos, redes sociais e sites, ou entre o computador e o celular. Embora, no mundo real, seja difícil medir se alguém está momentaneamente atento ou distraído, já que não usamos estímulos controlados em laboratório, como na gradCPT, o que podemos observar são as ações das pessoas, como quando clicam em um e-mail, mudam de tela ou navegam na internet. Por si só, a atenção cinética não é boa nem ruim — é simplesmente um descritor do comportamento do mundo real. Em muitos aspectos, pode-se dizer que ela é uma resposta adaptativa à riqueza de informações e distrações criadas pela mídia digital ou uma tentativa de alocar a atenção com mais eficiência. Mas minha pesquisa também mostrou que não sabemos utilizá-la muito bem — nosso uso da atenção cinética pode resultar em estresse generalizado, fadiga, baixo desempenho, até mesmo em esgotamento. E, novamente, uma razão para isso é que tal alternância rápida esgota nossos recursos cognitivos. A seguir, abordaremos mais a fundo sobre os motivos pelos quais as pessoas têm dificuldade em concentrar sua atenção.

CAPÍTULO DOIS:

A Batalha pela Sua Atenção

Costumo receber e-mails de pessoas descrevendo suas dificuldades no controle da atenção e buscando conselhos. Recentemente, recebi o seguinte e-mail: "Tentar explicar como peno com as distrações no trabalho é como tentar pegar um porco engordurado. Sinto que, todos os dias, preciso navegar pelas complexidades do meu trabalho com precisão enquanto sou bombardeado com e-mails, visitas de colegas, telefonemas e mensagens. Saio do escritório esgotado, não fisicamente, mas mentalmente... Detesto esses dispositivos, acho que somos todos escravos deles."

Esse é um refrão que ouço frequentemente. Neste capítulo, examinaremos os motivos para a nossa tamanha dificuldade em focar a atenção quando usamos nossos dispositivos.

Quando a atenção não está sob o seu controle

Ao dirigir por um caminho novo, mesmo terceirizando a navegação ao meu GPS, ainda tenho que prestar atenção para seguir as orientações. Quando executamos tarefas que podem ser desconhecidas ou difíceis, envolvemo-nos no que chamamos de processamento controlado, que utiliza recursos cognitivos, por vezes até em grande quantidade.

No entanto, nem toda atenção está sob nosso controle voluntário. Lembra quando você ganhou seu primeiro celular? Da primeira vez que atendeu a uma chamada, pode ter gastado algum tempo procurando o botão certo para pressionar ou onde deslizar o dedo na tela. Mas agora, ao receber uma chamada, você pega o telefone e pressiona ou desliza automaticamente para atender. Da mesma forma, depois de ver uma notificação de e-mail na tela tantas vezes, talvez você clique automaticamente quando uma nova aparecer. Nesses casos, o cérebro emprega um tipo de processamento cognitivo que é automático.

O processamento automático ocorre com tarefas muito fáceis e bem aprendidas com as quais estamos familiarizados. Quando executamos as mesmas ações repetidamente, como verificar e-mails ou dirigir por uma rota conhecida, o processamento automático se desenvolve. Ele não esgota nossos recursos de atenção, o que nos permite seguir uma rota em linha reta e falar ao mesmo tempo, sem precisar pensar conscientemente na direção. Porém, se o sinal ficar amarelo de repente, seremos capazes de alocar nossa atenção com flexibilidade para pisar no freio e parar de falar. Esse tipo de atenção automática é chamada de atenção exógena[1] e, geralmente, é impulsionada por algo externo, como um semáforo ou algum tipo de estímulo.

Como o processamento automático é rápido, quase não exige esforço e geralmente não está sob nosso controle, tendemos a responder rapidamente às notificações de nossos computadores e celulares — que são respostas bem aprendidas. Curiosamente, o uso de álcool afeta nossa capacidade de processamento controlado, mas tem pouco efeito no processamento automático.[2] Portanto, sob a influência dessa substância, é provável que ainda peguemos o celular quando uma notificação de mensagem tocar, mas podemos ter alguma dificuldade para digitar uma resposta.

Na verdade, pode ser difícil *não* responder a uma notificação, ou seja, inibir a atenção automática. Isso é demonstrado por um teste psicológico clássico conhecido como Teste de Cores e Palavras de Stroop, inventado por J. Ridley Stroop em 1935 para estudar a interferência cognitiva que ocorre quando as pessoas são apresentadas a dois estímulos diferentes.[3] Antes do teste de Stroop, em 1912, descobriu-se que os participantes treinados em digitação, quando as teclas da máquina de escrever eram trocadas, tinham dificuldade em resistir a digitar como se as teclas originais ainda estivessem lá.[4] O hábito bem aprendido interferia na nova tarefa de digitar com teclas diferentes. A tarefa Stroop testa o mesmo tipo de interferência, mas com o hábito bem aprendido da leitura. Nesse teste, são apresentados dois conjuntos de nomes de cores em um papel ou uma tela. No primeiro conjunto, a cor da fonte corresponde à palavra escrita (ou seja, "azul" está escrita em azul), mas, no segundo conjunto, a palavra escrita e a cor da fonte são diferentes ("azul" agora está escrita em amarelo). A tarefa proposta é nomear as cores das fontes, e, no primeiro conjunto de palavras, isso é fácil, porque as cores correspondem aos seus nomes. Mas, no segundo conjunto de palavras, há uma tendência automática de ler a palavra. É necessário esforço para inibir a resposta automática de dizer "azul" e, em vez disso, dizer a resposta correta, "amarelo".

Para executar a tarefa Stroop com precisão, é preciso manter em mente o objetivo de "focar a cor" para bloquear o desejo competitivo de ler a palavra. A função executiva trabalha para inibir respostas concorrentes, mas nem sempre é bem-sucedida. No uso diário de nossos dispositivos, somos continuamente desafiados a inibir respostas automáticas. Por exemplo, pense na interface do seu computador como um painel. Se você está tentando trabalhar em um relatório mensal atrasado e vê as guias e ícones do navegador, eles representam portas de entrada para atividades muito mais divertidas e interessantes. É necessário ter autorregulação para resistir à tentação de clicar automaticamente, digamos, em uma guia do navegador e mudar de tela. Provavelmente, você também terá uma resposta automática para atender a um anúncio que pisca na tela do site em que está. À medida que nossas ações se tornam mais automáticas, fica mais difícil modificá-las e, portanto, mais difícil não se distrair com estímulos como as notificações. Veremos adiante neste livro como tentar bloquear respostas automáticas pode nos deixar estressados.

Alguns estudos recentes sobre a base neural da atenção (os mecanismos no cérebro que controlam o foco) sugerem que exercer, continuamente, o controle cognitivo para resistir a comportamentos inadequados durante um longo período pode resultar em escolhas mais impulsivas no decorrer do tempo. A maioria dos estudos de laboratório testou o autocontrole em períodos curtos, de cerca de uma hora. Embora muitas pessoas consigam praticá-lo em um espaço de tempo curto, pode ser mais difícil fazê-lo durante um dia inteiro de trabalho. Para um teste mais realista, os pesquisadores franceses Bastien Blain, Guillaume Hollard e Mathias Pessiglione conduziram experimentos de seis horas. Os participantes foram levados a um ambiente de laboratório controlado e executaram tarefas difíceis, como ouvir uma lista de números e ter que lembrar aqueles que tinham sido apresentados três algarismos atrás. Por exemplo, quando apresentados a um fluxo contínuo de números, como 9, 7, 4, 2, 8, eles teriam que se lembrar do 4, depois do 2, depois do 8 e assim em diante. À medida que o experimento avançava, os participantes foram solicitados a declarar periodicamente se preferiam esperar por uma recompensa posterior de 100 euros ou receber uma outra imediata de menor valor. Ao longo do período de seis horas, a resistência deles cedeu, e eles fizeram escolhas mais impulsivas, optando por recompensas imediatas e menos valiosas em vez de esperar por outras mais altas.[5] Porém, ao executar tarefas fáceis por mais de seis horas, aquele comportamento impulsivo não foi registrado. O experimento mostrou que, quando exercemos controle cognitivo por um longo período, tornamo-nos mais impulsivos e, gradualmente, abandonamos nossa capacidade de filtrar distrações. Dados de ressonância magnética funcional coletados no início, meio e fim da tarefa mostraram que o aumento da impulsividade foi atribuído a uma diminuição na atividade de uma região do cérebro que está relacionada à memória de trabalho e à alternância de tarefas. Os autores chamaram isso de fadiga cognitiva, o que mostra que resistir às distrações ao longo do tempo é outra maneira de desgastar nosso controle cognitivo. Por outro lado, enquanto a maioria dos estudos de laboratório testa a capacidade dos participantes de manter o controle cognitivo em experimentos com duração de uma ou até duas horas, esse estudo mostrou como nosso controle pode se degradar da mesma forma por um período mais longo, como em um dia típico de trabalho.

Mantendo a atenção em nossos objetivos

Recentemente, eu estava conversando com um amigo e desejando ter um período de tempo prolongado e contínuo para trabalhar neste livro sem ser interrompida. Meu amigo, que trabalha em uma das gigantes da tecnologia, estava lamentando que, a cada ano, uma nova fonte de interrupções é produzida. Segundo ele, "Já temos que lidar com e-mails, mensagens, telefonemas e redes sociais. Se não nos permitimos ser interrompidos, ficamos fora do circuito. À medida que inventamos mais canais de interrupção, pioramos cada vez mais nosso desempenho."

É muito fácil sermos desviados de nossas metas. Para realizar uma tarefa difícil, como escrever um relatório (ou, no meu caso, um livro), precisamos manter esse objetivo em mente. Mas tarefas como escrever são de longa duração, o que significa que não podemos evitar todas as interrupções durante o processo. Quando queremos nos atentar a um objetivo, estamos no controle da nossa atenção e podemos decidir em que colocá-la, o que nos protege de distrações que não estão relacionadas com nossas metas — é isso o que William James quis dizer quando falou sobre a vontade de escolher em que prestar atenção.[6]

Então, quando direcionamos nosso foco para um objetivo de maneira descendente, isso é chamado de atenção endógena.[7] Se meu objetivo fosse trabalhar um capítulo de livro, eu alocaria minha atenção à escrita, leitura, busca de informações ou ao que fosse preciso para atingir essa meta. Mas, quando reagimos automaticamente a estímulos no ambiente, como telefonemas ou notificações, nossa atenção não é direcionada a um objetivo, mas, sim, a um estímulo, de maneira ascendente. Experimentamos essa mesma atenção exógena quando somos levados a frear pela mudança repentina de um semáforo para amarelo.

Em nosso dia a dia, lidamos constantemente com a negociação entre a atenção controlada e a dirigida por estímulos. Quando executamos uma ação, tentamos seguir nossos objetivos internos (como escrever um relatório), mas podemos sucumbir a influências externas, como notificações de redes sociais, ou até mesmo a impulsos internos, por exemplo, o desejo de terminar um jogo de palavras cruzadas.[8]

Provavelmente, evoluímos para nos atentarmos às distrações, de modo a manter a flexibilidade e responder a possíveis perigos em nosso ambiente — o que continua sendo importante hoje em dia. Uma pessoa atravessando a rua e enviando uma mensagem para um amigo pode ser atropelada por um ciclista, se ela não estiver monitorando o ambiente. Não somos tão capazes de monitorar o ambiente externo quando usamos nossos dispositivos: podemos nos distrair com as mensagens enquanto caminhamos (ou dirigimos) a ponto de perdermos a noção do ambiente ao redor e corrermos um risco maior de nos machucarmos.[9] É irônico como, do ponto de vista evolutivo, a capacidade de monitorar o ambiente externo era benéfica para a sobrevivência dos nossos ancestrais enquanto eles caçavam e coletavam, mas, no mundo digital de hoje, nossos dispositivos podem capturar nossa atenção tão completamente que nos fazem até mesmo deixar passar os sinais de perigo no mundo físico.

Por isso, para agirmos de acordo com nossos objetivos, precisamos mantê-los ativos em nossos pensamentos. Quando direcionamos nossa atenção para uma meta, podemos agir com propósito. É fácil imaginar as consequências que sofremos no mundo físico ao nos desconcentrarmos de nossos objetivos, como no caso do andarilho Andrew Devers, de 25 anos, que se perdeu em uma trilha por 8 dias no estado de Washington, em 2021, por não ter se mantido atento à sua meta. Felizmente, ele sobreviveu, comendo frutas e bebendo água do riacho, e, finalmente, foi encontrado com apenas ferimentos leves. Mas foi uma experiência terrível para o jovem. Ele a descreveu desta forma: "Eu realmente não estava pensando muito no caminho. Apenas segui o que achei que fosse a trilha e, depois de uns 45 ou 50 minutos divagando, olhei para trás e não havia mais trilha."[10] Da mesma forma, no mundo digital, muitas vezes, perdemos contato com nossos objetivos quando usamos nossos dispositivos e nos afastamos da trilha. Sem o controle descendente de nossa atenção, somos atraídos pelos estímulos externos que nos distraem, como uma bola de pinball, sendo impulsionada de alavanca em alavanca por notificações de mensagens, redes sociais e anúncios direcionados.

Todos nós temos as melhores intenções quando definimos metas, como a do exercício matinal diário, mas é fácil deixá-las de lado. Quando o mau tempo chega, é comum perdermos o objetivo de vista e, em vez disso, passarmos trinta minutos nas redes sociais. Mas o que exatamente acontece no cérebro quando tentamos manter a atenção em nossas metas? Muita coisa ocorre nos bastidores, sendo que a maior parte do trabalho é feita pela nossa função executiva.[11] Primeiro, temos que selecionar os objetivos certos, o que pode ser a parte mais fácil. Podemos olhar para nossas listas de tarefas e ver quais são nossas prioridades. Em seguida, precisamos conseguir manter em mente uma representação da meta ao longo do tempo, o que é mais complicado, pois temos que nos proteger contra interferências que podem sabotá-la. Podemos desativar as notificações externas, mas é difícil controlar os impulsos internos. O medo de perder as notícias e atualizações das redes sociais torna isso um desafio. Esse é o papel de nossa função executiva, que, às vezes, entra em ação para resistirmos às distrações. Por último, precisamos de agilidade para ajustar nossas metas quando necessário.[12] Se não estivermos recebendo de um colega as informações críticas fundamentais, pode ser preciso mudarmos para um plano B. Mas há um detalhe. Tentar manter nossos objetivos e resistir às distrações esgota lentamente nosso precioso tanque de combustível de recursos cognitivos.[13] Uma vez distraídos e com poucos recursos, é mais difícil voltarmos a manter nossos objetivos.

Armadilhas de atenção

Vejamos agora os motivos para a nossa dificuldade de gerenciar a atenção em nossos dispositivos. Após observações, entrevistas, bem como conversas com muitas pessoas ao longo dos anos sobre o uso de suas tecnologias pessoais, identifiquei padrões comportamentais comuns que chamo de *armadilhas de atenção*. Eles fazem os usuários relatarem falta de controle sobre a própria atenção ao usar seus dispositivos. Talvez você se identifique com esses padrões, o que pode ajudá-lo a refletir sobre o próprio comportamento e evitar as armadilhas.

Erros de enquadramento

Como nos envolvemos em padrões de comportamento em que perdemos o controle da nossa atenção? Tudo começa com o enquadramento das nossas escolhas. Ele é a perspectiva particular que você dá ao contexto em que decidirá. Por exemplo, imagine que você tem um prazo apertado no trabalho, e um amigo o convida para uma escapada de fim de semana em um resort. Você pode enquadrar a escolha de forma positiva, como uma pausa relaxante que o ajudará a se sair melhor durante a semana, ou de forma negativa, como um tempo perdido de trabalho que poderia ter usado para cumprir o prazo.

Ao tomar uma decisão consciente, você provavelmente a enquadra sem perceber. (Em outras ocasiões, reagimos automaticamente a estímulos, como clicar em uma notificação, e não temos a oportunidade de enquadrar nossa escolha.) Sua situação, estado emocional e energia mental preparam o cenário e influenciam suas decisões. Se for o início do dia de trabalho, e você não se sentir energizado, pode optar por fazer algo fácil antes de começar o serviço pesado. No entanto, se forem 16h, e estiver emocionalmente exausto após um dia de reuniões e trabalho, sua perspectiva pode derivar das alternativas possíveis para aliviar a exaustão.

Porém, podemos cometer erros de enquadramento ao escolhermos uma atividade, julgando mal o quanto ela vale a pena. Podemos interpretar mal ou superestimar o valor da atividade escolhida. Por exemplo, você pode achar que fazer as palavras cruzadas do *New York Times* de domingo será uma boa pausa do trabalho, mas, depois, perceber que elas só serviram para deixá-lo frustrado.

Também podemos cometer erros de enquadramento ao avaliar quanto tempo gastaremos em uma atividade. As pessoas, quase *todas*, são notoriamente ruins em estimar esse tempo. Um estudo constatou que elas estimam errado a quantidade de tempo que passam no computador em 32% dos casos — os usuários intensos subestimam, e os leves superestimam esse tempo.[14] Você pode decidir fazer uma pausa curta no trabalho, uns dez minutos, para descansar a mente. Acessa um blog, mas ele tem um link para outro blog interessante e, antes que perceba, uma hora se passou, e você tem uma reunião em cinco minutos para a qual não se preparou. Podemos facilmente cair em armadilhas de atenção como essa. Mais adiante no livro, falaremos sobre técnicas para sair delas. Por enquanto, veremos alguns padrões de comportamento específicos que as pessoas relatam ter quando perdem o controle da atenção.

A armadilha da divagação

Eu sempre sorrio quando faço uma pergunta a um aluno que está olhando para o nada na aula e ele se atrapalha para evitar admitir que não tem ideia do que acabei de perguntar. Nossa atenção, naturalmente, vagueia entre estímulos externos e nossos pensamentos internos. A divagação, em sentido estrito, ocorre quando a nossa atenção está voltada para dentro. Isso é tão comum que podemos gastar divagando entre 25% e 50% dos pensamentos que temos durante as horas que passamos acordados.[15]

Ao usarmos nossos dispositivos, a visibilidade das guias e aplicativos do navegador cria gatilhos que podem desviar nossa mente. Na verdade, nem precisamos de dicas visuais de uma interface para divagar — muitas vezes, a mera exposição a celulares ou computadores é suficiente. Além disso, a internet facilita a transição mental de um tópico para outro, do conteúdo externo para os pensamentos internos e vice-versa. A flexibilidade da estrutura de nós e links virtuais reforça esse padrão de atenção errante. (Abordaremos esse tipo de comportamento com mais profundidade no Capítulo 6.) Por si só, essa divagação mental não é ruim e pode ser até benéfica — é um engajamento da atenção que não é difícil nem oneroso e até mesmo reabastece os nossos recursos cognitivos. Também podemos descobrir e aprender sobre coisas novas. Às vezes, largar um problema de lado e deixar seus pensamentos divagarem pode abrir novos caminhos para soluções criativas.[16] Mas podemos ser pegos nessa armadilha de atenção e acabar gastando muito tempo com outras coisas em vez de realizar o que queríamos fazer.

Há muitas atividades digitais que podem desviar nossa atenção por meio de palavras-chave ou tópicos que estimulam nossos pensamentos internos. Por exemplo, se você ler um artigo da Wikipédia sobre o movimento sufragista, pode acabar procurando mais informações sobre o #MeToo, e outros tópicos relacionados podem chamar sua atenção. Ao se deparar com essas divagações na internet, é provável que você cometa o erro de enquadramento de não prever quanto tempo gastará na Wikipédia, simplesmente porque se distraiu e nem viu o tempo passar. Pessoas com bom controle executivo são capazes de se concentrar mais em tarefas externas e evitar divagações mentais[17], incluindo ao navegar sem rumo e talvez incessantemente na internet. No entanto, essa capacidade de foco é mais útil em tarefas externas mais exigentes. Naquelas menos exigentes, o controle executivo é menos importante, e quase todo mundo está suscetível ao desvio de atenção. Somos especialmente propensos a essa distração quando estamos com poucos recursos cognitivos, sucumbindo a estímulos externos, como links na internet.

No entanto, um estudo revelou que a prática de meditação, como as técnicas de atenção plena, pode ajudar a controlar a divagação mental: os participantes que concluíram um curso de meditação mostraram que conseguiram se concentrar por mais tempo em cada tarefa e se distrair menos, o que significa que realizaram menos multitarefas.[18] Essas práticas também ajudam as pessoas a se conscientizar de seu estado atual, uma habilidade que geralmente não possuem, e que será abordada com mais detalhes no Capítulo 13.

A armadilha da atenção mecânica

Outro comportamento comum ocorre quando as pessoas têm dificuldade em interromper atividades fáceis e envolventes em seus dispositivos. O entretenimento de jogos online simples, como *Candy Crush*, e a navegação nas redes sociais atraem nossa atenção e podem nos ajudar a nos afastarmos do trabalho estressante e reabastecer nossos recursos de atenção. Quando verificamos postagens no Twitter ou repetimos ações rotineiras em um jogo simples, experimentamos pouco ou nenhum desafio. Podemos ver essas atividades mecânicas como uma boa escolha quando sentimos que nossos recursos cognitivos estão baixos.

No entanto, pode ocorrer o segundo tipo de erro de enquadramento: você pode ter subestimado o tempo que gastaria na pausa — com ações simples e repetitivas, é fácil perder a noção temporal. A própria natureza simples da atividade nos atrai e nos mantém engajados. Nossa pesquisa mostrou que as pessoas recebem recompensas emocionais e se sentem mais felizes ao realizar essas tarefas mecânicas (vamos aprofundar isso no Capítulo 10). A própria felicidade se torna uma recompensa e as mantêm presas à atividade mecânica. É por isso que muitas pessoas passam horas assistindo ao TikTok (que abordaremos com mais detalhes no Capítulo 7).

Essas tarefas mecânicas envolvem comportamentos estímulo-resposta que proporcionam gratificação imediata, isto é, recompensas simples, como risadas, ganho de pontos, novos níveis ou vitórias no jogo. Em 1911, o psicólogo da aprendizagem Edward Thorndike descreveu isso como sua lei do efeito, segundo a qual respostas que produzem um efeito positivo tendem a ser repetidas.[19] Além disso, quanto maior a satisfação, maior é a conexão com o comportamento. Não é necessário receber uma recompensa após cada rodada do jogo. Isso é chamado de reforço intermitente, estudado pelo psicólogo behaviorista B. F. Skinner, e explica por que as pessoas se envolvem em um jogo simples repetidamente, mesmo que recebam uma recompensa apenas ocasionalmente. O reforço intermitente fortalece o hábito do engajamento na atividade, que acaba se tornando arraigado.

As recompensas em um jogo simples, como ganhar pontos ou avançar de nível, são fáceis de imaginar. Mas elas podem ser geradas internamente por meio da nossa imaginação, desencadeando emoções positivas. Por exemplo, ao percorrer o site de uma imobiliária, podemos imaginar como é viver em uma casa fabulosa. A terapia de varejo também pode recompensar por meio da imaginação, mas também pode trazer recompensas intermitentes — às vezes, navegando em sites de compras, encontramos uma grande pechincha. Hábitos de atividades simples podem se formar facilmente e passar despercebidos, cegando-nos para o tempo que passamos nelas. Muitas vezes, só percebemos esses hábitos quando tentamos interrompê-los. Como disse o escritor inglês Samuel Johnson: "As correntes do hábito são fracas demais para serem sentidas até que se tornem fortes demais para serem quebradas."[20]

A armadilha das redes sociais

Muitas pessoas relatam que se sentem presas quando usam as redes sociais. Somos atraídos por essas plataformas e suas mensagens porque somos seres sociais e ansiamos por apoio, conexão e capital social, além de querermos satisfazer nossa curiosidade sobre os outros. Em teoria, podemos usá-las para fazermos pausas e nos conectarmos com outras pessoas, apoiando nosso trabalho e objetivos pessoais. Porém, ao optar por entrar nas redes sociais, é comum que cometamos erros de enquadramento. Podemos superestimar o valor que obtemos, por exemplo, do Facebook, pois ele não foi projetado para desenvolver relacionamentos profundos. Também podemos subestimar o tempo que podemos passar nele, já que somos propensos a forças sociais que nos levam a participar e permanecer no site. (Falaremos mais sobre isso no Capítulo 8.) Nesse padrão de comportamento, geralmente priorizamos ganhos de curto prazo, como satisfazer a curiosidade social, em detrimento de ganhos de longo prazo, como concluir nosso trabalho.

O condicionamento intermitente das recompensas sociais também pode manter as pessoas presas nessas plataformas. As curtidas no Facebook são um ótimo exemplo: o número de curtidas em uma postagem pode aumentar o senso de valor social de alguém. Então, as pessoas continuam postando, porque esperam que uma de suas postagens acabe alcançando um grande número de curtidas. Nem todos os vídeos do TikTok são engraçados, mas as pessoas sabem que, em algum momento, encontrarão algo hilário. Os erros de enquadramento, as forças sociais que nos atraem para as redes sociais e as recompensas sociais formam uma tempestade perfeita que prende nossa atenção.

A armadilha da identidade

Um comportamento comum entre jovens é dedicar muito tempo e atenção ao design e à manutenção de suas personas online. O filósofo Jean Baudrillard afirmou que vivemos em um mundo de simulação, onde as pessoas se definem pelos símbolos e sinais da sociedade.[21] Tais modelos determinam como as pessoas se entendem e se relacionam com as outras. Mas, na internet, o que representa a realidade se torna real. Para alguns indivíduos, a persona virtual é uma expansão de sua identidade real e, para outros, é ainda mais importante que isso. O número de seguidores no Twitter ou TikTok pode parecer dotado de mais importância do que as experiências reais. As carreiras de influenciadores são construídas com base na identidade virtual. Curtidas no Facebook validam a identidade de alguém, e ter um tweet retuitado pode parecer uma medalha de honra. Especialmente para os jovens, a identidade online é importante, pois é assim que eles se apresentam ao seu grupo social e ao mundo. Mas ela importa para pessoas de todas as idades, como, por exemplo, na representação da identidade profissional. Todos queremos parecer bem-sucedidos, então construímos cuidadosamente nossas personas online para exibir nossa melhor imagem. A identidade é um desejo humano poderoso e básico, e algumas pessoas podem gastar mais tempo criando e refinando suas postagens e perfis do que focando o trabalho ou os estudos.

A armadilha do custo irrecuperável

Podemos ficar presos em padrões comportamentais em nossos dispositivos ao cometermos um erro de custo irrecuperável: porque já dedicamos tanto tempo e atenção em um site ou jogo, achamos um desperdício desviar nossa atenção dele. Esses erros de custo irrecuperável ocorrem com frequência no mundo físico, como quando investimos em um novo negócio esperando um grande ganho, mas as vendas acabam indo mal, e perdemos dinheiro. Porque já investimos dinheiro e esforço demais nisso, preferimos continuar com o negócio, esperando que dê certo, a interrompê-lo, admitindo a perda. A mesma falácia pode ocorrer em jogos de azar. Se uma pessoa está jogando em um caça-níqueis em Las Vegas e já gastou US$500 em moedas, não é fácil desistir. Apenas mais uma tentativa, e ela pode ganhar tudo de volta. Relacionamentos também podem ser afetados, quando, mesmo que não estejam dando certo, temos dificuldade em terminar devido ao tempo e esforço investidos na relação. No entanto, a escolha racional seria terminar, considerá-la um custo irrecuperável, aceitando essa perda e seguindo em frente. Mas os humanos nem sempre são tão racionais.

Da mesma forma, podemos ter dificuldade em reconhecer custos irrecuperáveis no mundo digital. Às vezes, escolhemos fazer uma pequena pausa para ler um artigo online que achamos que será útil. No entanto, após ler por trinta minutos, percebemos que ele não tem tanto valor para nós. No entanto, esse tempo foi perdido e não pode ser recuperado. Mas, muitas vezes, sentimos que, se pararmos, todo o tempo investido até o momento seria desperdiçado, então continuamos, esperando que o artigo tenha um bom final. Jogos como *World of Warcraft* têm várias fases, e os jogadores tentam subir para novos níveis fazendo várias atividades, como missões. As empresas de jogos usam a armadilha do custo irrecuperável para manter os usuários jogando. Sabem que eles geralmente não desistem das situações de custos irrecuperáveis. Se um jogador já alcançou um nível alto, já investiu tempo, dinheiro e energia emocional nisso, ele não vai quer parar. Um estudo recente mostrou que, em média, as pessoas jogam videogames por 1 hora e 22 minutos.[22] Isso é ótimo, se você tiver uma hora e meia extra por dia para jogar, mas a maioria não tem.

As atividades mencionadas aqui não são necessariamente prejudiciais e podem realmente nos ajudar no alívio do estresse e na recuperação dos nossos recursos. Mais adiante no livro, exploraremos essa possibilidade. No entanto, quando você percebe que não está mais no controle de suas ações, sem conseguir parar de assistir a TikToks ou passando muito tempo na Wikipédia ou em sites de compras, essas atividades se tornam prejudiciais para você. Considere os erros de enquadramento que possa estar cometendo e veja se está suscetível a alguma dessas armadilhas de atenção que discutimos aqui. Abordaremos mais adiante como você pode desenvolver o arbítrio ao usar seus dispositivos, o que pode ajudá-lo a ter um maior direcionamento nos seus objetivos e, portanto, focar melhor.

Como escolhemos em que focar nossa atenção

Já que sabemos agora como é fácil nos distrairmos e temos uma capacidade limitada de recursos de atenção, precisamos decidir como usá-la intencionalmente. Escolher o que focar é, essencialmente, uma escolha de alocação de recursos. É como ter dinheiro no bolso e decidir no que gastá-lo. Mas como decidimos em que investir nossa atenção?

»«

Os modelos tradicionais de atenção sugerem que nossas escolhas de foco são governadas por decisões individuais baseadas em nossas preferências, prioridades e recursos disponíveis.[23] Por exemplo, podemos optar por começar nosso dia respondendo a e-mails, ou nossa prioridade pode ser concluir um relatório até o meio-dia, mas o importante é que consideraríamos quantos recursos a tarefa escolhida exigiria.

No entanto, argumento que, embora os fatores individuais de preferências, prioridades e necessidades de recursos possam, por vezes, explicar em que escolhemos direcionar nossa atenção, essa história não se resume a eles. Somos seres inseridos em um ambiente social, cultural e técnico. Estamos sujeitos a uma série de influências em nossa atenção e comportamento que vão além de nós. Em outras palavras, para compreender verdadeiramente como alocamos nossa atenção neste mundo digital, precisamos entender a complexa interação entre o mundo social em que vivemos e a tecnologia com a qual interagimos. O foco que escolhemos para a nossa atenção envolve nossas preferências e prioridades individuais, mas também se baseia no mundo social e técnico mais amplo do qual fazemos parte. A mente e a atenção são influenciadas tanto pelo mundo externo quanto pelo interno.

Nossos mundos sociais podem afetar como usamos nossos dispositivos. Um exemplo disso é a história do Google Glass, que foi introduzido em 2014 como um produto de uso pessoal. Foi projetado como óculos para que os usuários pudessem visualizar o conteúdo em uma tela sem precisar usar as mãos. Mas ele também incluía uma pequena câmera montada no quadro, capaz de gravar o que o usuário olhava enquanto se movia. A menos que alguém estivesse muito perto do utilizador, não era aparente que a câmera estava funcionando, e as pessoas se sentiam desconfortáveis com a possibilidade de serem gravadas. Embora o usuário pudesse ter a intenção de concentrar sua atenção no pequeno visor de óculos, logo se descobriu que, ao usar essa tecnologia em um ambiente social, as outras pessoas se sentiam vigiadas. A versão inicial do Google Glass fracassou por motivos sociais, e não técnicos. Da mesma forma, usamos nossos dispositivos como parte de um mundo social mais amplo e, como veremos posteriormente neste livro, as influências sociais afetam nossas atividades em nossos dispositivos, em especial nossa capacidade de concentração.

William James conceituou a atenção como algo submetido à vontade do indivíduo.[24] No entanto, precisamos expandir nosso pensamento sobre ela em nosso mundo digital do século XXI para considerarmos que, ao usarmos dispositivos pessoais também, nossa atenção está sujeita a influências sociais, ambientais e técnicas subcorrentes. Portanto, devemos adotar uma abordagem *sociotécnica*, uma visão mais ampla que vá além do indivíduo, para entendermos o que influencia nossa atenção quando estamos em nossos dispositivos. Em um mundo tão complexo, com todas essas influências, como podemos controlá-la totalmente, manter nossos objetivos e condicionar nossa tendência de atenção cinética e dinâmica a trabalhar para nós? Antes de abordamos essa questão, primeiro, examinaremos pesquisas para entender o real comportamento de atenção das pessoas ao usarem seus dispositivos no mundo real. Ao estudá-las na natureza, veremos o quanto elas realmente desviam sua atenção e são interrompidas, e como a atenção focada segue um ritmo próprio ao longo do dia. A ciência pode ser mais estranha que a ficção, e os resultados podem surpreender tanto a mim quanto a você.

CAPÍTULO TRÊS:

Os Tipos de Atenção

Maya Angelou, grande escritora e poetisa, escreveu o livro de memórias *Eu Sei Por Que O Pássaro Canta na Gaiola* e outras obras em um quarto de hotel que alugava mensalmente. Ela aparecia às 6h30 e escrevia até o início da tarde, mas nunca permitia que os funcionários do hotel trocassem os lençóis por medo de que jogassem fora um pedaço de papel com um pensamento precioso. Angelou também removeu as pinturas das paredes, pois elas a distraíam. Apesar disso, além de suas ferramentas de trabalho, como blocos de notas, um dicionário, uma Bíblia e uma garrafa de xerez, ela também trazia as próprias distrações para o quarto, como palavras cruzadas e um baralho de cartas.

Como Angelou explicou em uma entrevista, essas distrações lhe davam "algo para ocupar minha mente pequena. Eu acho que minha avó me ensinou isso. Não era de propósito, mas ela costumava falar sobre sua 'mente pequena'. Então, quando eu era jovem, dos 3 aos 13 anos, decidi que havia uma mente grande e uma mente pequena. E a Mente Grande lhe permitiria pensamentos profundos, mas a Mente Pequena o ocuparia para que você não se distraísse. Ela faria palavras cruzadas ou jogaria Paciência, enquanto a Mente Grande se aprofundaria nos assuntos sobre os quais eu queria escrever."[1] Como Angelou descreveu, ambas integravam seu processo de escrita.

A Mente Grande pode ter sido a força mais poderosa de inspiração literária, mas a Mente Pequena era necessária para proporcionar uma trégua. Em minha pesquisa, aprendi que a ideia de Maya Angelou realmente é apoiada pela ciência. São modos de pensar complementares, partes que compõem um todo.

A ideia de que temos diferentes tipos de atenção foi reconhecida pela primeira vez pelo filósofo John Locke há mais de três séculos. Em *Ensaio sobre o entendimento humano*, Locke descreveu a atenção de maneira um tanto semelhante à de Angelou: registrar pensamentos e fixar-se em uma ideia, além do que ele chamava de divagação ou devaneio. Locke via essas distinções como verdades universais: "Esta diferença de intenção e remissão da mente ao pensar, com uma grande variedade de graus entre o estudo sério e quase nada, todos, acredito, experimentaram em si mesmos."[2] Locke foi provavelmente o primeiro a descrever a atenção como mais nuançada além da mera presença ou ausência de foco.

William James também se referiu a diferentes tipos de atenção. Para ele, o controle total dela era o oposto do "estado confuso, atordoado e desmiolado que, em francês, é chamado de distração e de *Zerstreutheit*, em alemão".[3] James também se referiu ao "fluxo de consciência", no qual uma procissão de pensamentos e emoções entra e sai de nossa consciência, como uma divagação.

Nosso mundo digital dinâmico é muito diferente dos ambientes em que Locke e James viveram e trabalharam. O número e a intensidade das distrações aumentaram em nossa era digital, e nossos períodos de atenção diminuíram e mudaram a tal ponto que realmente precisamos de um novo modelo para pensar a atenção e o foco. Neste capítulo, apresentarei pesquisas que apontam para uma nova estrutura que apresenta diferentes tipos de estados de atenção, entre os quais alternamos e que utilizamos para diferentes propósitos.

A linguagem da atenção

A linguagem que usamos para descrever a atenção reflete diferentes formas de pensar sobre ela. Podemos vê-la como algo que ilumina um sujeito e que podemos controlar (como um "holofote", um "refletor" ou um "ponto brilhante"), ou como um processo mecânico (um "filtro", uma "capacidade", um "processador", uma "lente de zoom", um "gradiente", um "microscópio" ou um "computador"). Quando dizemos que a "prestamos", sugerimos que se trata de um recurso limitado, e é o mesmo quando dizemos "conceder" ou "dispensar" atenção. Outras expressões sugerem que detemos a autonomia da nossa atenção: nós a "conduzimos", "mantemos" ou "focamos". Ou nos falta autonomia: "perdemos o foco" ou "vagamos". Mas, na era digital, essa linguagem não é tão útil para entender como a atenção funciona quando passamos a maior parte do dia em frente às telas. Precisamos de uma nova linguagem para caracterizar como mudamos dinamicamente o nosso estado de atenção em nossos dispositivos.

Embora a sociedade valorize a capacidade de focar, o que significa estar focado, engajado ou absorvido em algo? Em latim, *absorbere* significa "engolir" ou "devorar", assim como nossa atenção pode ser completamente capturada por um livro, um artigo da Wikipédia ou um videogame. Os psicólogos veem a disposição à absorção profunda em tais estímulos externos como uma qualidade individual única, um traço de personalidade, como a extroversão ou a introversão. Esse traço de absorção é medido pela Escala de Absorção de Tellegen[4], cujo teste pede aos participantes que classifiquem o quanto concordam ou discordam de afirmações como "quando ouço música, fico tão envolvido que não percebo mais nada". Aqueles que pontuam extremamente alto nessa escala tendem a confundir os limites da percepção e os da imaginação. Ao lerem sobre o oceano, podem ouvir o som das ondas na praia ou, se estiverem lendo uma história de mistério, podem ouvir os passos do assassino subindo as escadas rangentes. Eles também relatam mais experiências espirituais e uma maior sensação de presença ao visualizar simulações de realidade virtual.[5]

Alguns indivíduos podem ter uma predisposição natural para se absorver em estímulos, enquanto a maioria de nós não pontua tão alto nessa característica da Escala de Tellegen (embora as mulheres tenham pontuações significativamente mais altas que os homens[6]). No entanto, isso não significa que não sejamos capazes de nos envolver profundamente em uma tarefa. Na verdade, nossa capacidade de envolvimento pode mudar com a situação — nossas percepções e experiências cognitivas podem mudar com a exposição a novos estímulos. Como discutimos anteriormente, nossa atenção também pode mudar a cada momento, passando do foco à divagação, então, ao foco de novo.

Além disso, também podemos abrir mão da atenção sustentada em uma atividade para nos dedicar a outra mais leve e lúdica, em que estamos apenas levemente engajados.[7] Porém, estar no controle da atenção pode significar não apenas manter a atenção sustentada ou resistir às distrações, mas também ser capaz de mudar intencionalmente para diferentes estados de atenção, por exemplo, mudar da Mente Grande para a Mente Pequena e vice-versa. Maya Angelou pode ter ficado profundamente absorvida em sua escrita com a Mente Grande e, então, pode ter mudado para a Mente Pequena, na qual sua atenção estava voltada para as cartas de baralho.

O fluxo elusivo

O ápice do engajamento profundo é conhecido como *fluxo*, que descreve a imersão total em uma atividade na qual, segundo o psicólogo Mihaly Csikszentmihalyi,[8] "nada mais parece importar". Húngaro, ele usou a imersão total no xadrez para sobreviver mentalmente à Segunda Guerra Mundial. No final da guerra, aos 11 anos, ele passou um tempo em um campo de prisioneiros italiano com a família. Seu pai havia sido cônsul-geral em Veneza, trabalhando para o antigo governo húngaro, que estava envolvido na guerra. Csikszentmihalyi jogava xadrez para bloquear os horrores da guerra, criando um mundo separado da realidade de seu entorno e mergulhando nele. Após sete meses, seu pai foi exonerado, e a família, liberada. O jovem abandonou a escola, mas mais tarde, em 1956, emigrou para os Estados Unidos, fez um exame de equivalência do ensino médio e se matriculou na Universidade de Chicago para estudar psicologia. Suas experiências com imersão quando jovem o levaram a uma longa carreira estudando o que ele considerava "a experiência ideal".

Csikszentmihalyi se propôs a descobrir por que as pessoas se dedicam a atividades sem nenhuma recompensa extrínseca, como jogar xadrez, ou até mesmo outras mais perigosas, como escalada. Todos esses indivíduos descreveram uma sensação que o psicólogo chamou de fluxo. Quando estão nesse estado, as pessoas se sentem levadas por alguma corrente interna — a própria atividade fornece a recompensa, e elas se sentem mestres da própria atenção. Existe um equilíbrio ideal entre o uso das habilidades individuais e as demandas da prática. Aqueles em estado de fluxo são curiosos e brincalhões, são privados da autoconsciência e, ao investirem seus recursos de atenção na atividade, perdem a noção do tempo.[9] O fluxo é uma experiência criativa única e muito gratificante na qual as pessoas são desafiadas a utilizar plenamente suas habilidades.

Trata-se de uma experiência subjetiva, e, para estudar o que se passava na mente das pessoas, Csikszentmihalyi utilizou uma técnica chamada amostragem de experiência.[10] Ele fornecia *pagers* eletrônicos, programados para emitir sinais sonoros em horários específicos, aos participantes do estudo. Quando o aparelho apitava, eles eram instruídos a preencher um questionário sobre a concentração, o envolvimento e o prazer que sentiram em relação à atividade que estavam realizando naquele momento. Durante a semana em que utilizaram os *pagers*, as pessoas se envolveram em uma variedade de atividades, como jardinagem, culinária ou trabalho, e podiam ou não estar em fluxo. Embora a interrupção pelos aparelhos fosse uma limitação do estudo, os resultados ajudaram Csikszentmihalyi a compreender e definir esse estado idealizado. Seu livro *Flow* tornou-se uma grande influência no estudo da atenção.

Quando eu era estudante de arte, muitas vezes, experimentava o estado de fluxo. No meu estúdio, passava horas, tarde da noite, ouvindo a Rádio Havana (que tocava as melhores músicas para ouvir durante o trabalho) e dançando ao som de ritmos cubanos enquanto pintava. Eu me imergia profundamente nessa atividade e atribuía significados às imagens abstratas que criava. O título de uma das minhas pinturas, *Heyday*, reflete a exuberância que senti durante sua criação. O tempo passava despercebido e, muitas vezes, eu notava que já eram

2 horas da manhã. É mais fácil entrar no fluxo em atividades criativas e desafiadoras, como a pintura, a composição ou até mesmo o esqui. No entanto, a natureza do trabalho que desempenhamos determina, em grande parte, se experimentamos estados de fluxo. Hoje, como acadêmica, atuo elaborando estudos, conduzindo pesquisas científicas e escrevendo artigos. Preciso usar o pensamento analítico, o que, por vezes, requer uma concentração intensa. Durante o meu trabalho, alternar entre estados de atenção, do foco profundo ao envolvimento leve, é comum, assim como a abordagem de Maya Angelou com suas Mente Grande e Mente Pequena. De vez em quando, posso entrar no fluxo ao debater com outras pessoas ou ao escrever parte de um artigo, mas esse geralmente não é o caso. Apesar disso, não trocaria minha carreira pela de artista, na qual eu vivenciava esse estado com frequência. Colho recompensas diferentes na minha profissão atual e, quando quero entrar nesse estado, sei que posso pintar ou dançar. Já quando quero investigar algo sobre o mundo, recorro à ciência e posso utilizar a atenção concentrada, sem necessariamente entrar no fluxo.

É comum ouvirmos histórias semelhantes. Recentemente, conversei com um amigo que é gestor de uma grande empresa de tecnologia do Vale do Silício. Ele me contou que não consegue entrar no fluxo durante o trabalho e fica tentando equilibrar múltiplas tarefas ao mesmo tempo. Durante sessões de *brainstorming* criativo com sua equipe, às vezes, eles conseguem entrar nesse estado. Porém, em sua carreira anterior de programador, costumava experimentá-lo com mais frequência.

Até mesmo Maya Angelou descreve seu processo de escrita como um uso de atenção concentrada, mas não necessariamente como um estado de fluxo. Em uma entrevista ao jornalista George Plimpton para a *Paris Review*, Angelou compartilhou que escrever nem sempre foi fácil para ela: "Eu tento dar à linguagem uma nitidez que salta da página. Deve parecer fácil, mas levo uma eternidade para fazer com que pareça tão fácil. Claro, existem aqueles críticos — geralmente os de Nova York — que dizem: 'Bem, Maya Angelou lançou um novo livro e, claro que é bom, mas é porque ela nasceu para escrever.' Esses são os que eu gostaria de agarrar pelo pescoço e jogar no chão, porque levo uma eternidade para fazer minha escrita cantar. Eu trabalho com a linguagem."[11]

Infelizmente, o estado de fluxo é bem mais raro do que muitos dos leitores do best-seller de Csikszentmihalyi esperavam. Em uma pesquisa conduzida por Nakamura e Csikszentmihalyi na década de 1990, constatou-se que, embora algumas pessoas tenham vivenciado esse estado, 42% dos norte-americanos e 35% dos alemães relataram nunca ou raramente ter experimentado o fluxo.[12] Embora seja possível adentrá-lo ao criar arte, trabalhar com marcenaria ou tocar música, nossos estudos revelaram que isso raramente ocorre no ambiente de trabalho do conhecimento. A natureza do ofício simplesmente não favorece o estado de fluxo, a experiência criativa ideal. Isso não significa que o trabalho não seja gratificante — ele pode ser profundamente gratificante. Algumas pessoas chegam a experimentar esse estado enquanto estão em seus dispositivos, por exemplo, ao fazer programação complexa, e também é possível vivenciá-lo ao praticar escrita criativa em nossos computadores. Porém, a realidade é que, para a maioria dos trabalhadores do conhecimento, nossos ambientes de computação, a natureza de nossas tarefas e nossa responsabilidade por vários projetos criam barreiras para alcançarmos o fluxo. No entanto, não precisamos nos sentir mal por não atingi-lo. Podemos encontrar equilíbrio e bem-estar trabalhando em harmonia com nosso ritmo natural de estados de atenção.

Uma estrutura teórica de estados de atenção

Tive a oportunidade de trabalhar como pesquisadora visitante na Microsoft Research durante os belos verões de Seattle. Além de aproveitar a vegetação exuberante, mergulhei fundo na pesquisa sobre atenção. No saguão da Microsoft Research em Redmond, deparei-me com um enorme átrio fervilhante de atividade. O local exibia impressionantes obras de arte digitais, como uma escultura interativa que usava câmeras, sensores e inteligência artificial para mudar de cor quando as pessoas interagiam com ela. Eu entreouvia, nas mesas do café, conversas sobre as redes neurais ou as mais recentes ferramentas de visualização. No elevador, havia até um robô para ajudar a direcionar os visitantes.

Fiquei inspirada pelo conceito de fluxo, mas logo percebi que raramente o experimentamos no ambiente de trabalho. Em vez disso, minhas colegas Mary Czerwinski, Shamsi Iqbal e eu nos perguntamos se existiam estados de atenção que caracterizariam melhor o que as pessoas vivenciam ao usar seus dispositivos no trabalho. Será que elas mudam o foco rapidamente nos seus dispositivos, alternando entre diferentes *tipos* de atenção, como no caso da Mente Grande e da Mente Pequena? Será que essas variações de foco estão associadas a atividades específicas no mundo digital? À medida que exploramos, descobrimos que descrever uma pessoa como mais ou menos engajada ou absorvida não é suficiente. Identificamos outra dimensão importante: o tamanho do *desafio* da atividade, ou seja, a dimensão do esforço mental ou uso de recursos cognitivos ela exige. Ao contrário do que ocorre no fluxo, as pessoas ainda podem se engajar e se sentir desafiadas em diferentes níveis. Por exemplo, criar um plano estratégico pode ser bastante desafiador, enquanto navegar pelo Facebook ou Twitter não apresenta dificuldades significativas. Nosso objetivo de pesquisa era compreender o verdadeiro significado do nosso envolvimento com o mundo digital. Assim como Maya Angelou, cuja atenção pode se engajar de formas diferentes com palavras cruzadas ou poemas, uma pessoa pode se envolver intensamente em um jogo como *Two Dots*, que não requer muito esforço mental, ou pode se compenetrar profundamente na leitura de material financeiro complexo, que exige um alto nível de esforço mental. Em ambos os casos, a mente está engajada, mas de formas distintas, refletindo os diferentes níveis de recursos cognitivos utilizados. (No Capítulo 10, abordarei mais a fundo por que alguém pode ficar tão imerso em uma atividade aparentemente irracional como *Two Dots*.)

Ao considerar não apenas o nível de engajamento, mas também o nível de desafio, podemos caracterizar diferentes estados de atenção que abrangem uma variedade de atividades. Na pesquisa, desenvolvemos uma estrutura para descrever diferentes tipos de experiências de atenção no mundo digital. A Figura 1 ilustra essas duas dimensões —

a quantidade de engajamento e a quantidade de desafio — em uma estrutura teórica de atenção.[13] Esses estados de atenção são temporários: as pessoas transitam entre eles ao longo do dia, dependendo de seus objetivos, tarefas, interações, pensamentos íntimos e de vários outros fatores. Cada tipo de estado tem características distintas, que serão descritas a seguir.

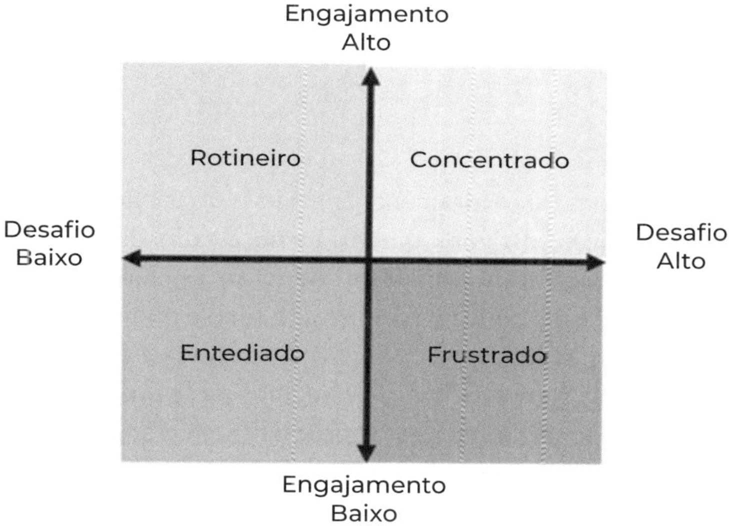

Figura 1. *Um modelo teórico de quatro quadrantes representando diferentes estados de atenção.*

Concentrado

Quando as pessoas estão altamente engajadas e enfrentam grandes desafios, dizemos que estão em um estado de atenção concentrado, como mostrado no quadrante superior direito da Figura 1. A concentração representa um estado temporal no qual as pessoas se sentem absorvidas em uma atividade que requer certo nível de desafio em suas habilidades. Estar muito engajado e desafiado no trabalho está relacionado à motivação, ativação, concentração, criatividade e satisfação.[14] Mas essa sensação não é exatamente a mesma que a do fluxo. Uma pessoa pode estar concentrada, como quando tenta ler um manual de instruções, sem experimentar as condições daquele estado — a sensação de criatividade profunda, a perda da noção do tempo e o uso otimizado das próprias habilidades. Em vez disso, o estado concentrado pode ser visto como um tipo de engajamento que pode ser uma *pré-condição* para o fluxo. Além disso, manter a concentração requer um grande uso de recursos cognitivos, como a expressão "prestar atenção" sugere.

Rotineiro

Quando as pessoas estão altamente engajadas, mas não enfrentam desafios significativos, dizemos que estão no estado de atenção "rotineiro", como mostrado no quadrante superior esquerdo da Figura 1. Nele, a atividade é mecânica e repetitiva. É fácil e pode capturar nossa atenção. Quando Maya Angelou jogava cartas, ela estava usando sua Mente Pequena de forma mecânica. Podemos estar profundamente envolvidos em um jogo de paciência, no qual nossas jogadas requerem pouco esforço mental. Da mesma forma, podemos estar altamente engajados em atividades digitais que são mecânicas e repetitivas, como jogar *Candy Crush* (que tem mais de 273 milhões de usuários ativos[15], dos quais acima de 9 milhões jogam além de 3 horas por dia[16]). Como essas atividades mecânicas não apresentam desafios significativos, elas exigem menos recursos cognitivos. Isso pode explicar por que as pessoas conseguem jogar *Candy Crush* por horas todos os dias sem se sentirem esgotadas.

Entediado

Quando as pessoas não estão nem se sentindo muito engajadas nem enfrentando grandes desafios, dizemos que estão no estado de tédio, como mostrado no quadrante inferior esquerdo da Figura 1. Navegar na internet, pular de site em site sem ler muito das páginas, ou ficar zapeando os canais de TV porque nada chama nossa atenção são bons exemplos de experiências entediantes. Nem é preciso dizer que esse estado requer poucos recursos cognitivos, ou, em uma descrição mais apropriada, que subutiliza os disponíveis. Essas dimensões de desafio e engajamento baixos estão alinhadas à concepção de tédio predominante, um estado de baixa excitação: pois atividades monótonas não proporcionam muito estímulo, dificultando a concentração.[17,18] Ficar parado ou inativo não leva automaticamente ao tédio. Se alguém gosta de praticar ioga ou de entrar em um estado meditativo zen, essa atividade não é entediante. Como mencionei antes, no fluxo, as pessoas não percebem a passagem do tempo, mas, no tédio, é o oposto: com tantos recursos de atenção disponíveis, não conseguem deixar de pensar no quanto ainda falta para a atividade terminar e em como o tempo parece passar devagar. Curiosamente, em alemão, a palavra para tédio é *Langeweile*, que se traduz como "longo período de tempo".

Frustrado

Quando as pessoas enfrentam grandes desafios, mas não estão totalmente engajadas na atividade, dizemos que estão no estado de frustração, como mostrado no quadrante inferior direito da Figura 1. Todos já experimentaram momentos assim no trabalho, como se estivessem batendo em ponta de faca, sem progredir. Podemos achar a atividade difícil, mas há várias razões para não desistirmos, sejam elas um prazo a cumprir, os pedidos de gerentes ou uma determinação interna. Desenvolvedores de software relatam sentir-se frustrados quando não conseguem resolver um *bug*, e a frustração também pode ocorrer com um quebra-cabeça difícil que alguém não consegue largar, sentindo-se compelido a resolvê-lo. Esse estado de atenção pode consumir muitos de nossos recursos.

Como os estados de atenção mudam ao longo do dia

O ritmo faz parte da nossa vida. Ele se manifesta na natureza, nas estações do ano, na duração do dia, no ciclo lunar e nas marés, assim como em nossos sistemas fisiológicos, como o sono, a temperatura corporal e o metabolismo, além do aumento e da diminuição da insulina, da serotonina e do hormônio do estresse cortisol. As pessoas também têm ritmos circadianos diferentes, algumas são mais ativas de manhã, sendo conhecidas como cotovias, e alcançam seu melhor desempenho nas primeiras horas do dia, enquanto outras são mais noturnas, sendo chamadas de corujas, e preferem começar o dia mais tarde. Esses ritmos circadianos afetam a temperatura corporal, que é mais baixa pela manhã e mais alta à noite. Eles também parecem explicar a variação no estado de alerta e na atenção seletiva ao longo do dia.[19] Os ritmos homeostáticos, baseados no tempo decorrido desde o despertar, estão correlacionados com declínios no desempenho individual à medida que o dia avança, como observado em testes de memória.[20] Há também evidências neurofisiológicas que sugerem que o sistema visual é influenciado por ritmos internos da atividade elétrica do cérebro.[21] Em um experimento de laboratório, os participantes receberam pistas que indicavam o lado esquerdo ou direito da tela do computador e foram orientados a direcionar sua atenção para o lado indicado. Em seguida, eles tinham que responder se haviam percebido um pequeno estímulo de luz. Os pesquisadores descobriram que as oscilações da atividade neural afetavam a percepção do estímulo e também influenciavam a magnitude da resposta neural. Portanto, o sistema visual flutua com a excitabilidade neuronal, ou seja, com impulsos elétricos em nosso cérebro, indicando que ritmos internos estão em um nível muito baixo. Esse experimento sugere que não temos atenção sustentada contínua, mas, sim, o que os autores descrevem como “momentos perceptivos”. Dada a variedade rítmica nos humanos, isso também nos leva a refletir sobre a existência de ritmos de atenção ao longo do dia, enquanto as pessoas levam sua vida quotidiana. Será que a atenção sustentada segue um ritmo diário de altos e baixos?

Os ritmos da atenção concentrada

Eu e minhas colegas da Microsoft Research decidimos investigar os ritmos da atenção, estudando o comportamento real das pessoas em seus locais de trabalho. Enfrentamos o desafio de como descobrir o que se passa na mente das pessoas enquanto elas estão trabalhando. Em estudos anteriores, eu havia utilizado medidas objetivas, como os registros de atividades do computador e os monitores de frequência cardíaca, mas esses métodos não capturavam as experiências subjetivas de atenção das pessoas. Para abordar essa questão, adaptamos a técnica de amostragem de experiência de Csikszentmihalyi, criando sondagens em forma de janelas *pop-up* que faziam perguntas aos participantes. Elas eram enviadas de acordo com o comportamento natural da pessoa, como após ela usar o e-mail por pelo menos três minutos consecutivos, ficar no Facebook por um minuto, desbloquear a tela, ou caso quinze minutos se passassem sem sondagens. Elas podiam ser respondidas em poucos segundos. Ao recebê-las, os participantes eram solicitados a refletir sobre a atividade que estavam realizando *naquele momento* e a responder a perguntas sobre o nível de "engajamento" e "desafio" que sentiam, utilizando uma escala para isso. Também pedíamos que relatassem seu estado de espírito, algo que abordaremos no Capítulo 10. Enviávamos as sondagens cerca de 18 vezes por dia, durante uma semana inteira de trabalho, para 32 participantes, buscando equilibrar a obtenção de uma imagem detalhada das alterações de atenção e o bem-estar dos participantes, sem sobrecarregá-los. Sondar as pessoas dezoito vezes por dia nos pareceu ser o máximo possível. A ironia de interromper as pessoas para perguntar sobre seu engajamento e senso de desafio não passou despercebida, mas, como as perguntas podiam ser respondidas em poucos segundos, os participantes podiam retornar imediatamente às suas atividades. Instruímos que respondessem com base no que estavam fazendo imediatamente antes da sondagem e que suas respostas não refletissem seu aborrecimento, caso estivessem incomodados com a interrupção. Felizmente, eles foram compreensivos e, embora alguns tenham reclamado da frequência das sondagens, garantiram-nos que o aborrecimento não influenciou nas respostas. Também registramos a atividade de seus computadores e suas interações presenciais usando *SenseCams*, pequenas câmeras leves e vestíveis. A coleta de dados ao longo de uma semana inteira de trabalho nos proporcionou uma amostra representativa do comportamento diário de atenção, permitindo que observássemos as alterações dele. Estudamos uma variedade de participantes de diferentes áreas, incluindo assistentes administrativos, gestores, tecnólogos, engenheiros, designers e pesquisadores.

Após coletar os dados, relacionamos as respostas aos estados de atenção mostrados na Figura 1. Surpreendentemente, encontramos poucos relatos de frustração no trabalho — apenas sete vezes as respostas se enquadraram no quadrante "frustrado" de nossa estrutura. Esses relatos foram tão raros que nem os incluímos no gráfico a seguir. Uma possível explicação para a baixa ocorrência de frustração é o fato de que esse estado consome rapidamente os recursos das pessoas, e elas tendem a evitá-lo.

Observamos que existem ritmos de atenção concentrada. A Figura 2 mostra que, ao longo do dia, as pessoas experimentam estados de atenção concentrados, rotineiros e entediados.[22] Em todos os cargos, notamos dois horários de pico de foco: no final da manhã, às 11h, e no meio da tarde, às 15h. Descobrimos que as pessoas não chegam ao trabalho prontas para se concentrar nas tarefas desde o início. Elas levavam algum tempo para entrar em um estado de foco. Após o intervalo do almoço, sua atenção concentrada gradualmente aumenta de novo. A partir das 15h, ela começa a diminuir, possivelmente refletindo o esgotamento de recursos cognitivos. A atenção mecânica segue um padrão ao longo do dia, aumentando a partir das 9h e continuando estável até por volta das 14h, quando começa a declinar. O tédio atinge o pico por volta das 13h, logo após o almoço. A boa notícia é que, em geral, as pessoas estavam mais concentradas do que entediadas no local de trabalho ao longo do dia. No entanto, uma notícia não tão boa é que elas geralmente relatam experienciar mais tédio do que atenção mecânica ao longo do dia. Discutiremos mais sobre esse aspecto no decorrer do livro, ressaltando que o tédio não contribui para o bom humor.

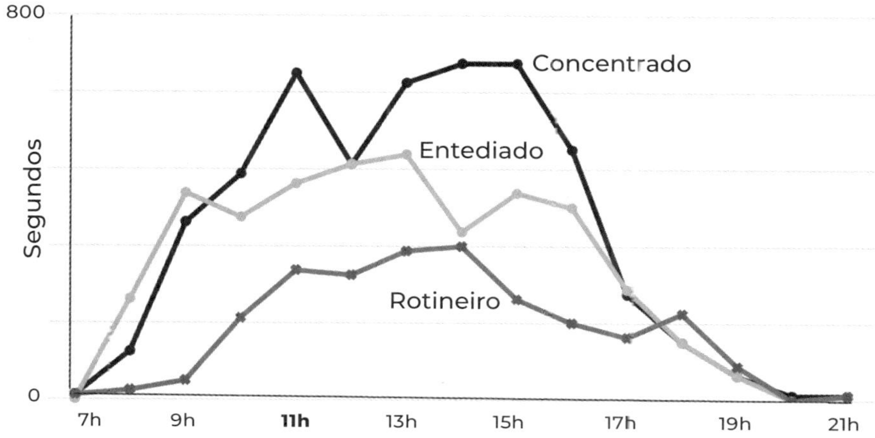

Figura 2. *Como diferentes tipos de atenção variam ao longo do dia de trabalho.*

Uma das descrições sobre o ritmo seguido pela atenção ao longo do dia vem de uma pessoa que chamarei de Mira, participante de um estudo relacionado. Ela é gerente de documentos em uma grande empresa e descreveu seu nível de foco durante o dia como tendo altos e baixos. Mira mencionou que atinge o máximo de concentração durante seu "pico", que ocorre entre o meio-dia e 14h, quando lida com e-mails e entra em contato com seus superiores e colegas. Porém, das 14h às 16h, ela se encontra em um "vale". Durante esse período, sempre teme ser surpreendida por um "incêndio" inesperado, como a necessidade repentina de rastrear documentos importantes. Mira explicou que, mesmo nesses momentos, ela é obrigada a reunir seus recursos de atenção escassos, mesmo que seu corpo e mente não se sintam capazes disso, e apresentar o mesmo desempenho do pico de foco.

Acontece que as pessoas também apresentam um padrão rítmico no uso que fazem em seus dispositivos. Ao registrarmos a atividade do computador, conseguimos medir com precisão o tempo (até os segundos) do que fazem em seus computadores. Em seguida, sincronizamos o tempo com as respostas das sondagens, que apresentavam registros de data e hora. Dessa forma, pudemos combinar os estados de atenção das pessoas com cada atividade que fizeram no computador. Na Figura 3, mostramos a natureza rítmica de diferentes usos do computador e a variação deles ao longo do dia.[23] O tempo gasto nas caixas de entrada de e-mails e nos calendários atinge o pico no meio da manhã (às 10h), bem como no meio da tarde (às 14h), e corresponde, aproximadamente, aos momentos de maior foco. O uso de aplicativos de produtividade, como Word, Excel e PowerPoint também parece seguir o mesmo ritmo. Já a comunicação remota e as pesquisas na web ocorrem de forma contínua no decorrer do expediente. A verificação do Facebook é mais distribuída ao longo do dia, embora nossas análises estatísticas mostrem que as pessoas realizam um número significativamente maior de atividades no Facebook após o retorno do almoço do que antes dele.

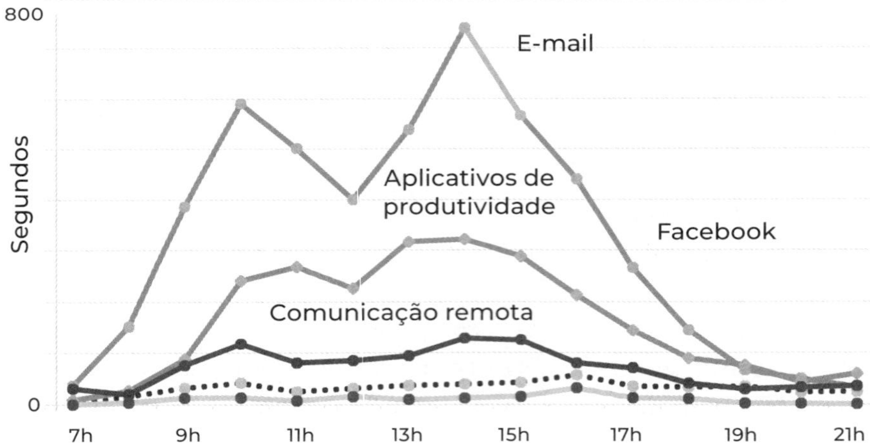

Figura 3. *Como a atividade no computador das pessoas varia ao longo do dia, com base no registro.*

Em seguida, aprofundamos nossa análise dos dados, observando as correlações entre as atividades no computador e os diferentes estados de atenção. Conforme os ritmos sugerem, descobrimos que as pessoas tendem a se concentrar quando estão enviando e-mails. Por outro lado, ao navegar na internet ou alternar entre as janelas de aplicativos, é mais provável que se sintam entediadas. Quando estão no Facebook, geralmente experimentam tédio ou atenção mecânica, mas quase nunca estão concentradas. Esses resultados confirmam nossa intuição.

Além disso, identificamos um padrão ao longo da semana: as segundas-feiras são os dias em que as pessoas estão mais concentradas, provavelmente porque começam a semana com o tanque de recursos cognitivos reabastecido após o descanso do fim de semana. Depois dessa explosão de foco na segunda-feira, percebemos que a terça-feira é um dia de relaxamento, com um nível menor de concentração. A quarta-feira apresenta um foco ligeiramente maior, enquanto a quinta-feira é um dia para realizar as atividades rotineiras, proporcionando um momento de relaxamento e reabastecimento dos recursos. Isso também pode explicar por que vemos outra pequena explosão de foco na sexta-feira.

Os estados de atenção e a suscetibilidade à distração

Por que as pessoas perdem o foco e se distraem? É comum acreditar que elas podem estar profundamente focadas de início, mas que, uma vez interrompidas, fica difícil retomarem a concentração, o que as leva ao tédio. No entanto, e se o estado de atenção específico de uma pessoa a tornasse mais *suscetível* a distrações?

Em um artigo intitulado "Focused, Aroused, but so Distractible", Mary, Shamsi e eu analisamos dados para investigar três dos tipos de interrupções mais comuns relatados por nossos participantes: e-mail, Facebook e interações face a face.[24] Todas elas envolvem comunicação de alguma forma. Aquelas do e-mail geralmente estão relacionadas ao trabalho, mas também podem estar ligadas à vida social ou pessoal. As interrupções do Facebook são principalmente de natureza social, assim como as interações face a face. Anteriormente, mencionei que registramos esse contato com o uso de *SenseCams*, câmeras que os participantes usavam ao redor do pescoço e que tiravam fotos a cada quinze segundos. Utilizamos um software que detectava com precisão a presença de rostos nas fotos e, quando identificamos algum, inferíamos que uma pessoa estava interagindo pessoalmente com outra. Mas o software não era perfeito. Um erro que descobrimos acidentalmente foi que, muitas vezes, nossos participantes do sexo masculino se esqueciam de desligar as *SenseCams* ao irem ao banheiro, e a forma redonda do vaso sanitário era interpretada erroneamente como um rosto pelo software.

Descobrimos que, quando as pessoas estavam entediadas, era mais provável que direcionassem sua atenção para o Facebook e para as interações face a face. Da mesma forma, quando estavam envolvidas em atividades mecânicas, elas eram mais propensas a mudar sua atenção para interações face a face. Em outras palavras, um estado rotineiro ou entediado facilita a entrada de distrações. Nossos resultados corroboram a ideia de que *o estado de atenção em que a pessoa se encontra* a torna suscetível a distrações. Mas por que isso acontece? Quando entediados, nossa atenção não está direcionada a um objetivo específico e, quando envolvidos em atividades mecânicas, talvez tenhamos apenas um objetivo fraco (rolar o feed das redes sociais em busca de algo interessante). A atenção é guiada por objetivos e, sem um objetivo forte, como é o caso durante o tédio ou a prática de atividades mecânicas, nossa atenção se torna volátil.

O ritmo é o novo fluxo

Nossos dados revelam que a atenção não se resume apenas a estados focados ou desfocados, mas, sim, a diferentes formas de engajamento. Mas por que as pessoas experimentam flutuações em seu foco e podem alternar para outros estados de atenção? Ao longo do dia, nossa atenção é provavelmente influenciada pelo nível de recursos cognitivos, pelo ritmo circadiano e, como sugerem algumas pesquisas,[25] pelo tempo decorrido desde que acordamos,[26] e possivelmente por hormônios, que ainda estão sendo investigados. Além desses fatores, pode haver uma explicação psicológica para a tendência rítmica do nosso foco.

Para explorar essa ideia, busquei a perspectiva de um especialista em ritmo, o baterista Barry Lazarowitz. Com vasta experiência em diferentes gêneros musicais, como jazz, folk e rock, ele já se apresentou ao lado de músicos renomados, incluindo Stan Kenton, Leonard Cohen, Lou Rawls e Judy Collins. Barry participou de gravações que foram premiadas com o Grammy, bem como contribuiu para a trilha sonora vencedora do Oscar do filme *All That Jazz: O Show Deve Continuar.* Segundo ele, as pessoas possuem um ritmo interno que ressoa naturalmente com uma marcha de John Philip Sousa ou uma música disco de Donna Summer, marcando sessenta batidas por minuto. Isso ocorre porque nosso coração tende a bater aproximadamente nesse ritmo, e, ao caminharmos, também costumamos dar cerca de sessenta passos por minuto. Outros músicos também compartilham ideias semelhantes sobre o ritmo interno. Por exemplo, Lester Lanin, um famoso líder de orquestra, popular nas décadas de 1950 e 1960, compreendia como as pessoas se conectavam com o ritmo e organizava a música em uma cadência consistente conhecida como "batida do empresário", formado por duas batidas por compasso. Mesmo que as pessoas não soubessem dançar, elas sabiam andar, e o ritmo de caminhada geralmente já é rítmico.[27] A popularidade de Lanin é atribuída à quantidade de pessoas que ele atraía para a pista de dança com seu compasso de duas batidas.

Porém, as pessoas também possuem ritmos internos mais profundos e prolongados, como evidenciado pela capacidade de mantê-los após uma interrupção. Lazarowitz compartilhou um exemplo fascinante de John Coltrane, um renomado saxofonista tenor conhecido por sua obra-prima *A Love Supreme*. Coltrane criou uma linha melódica simples de 8 ou 12 notas, semelhante a um mantra, e improvisou por 33 minutos, explorando uma forma livre de ritmo inicial. Mesmo sem perder o ritmo, ele conseguiu retornar e retomar a cadência original. Coltrane tinha um metrônomo interno e era um mestre do ritmo. Cada um de nós pode encontrar o próprio ritmo, percebendo as flutuações dos nossos recursos cognitivos internos e reconhecendo quando precisamos recarregá-los. Isso evita que nos concentremos continuamente sem descanso e esgotemos nossos recursos. Nossa ressonância com o ritmo pode nos ajudar a restaurar nosso equilíbrio psicológico, assunto que abordaremos em detalhes mais adiante. Ter controle sobre nossa atenção implica estar ciente de nosso nível de recursos e alternar entre utilizá-los e restaurá-los quando necessário.

Encontrar o fluxo pode parecer um antídoto para nossas vidas digitais, mas a dura verdade é que é especialmente desafiador alcançá-lo no tipo de ofício que muitos de nós realizamos. Embora possamos aspirar ao fluxo, nas nossas atuais condições de trabalho, pode não ser realista ou até mesmo algo que devemos perseguir incessantemente. Lazarowitz, que trabalha como gestor e contratante de músicos durante o dia, compartilhou uma experiência semelhante à minha e a de muitos outros, pois a natureza do seu trabalho facilita ou dificulta sua entrada no fluxo. Durante suas tarefas diárias como trabalhador do conhecimento, ele pode se concentrar, mas nunca alcança esse estado ao telefonar para clientes, redigir contratos e organizar bancos de dados. Mas à noite, quando toca com outros músicos que se alimentam das improvisações uns dos outros, ele consegue alcançá-lo. Em vez de pensar em experimentar esse estado idílico, mas difícil de descrever, do fluxo durante o uso diário de computadores e telefones, devemos aspirar a um equilíbrio em nossos estados de atenção, evitando gastar em excesso nossos recursos cognitivos. Se não conseguirmos alcançar o fluxo, ainda podemos encontrar nosso ritmo interno.

Como alcançar um equilíbrio no uso de nossos dispositivos? Podemos aproveitar nossa conexão inata com o ritmo e alternar entre diferentes estados de atenção ao longo do dia. Um método popular é a técnica Pomodoro, que também usa o conceito de ritmo, dividindo o dia em segmentos de trabalho de 25 minutos, seguidos por 5 minutos de intervalo. Embora eu não tenha encontrado estudos acadêmicos que comprovem sua eficácia, é possível criar o próprio ritmo, levando em consideração os próprios recursos cognitivos. A atenção focada é importante para atividades que demandam muitos recursos, enquanto a atividade mecânica e o tédio exigem menos recursos. Reconhecer que o engajamento leve, ou mesmo o estado desfocado, desempenha um papel importante em nosso bem-estar se opõe ao pensamento convencional que valoriza apenas o engajamento profundo. Por vezes, precisamos nos afastar da estimulação e, por outras, permitir-nos divagar ou sentir tédio. Podemos manter nossa mente ocupada de forma leve, assim como Maya Angelou fazia com sua Mente Pequena. A mudança de ritmo é como a alternância entre corrida e caminhada, ela nos mantém ativos e alertas, mas também nos confere a oportunidade de nos recuperarmos. Longe das telas, geralmente sabemos buscar um equilíbrio. Quando estamos entediados, buscamos estímulo; e quando estamos superestimulados por estarmos na Times Square, buscamos um refúgio tranquilo no Central Park.

Cada estado de atenção tem seu valor e propósito, ajudando-nos a equilibrar nossos recursos cognitivos. Não podemos manter um desafio mental contínuo sem pausas, assim como não podemos levantar pesos o dia todo sem descanso. Precisamos fazer intervalos e nos afastar dos dispositivos para reabastecer nossos recursos. Também temos o poder de controlar como alternamos os estados de atenção e podemos explorar a necessidade de equilíbrio interior, reabastecendo nossos recursos cognitivos por meio de atividades rotineiras, fúteis ou até mesmo chatas. É nelas que podemos aprender a aproveitar nossa atenção dinâmica e cinética, alternando intencional e estrategicamente entre diferentes estados de atenção para alcançar equilíbrio, produtividade e bem-estar. No entanto, nem toda alternância é benéfica para nós, como veremos ao explorar as multitarefas no próximo capítulo.

CAPÍTULO QUATRO:

Por que, Como e o Quanto Somos Multitarefas

Certa manhã, em meados da década de 1990, cheguei ao trabalho na Alemanha e encontrei meus colegas, todos cientistas da computação, reunidos ao redor de um computador. Fui ver do que se tratava. Eles estavam explorando o Mosaic, um novo navegador que abriu um portal para a World Wide Web, exibindo imagens além de texto, algo muito mais avançado em comparação aos navegadores da época, que só exibiam texto. Essa inovação abriu caminho para o áudio e o vídeo, levando Bob Metcalfe, cofundador da Ethernet, a afirmar "de repente, percebi que a internet pode ser melhor do que sexo".[1] Esses cientistas da computação e eu ficamos maravilhados. Naquela época, não poderíamos ter previsto como nossas vidas se transformariam radicalmente em tantos aspectos: as interações sociais, o trabalho, o tempo de lazer e, especialmente, o comportamento de atenção. Nossas ferramentas tecnológicas se tornariam inseparáveis de nós. Neste capítulo, discutirei as mudanças que ocorreram ao longo dos anos em nosso comportamento de atenção à medida que a tecnologia da computação foi permeando todas as áreas das nossas vidas, incluindo o estabelecimento da base para curtos períodos de atenção desde cedo.

»«

Sou viciada em jornais e, na época, eles ainda não estavam disponíveis em formato digital. Meu favorito, o *The New York Times*, era caro demais para comprar no exterior. Certa vez, uma ex-aluna me visitou na Alemanha e gentilmente me trouxe um exemplar da edição de domingo que havia comprado em Paris. Para você ter uma ideia do custo, ela não quis me dizer o preço, mas disse que eu deveria considerá-lo um presente de casamento. Parecia que minha vida tinha mudado quando, alguns anos após o lançamento do Mosaic, pude acessar o *The New York Times* online com fotos e até assistir aos noticiários da TV norte-americana com *streaming* de vídeo, mesmo que em uma tela pequena. O que começou como leitura diária de notícias logo se tornou atualizações de hora em hora e minuto a minuto. Comecei a verificar as notícias repetidamente. As comunidades online também se proliferaram, e, de repente, parecia que todo mundo tinha um blog, compartilhando detalhes íntimos da própria vida em um fórum público. Como poderíamos ficar de fora?

O mundo digital evoluiu, criando as condições ideais para a explosão das multitarefas. Ouvimos tantas reclamações sobre essa prática, como se fosse um fenômeno novo, mas ela certamente não começou na era digital. De acordo com Monica Smith, em seu livro *A Prehistory of Ordinary People*, as multitarefas existem há mais de 1,5 milhão de anos, desde que nossos ancestrais bípedes começaram a construir ferramentas.[2] Os humanos dependiam dessa prática para sobreviver, pois precisavam monitorar constantemente o ambiente. Os caçadores e coletores procuravam comida e, ao mesmo tempo, buscavam recursos para fabricar ferramentas, cuidavam dos filhos e, claro, ficavam de olho nos predadores. Enquanto se atentavam seletivamente à procura de comida, também prestavam atenção aos sinais de perigo. Como hoje não precisamos mais perscrutar o ambiente para sobrevivermos, deveríamos ser capazes de nos concentrar profundamente na tarefa escolhida por longos períodos de tempo. No entanto, isso nem sempre acontece.

As pessoas seguem um *continuum* de preferências em relação ao uso do tempo, dividindo-se em monocrônicas, que preferem concluir uma atividade antes de iniciar outra, e policrônicas, que gostam de equilibrar várias tarefas simultaneamente. Uma minoria da população é composta por indivíduos "supertarefas", que têm a habilidade extraordinária de alternar entre as atividades sem serem afetados pela carga cognitiva. Essa capacidade está relacionada a um uso mais eficiente de algumas partes da rede de controle de atenção, localizada na região cingulada anterior do cérebro, que é responsável por detectar conflitos nas metas, e os córtices pré-frontais frontopolares posteriores, que trabalham para manter, alternar e atualizar objetivos.[3]

A maioria das pessoas encontra-se em algum ponto intermediário desse *continuum* entre mono e policrônico, com base na escala Multitasking Preference Inventory, cujo teste pede aos participantes que avaliem afirmações como "Não gosto de ter que alternar minha atenção entre várias tarefas".[4] Estudos realizados por Carol Kaufman e sua equipe da Universidade Rutgers utilizaram o Índice de Atitude Policrônica e entrevistaram mais de trezentas pessoas para explorar as características dos tipos policrônicos[5], revelando que os participantes que preferiam usar o tempo de modo policrônico eram mais escolarizados, trabalhavam mais horas e tinham maior flexibilidade em seus planos. Curiosamente, essas pessoas valorizavam os relacionamentos em detrimento das tarefas em si. Além disso, em comparação com as monocrônicas, lidavam melhor com a sobrecarga de funções e com a sensação de ter tarefas demais e tempo de menos. No entanto, mesmo aqueles que se consideram monocrônicos ou menos policrônicos, na prática, acabam trabalhando de forma policrônica devido às demandas profissionais e às constantes comunicações eletrônicas, como e-mail, mensagens de texto, Slack — e redes sociais. Essa incompatibilidade gera um desafio significativo para a maioria das pessoas, uma vez que indivíduos monocrônicos acabam trabalhando em estilos policrônicos, como blocos quadrados forçados a se encaixar em buracos redondos, o que compromete seu controle cognitivo da própria atenção. É comum que eles experimentem sobrecarga de funções, ficando presos em uma rotina de alternância de tarefas para tentar acompanhar os outros. Esses resultados corroboram os relatos de muitas pessoas em nossos estudos, que mencionam sensação de sobrecarrega no trabalho.

O que significa realizar multitarefas?

Em geral, as atividades não podem ser realizadas simultaneamente, a menos que uma ou ambas exijam pouco ou nenhum recurso de atenção, como falar ao telefone enquanto caminhamos, como mencionado anteriormente. Mas, quando estou no telefone e tento responder a e-mails, na verdade, não faço essas tarefas ao mesmo tempo. Na realidade, estou alternando minha atenção rapidamente entre as atividades. Realizar multitarefas significa que a mente direciona a atenção para diferentes fontes, alternando entre elas. Essa alternância pode ser desencadeada por um estímulo externo, como uma notificação de e-mail, ou por algo interno, como uma lembrança

Sem dúvida, todos já passamos pela experiência de estar em uma festa lotada, ouvir nosso nome ser mencionado do outro lado da sala e, de repente, desviar nossa atenção para aquela pessoa, ignorando as outras ao nosso redor. Esse fenômeno é conhecido como efeito coquetel, termo cunhado por Colin Cherry em 1953[6], e ele exemplifica como podemos direcionar nossa atenção rapidamente para algo específico. Certa vez, eu me vi com duas importantes reuniões de teleconferência agendadas para o mesmo horário. Seria muito constrangedor cancelar uma delas de última hora. Então, decidi usar dois fones de ouvido diferentes — um em cada ouvido, um conectado ao meu computador, e o outro, ao meu celular. Fiquei alternando minha atenção entre as duas teleconferências. Quando me faziam perguntas de tempos em tempos, a simples menção ao meu nome chamava minha atenção, como no efeito coquetel. Toda vez, eu me encolhia e precisava pedir que a pessoa repetisse a pergunta. Até onde sei, ninguém percebeu que eu estava participando de duas reuniões ao mesmo tempo. Mesmo assim, a verdade é que os seres humanos não são capazes de realizar, simultaneamente, duas tarefas que exigem o esforço do processamento controlado.

Desviar a atenção de uma atividade difícil pode ser benéfico em certas situações. Passar para uma nova tarefa pode tirar a pessoa de um estado de espírito negativo ou permitir a renovação dos recursos cognitivos. Deixar uma tarefa insolúvel em segundo plano pode levar a novos insights para uma solução. Por outro lado, alternar entre atividades com muita frequência e em ritmo acelerado, exigindo o redirecionamento constante da atenção, costuma ser prejudicial por impactar o tempo e o desempenho, além de causar estresse. Embora eu tenha conseguido me safar, sei que meu desempenho nessas teleconferências foi excepcionalmente ruim.

Duas perspectivas das multitarefas

Como as pessoas pensam em alternar a atenção? Em nossos estudos, por vezes, elas mencionavam fazê-lo de um projeto para outro, como quando paravam de trabalhar no programa de reestruturação do departamento para se dedicarem ao de saúde mental. Mas, por outras, descreviam a alternância de atenção em detalhes mais precisos, como quando paravam de escrever um documento para enviar um e-mail ao gestor. As pessoas pensavam de forma flexível sobre as multitarefas, enxergando-as em diferentes escalas, por vezes, afastando-se e observando a alternância nos termos de seus projetos como um todo, e por outras, aproximando-se e observando-a em eventos mais específicos. Essas diferentes perspectivas podem fornecer uma compreensão mais holística sobre nosso comportamento de atenção.

Uma analogia útil nesse contexto é a do uso do Google Maps. Se estou planejando uma viagem de Los Angeles para Boulder, posso visualizar a jornada em diferentes níveis de detalhe. Em termos gerais, posso me afastar, isto é, diminuir o zoom e ver o mapa inteiro dos Estados Unidos, conseguindo uma visão geral da viagem como uma diagonal no sentido norte-nordeste, o caminho atravessa a Califórnia, o sul de Nevada, o centro de Utah e entra no Colorado em direção a Boulder. Mas também posso me aproximar, aumentando o zoom para ver as rodovias individuais, as pequenas cidades e as florestas nacionais pelas quais passarei. Com as multitarefas, podemos diminuir o zoom e analisar como as pessoas alternam entre projetos ou, como prefiro chamar, "esferas de trabalho", por exemplo, ao escrever um trabalho de pesquisa ou preparar uma proposta. Mas também podemos aumentar o zoom, mudando nossa perspectiva para pensar em como as pessoas alternam a atenção entre operações de "baixo nível", por exemplo, ao digitar uma mensagem, ler uma postagem nas redes sociais ou responder a um e-mail. Ambas as perspectivas podem nos fornecer informações valiosas sobre a natureza das multitarefas.

É importante lembrar que a atenção está direcionada ao objetivo e que, quando mudamos nossas perspectivas de uma visão ampliada de nossas tarefas para uma mais detalhada, também alternamos nossos objetivos de alto nível para baixo nível. Durante o trabalho, estamos constantemente alternando entre metas de níveis diferentes, por exemplo, ao passarmos de uma meta de alto nível, como a conclusão de um projeto, para uma de nível inferior, como fazermos uma ligação que estava em nossa mente.

Desenvolvendo laboratórios vivos

Depois de me tornar acadêmica e perceber como minha própria atenção estava fragmentada, fiquei determinada a descobrir se essa experiência era comum. Os psicólogos têm métodos para medir a alternância de atenção em um ambiente controlado de laboratório, utilizando equipamentos que estimam os tempos de reação. No entanto, como poderíamos medir a alternância de atenção em um ambiente do mundo real, durante o trabalho cotidiano? Estudar indivíduos em um laboratório pode proporcionar insights valiosos, mas não é possível replicar nele todas as experiências que vivenciamos em nossas vidas reais: as pressões diárias, os conflitos com colegas, as trajetórias de carreira e as coisas que nos fazem rir. Para realmente compreender como as pessoas utilizavam a tecnologia e como isso as afetava, eu precisava ir onde elas estavam todos os dias. Era necessário medir como usavam e reagiam à tecnologia in loco, capturando detalhes sem interferir em suas vidas normais. Eu tive que criar *laboratórios vivos*.

Foi um desafio, mas com meu aluno de pós-graduação, Victor González, inspiramo-nos no trabalho de Frederick Taylor, um dos primeiros consultores de gestão do início do século XX. Nascido em

1856, Taylor começou sua carreira como operário de oficina mecânica e, mais tarde, se tornou consultor de engenharia, desenvolvendo uma técnica de observação científica do trabalho que ficou conhecida como taylorismo.[7] Ele cronometrava as atividades de trabalho das pessoas com um cronômetro e buscava maneiras de melhorar sua eficiência, como encontrar o tamanho ideal de uma pá para carvão. Embora eu não concordasse com o objetivo do trabalho de Taylor, que era espremer até o último segundo de produtividade dos trabalhadores, consideramos sua abordagem útil para nossos propósitos de pesquisa. Acompanhamos pessoas em diversas profissões e locais de trabalho do conhecimento, usando cronômetros para medir precisamente o tempo gasto em cada atividade até elas mudarem para outra. É importante ressaltar que não tínhamos a intenção de otimizar o comportamento delas, como Taylor fazia, mas, sim, observá-lo. Por exemplo, quando alguém abria o e-mail, iniciávamos o cronômetro e registrávamos o horário de início. Quando a pessoa se afastava da caixa de entrada e pegava o telefone, anotávamos o horário de encerramento do e-mail e o horário de início da chamada telefônica. Foi um trabalho árduo, porém preciso e fascinante. Um dos participantes até comentou: "É como assistir à tinta secar, não é?" Registramos o máximo de detalhes possível sobre o trabalho, como os aplicativos e documentos utilizados pelas pessoas, e até mesmo com quais colegas elas interagiram. Levamos em consideração que os participantes podem ter se sentido constrangidos e se comportado de maneira diferente durante a observação inicial, portanto, desconsideramos as primeiras horas de observação. No entanto, eles logo se acostumaram com a nossa presença, e, mais importante, tiveram que lidar com as demandas do trabalho, o que superou quaisquer mudanças iniciais em seus comportamentos.

Após coletar meticulosamente esses dados, descobrimos que, em média, as pessoas nos locais de trabalho gastavam apenas três minutos e cinco segundos em *qualquer evento de baixo nível*, seja na tela do computador ou fora dela, antes de passar à próxima atividade.[8] Isso incluía suas interações com colegas. Porém, se analisássemos apenas seu comportamento de atenção no computador, constataríamos que elas desviavam sua atenção, em média, a cada 2,5 minutos. Na época, isso parecia incompreensível, mas foi apenas o começo do que seria descoberto nas próximas décadas.

Nossa atenção está diminuindo ao longo dos anos

Acompanhar as pessoas com um cronômetro era uma tarefa árdua, e eu sabia que deveria haver uma maneira mais eficiente de coletar dados no ambiente natural. Felizmente, meu interesse em compreender o comportamento humano na vida real coincidiu com uma revolução no desenvolvimento de tecnologias de sensores. As inovações eram sofisticadas e empolgantes: novos sensores, como monitores de frequência cardíaca usados em tiras ao redor do peito e, posteriormente, no pulso, podiam medir o estresse. Com aparelhos de actigrafia, que registram a atividade física, pudemos ver o nível de movimentação das pessoas no ambiente de trabalho. Os dispositivos vestíveis também podiam medir o sono. Novos métodos de registro de computador nos permitiam registrar com precisão quanto tempo a atenção das pessoas permanecia em uma tela e quando elas alternavam entre aplicativos e sites. A duração do tempo gasto em uma tela de computador ou celular servia como um indicador do tempo de atenção direcionado à tela em questão. Quando a pessoa alternava para outra, operava uma mudança cognitiva ao focar outra coisa.

Assim, pudemos sincronizar todas essas diferentes medidas coletadas no laboratório vivo com base em marcas temporais precisas e gerar uma imagem abrangente de como as pessoas estavam utilizando a tecnologia em seus ambientes do mundo real. Esses novos métodos eram discretos, permitindo que elas trabalhassem sem serem observadas por um experimentador. O melhor de tudo era a objetividade e a precisão dessas medidas — registrando até os segundos.

O monitoramento preciso representou uma nova fronteira na medição do comportamento. Os participantes estavam plenamente conscientes de que seu comportamento seria registrado — nossos estudos foram aprovados pelo conselho de ética em pesquisa com seres humanos, os participantes assinaram formulários de consentimento, seus dados foram mantidos anônimos, e eles podiam sair do estudo a qualquer momento sem penalidades (embora ninguém o tenha feito). As pessoas que testamos consentiram que suas ações no computador fossem registradas, e não coletamos nenhum conteúdo — apenas registramos as marcas temporais de data/hora dos aplicativos e URLs que visitaram. Com exceção de alguns participantes que não seguiram as instruções (por exemplo, não usaram as cintas de frequência cardíaca o dia todo ou não tinham carregado seus dispositivos), a maioria participou plenamente.

Quarenta e sete segundos de atenção

Para compreender como a capacidade de atenção das pessoas mudou com o advento da computação, tenho acompanhado essa esfera ao longo dos anos, utilizando técnicas cada vez mais sofisticadas e discretas de registro no computador. Estudei diversos participantes, todos trabalhadores do conhecimento, porém em empregos e locais de trabalho distintos. A faixa etária predominante foi entre 25 e 50 anos, embora também tenha analisado estudantes universitários mais jovens. Nossas observações variaram de alguns dias a algumas semanas, resultando em milhares de horas de observação em cada estudo.

Os resultados de todo esse rastreamento mostram que a duração média da atenção que as pessoas passam em uma tela antes de alternar para outra está diminuindo ao longo dos anos (Figura 1). No nosso primeiro estudo, realizado em 2004, descobrimos que as pessoas passavam, em média, cerca de 150 segundos (2,5 minutos) em uma tela antes de alternar a atenção para outra; em 2012, a média caiu para 75 segundos. Nos anos posteriores, de 2016 a 2021, a quantidade média de tempo passado em qualquer tela antes da alternância foi considerada relativamente consistente, entre 44 e 50 segundos. Outros estudos replicaram nossos resultados, também utilizando registros de computador. André Meyer e seus colegas da Microsoft Research descobriram que o tempo médio de atenção de 20 desenvolvedores de software ao longo de 11 dias de trabalho é de 50 segundos.[9] Para sua tese, minha aluna Fatema Akbar descobriu que o tempo médio de atenção dos 50 funcionários de escritório em vários cargos que estudou durante um período de 3 a 4 semanas era de apenas 44 segundos.[10] Nos últimos anos, todos os dias e durante todo o período de trabalho, as pessoas se atentam às telas de computador por 47 segundos em média. Na verdade, em 2016, descobrimos que a mediana (ou seja, o ponto médio) para a duração da atenção era de 40 segundos.[11] Isso significa que metade das observações foram *menores* que 40 segundos.

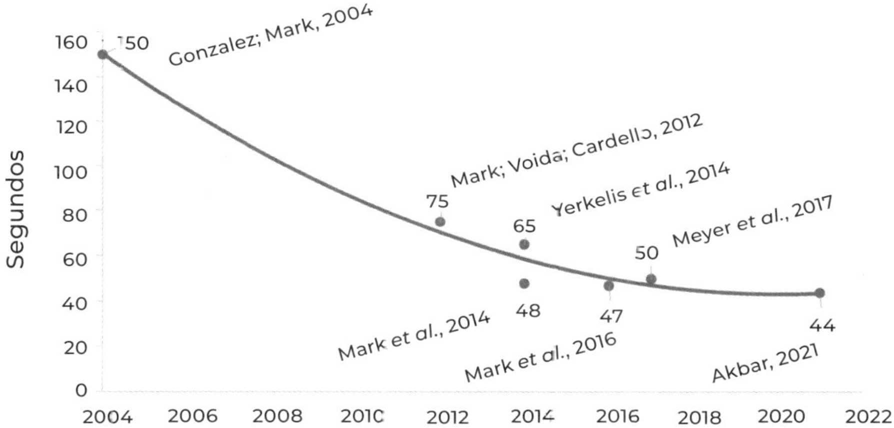

Figura 1. *Duração média da atenção em uma tela, 2004–2021.*[12]

O uso do e-mail, que muitos de nossos participantes consideram a ruína de suas vidas digitais, apresenta um aumento geral ao longo dos anos. O tempo diário que gastam com ele aumentou de uma média de 47 minutos por dia em 2004 para 83 minutos por dia em 2016. Essa estatística não inclui outras ferramentas de comunicação, como o Slack, portanto, podemos supor que as pessoas gastam ainda mais tempo trocando mensagens com os colegas (provavelmente com períodos curtos de atenção devido à natureza das mensagens de texto). No próximo capítulo, abordarei o impacto do e-mail em nosso nível de estresse.

Dessa forma, nossa atenção individual em relação às tecnologias pessoais está, em média, diminuindo consideravelmente. Esses resultados são válidos para todos os tipos de cargos: gestores, assistentes administrativos, analistas financeiros, tecnólogos, pesquisadores, desenvolvedores de software e outros. No entanto, além da redução no tempo de atenção, também ocorreram outras mudanças, impactando: as relações sociais, as influências ambientais, os hábitos individuais e o comportamento sedentário das pessoas, assuntos que abordarei em breve. Tudo isso ao lado do rápido aumento do uso da tecnologia. Ao olharmos para os últimos quinze anos, percebemos que não apenas os períodos de atenção já eram curtos quando comecei a estudar esse fenômeno, mas que, de fato, diminuíram com o tempo.

Modos de trabalho e de distração

O que nossos participantes pensaram sobre seus comportamentos de atenção? Eles descreveram razões comuns para a rápida mudança: hábito, tédio, sensação de sobrecarga com uma tarefa, desejo de falar com amigos ou colegas, evitar fazer algo que simplesmente não queriam fazer e muito mais. Sempre mencionavam a transição do modo de trabalho para o modo de distração: alguém até descreveu isso como ter dois "eus". Em um dos estudos, um *millennial* que ouvia música no YouTube enquanto trabalhava explicou como estava acostumado a alternar continuamente a atenção entre o trabalho e a letra da música. Outra pessoa chamou seus intervalos frequentes nas redes sociais de "petiscos". Muitos descreveram seu comportamento de desviar a atenção do trabalho e perder a noção do tempo como entrar em um "labirinto" ou "túnel" — eles ficavam presos em uma armadilha de atenção. Helen, uma das participantes, explicou como é difícil "sair dessa zona".

Chloe, uma pesquisadora de 30 e poucos anos que trabalha em uma empresa de tecnologia, descreveu a frequência com que sua atenção se desvia enquanto está no computador. Chloe disse que, ao menor impulso de pensar em algo além da "dura realidade do trabalho", ela procura essa ideia na web. Navegar na internet e pular de link em link é estimulante e preenche uma lacuna em sua vida profissional. Chloe justifica a alternância de atenção como produtividade, pois aprende coisas novas. No entanto, como muitos de nossos participantes, ela, muitas vezes, sente-se culpada quando percebe quanto tempo gastou em atividades não relacionadas ao trabalho.

Outro participante, Ron, um desenvolvedor de software em seus 40 anos, é uma pessoa noturna, e seu melhor desempenho ocorre entre 14h e 21h. No entanto, ele precisa estar no trabalho das 9h às 17h. Como seu horário de pico de desempenho não ocorre pela manhã, é mais difícil manter o foco durante as primeiras horas, e ele fica mais suscetível a alternar sua atenção. Ron descreveu suas manhãs como uma sequência de navegação em sites de notícias e redes sociais.

Steve, um analista na mesma empresa, também na faixa dos 40 anos, disse que tem pouco autocontrole quando usa seus dispositivos. Assim como Chloe, quando encontra um problema difícil no trabalho, sua tendência é alternar sua atenção — abrindo um jogo simples ou postando nas redes sociais —, o que faz com que sinta que está realizando algo fácil. Ele também se sente culpado quando percebe que está gastando muito tempo em atividades não relacionadas ao trabalho.

Como muitos, Steve descreveu seu comportamento de alternância de atenção como "inconsciente". Na verdade, frequentemente, nossos participantes do estudo diziam que não percebiam quando entravam no modo de alternar rapidamente a atenção — até que, em algum momento, percebiam que já estavam fazendo isso há algum tempo. Esse tipo de alternância de atenção inconsciente contrasta com a noção de atenção volitiva de William James, em que a pessoa está no comando.

A alternância rápida tem repercussões em nossa capacidade de processar informações. O que foi visto antes pode interferir no que estamos vendo atualmente e se tornar o que a pesquisadora Sophie Leroy chama de resíduo de atenção[13], especialmente se o conteúdo atual não for envolvente. As emoções também podem deixar resíduos, e uma reação emocional, como uma onda de tristeza ao ler notícias trágicas no Twitter, pode persistir, se a atenção for alternada para um aplicativo de trabalho. Resíduos de atenção e emoção dificultam ainda mais a aplicação de uma atenção focada.

O declínio da atenção e aumento do comportamento sedentário

O declínio da capacidade de atenção coincidiu com o aumento do tempo passado nas mesas, tornando as pessoas mais sedentárias (Figura 2). Estudos anteriores observaram como os trabalhadores do conhecimento passavam o tempo no escritório (nesses estudos, o registro do tempo era feito com relógios, e não cronômetros), do meio da década de 1960 até meados da década de 1980, antes do surgimento do e-mail, e descobriram que as pessoas passavam cerca de 28% a 35% do dia em suas mesas.[14,15,16] O restante era dedicado a reuniões programadas e informais. Em 2004, com a difusão da internet e do e-mail, esse período subiu para 52%, significativamente maior do que nos estudos anteriores.[17] Em 2019, coletamos dados de 603 trabalhadores por um ano, usando rastreadores de pulso para detectar a atividade física e transmissores sem fio para detectar a localização deles no escritório, descobrimos que passavam quase 90% do tempo em suas mesas.[18]

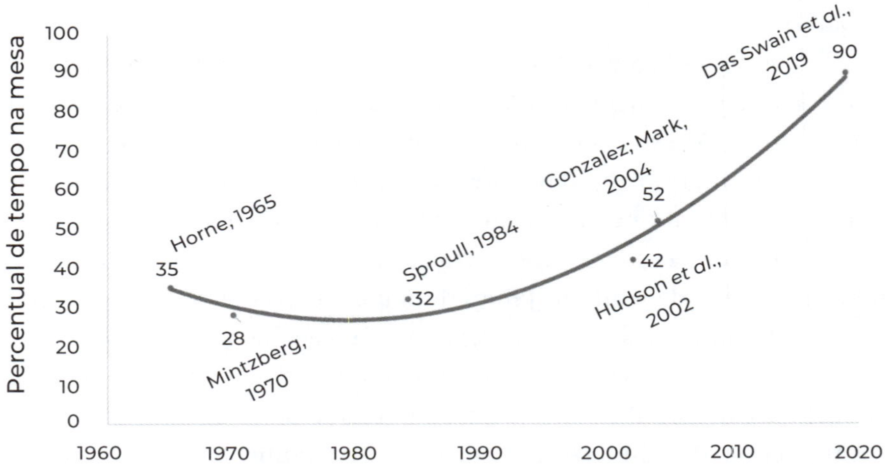

Figura 2. *Percentual de tempo passado na mesa, 1965–2019. O estudo de González e Mark (2004) inclui o uso de telefones fixos e celulares. Os estudos de 1965–1984 foram realizados antes da difusão do e-mail.*[19]

Claro que não podemos afirmar que a difusão do e-mail e da internet *aumentou* o tempo passado na mesa e o comportamento mais sedentário. Mas descobrimos algo que pode fornecer uma pista sobre o que está acontecendo: ao longo dos anos, as pessoas também passaram menos tempo em reuniões presenciais formais e agendadas (esses estudos foram feitos antes da pandemia), nas quais costumavam se sentar juntas em uma sala de conferências ou visitar o escritório de alguém. No período de 1965 a 1984, os trabalhadores gastavam em média 34% do dia em reuniões presenciais, mas, em 2004, descobrimos que o tempo diminuíra para uma média de 14%.[20] Como entender essa mudança? Podemos inferir, a partir dos dados, que o trabalho que antes era feito em reuniões presenciais, cada vez mais, é feito pelo celular e pelo computador agora, seja por e-mail, mensagens ou videoconferências. Com mais tempo no computador, aumentam as chances de alternar a atenção na tela. Mas também, com mais reuniões acontecendo pelo computador, especialmente como o caso do Zoom que vimos durante a pandemia, há também menos tempo de transição entre o trabalho no computador e a reunião, e entre uma reunião online e a próxima. (Claro que as pessoas também podem realizar várias tarefas ao mesmo tempo, respondendo a e-mails ou navegando na web durante uma reunião online.) Mesmo uma caminhada até uma sala de conferências nos proporciona pelo menos algum movimento e um breve descanso mental para nos desvincularmos da atividade anterior e nos prepararmos para a próxima. Estamos perdendo a capacidade de recuperar o fôlego entre as reuniões. Lembrei-me do tempo que passei na Alemanha, onde realmente fazíamos longas caminhadas após o almoço, e de como isso proporcionava uma pausa agradável e uma transição antes de começar o trabalho da tarde.

Alternando a atenção entre esferas de trabalho

Descobrimos que a atenção das pessoas em qualquer tela atingiu um estado constante de cerca de 47 segundos nos últimos anos. Mas e se, talvez, alternar entre eventos de baixo nível não for tão ruim, se todos estiverem relacionados à mesma esfera de trabalho, ou seja, ao mesmo projeto? Como acadêmica, quando trabalho em um artigo, estou constantemente alternando minha atenção entre a escrita, e-mails, Slack, busca de informações, reuniões no Zoom, conversas com colegas e análises. No entanto, durante tudo isso, geralmente estou utilizando uma perspectiva de alto nível, pensando na esfera de trabalho como um todo — mesmo que esteja alternando entre operações de baixo nível dentro dela. Desde que essas alternâncias de atenção estejam relacionadas à mesma esfera de trabalho, talvez elas não sejam tão problemáticas. Ou será que são?

Em outro estudo, meu aluno Victor González e eu analisamos a alternância de atenção entre esferas de trabalho.[21] Nessa pesquisa, descobrimos que as pessoas lidam com uma média de pouco mais de doze esferas de trabalho por dia. Na verdade, o número das minhas parece sempre pairar em torno dessa média. Também descobrimos que não só o tempo gasto em qualquer operação de baixo nível é curto, mas que a duração média real do período gasto em uma esfera de trabalho antes que as pessoas mudem para outra também é bastante reduzido (10 minutos e 29 segundos). Em outras palavras, os dias das pessoas são caracterizados pela alternância de atenção entre esferas de trabalho a cada cerca de dez minutos e meio. Mas, se examinarmos seu comportamento mais de perto, veremos que sua atenção em operações menores (como e-mail) é ainda menor.

No entanto, vamos considerar que nem todas as interrupções são iguais. Pense, por exemplo, em como uma interrupção para pedir sua assinatura em um documento pode não distrair muito. Outras podem ser bastante disruptivas: imagine que seu colega lhe peça ajuda para resolver um problema de agendamento. Com isso, decidimos remover dos registros o que consideramos eventos de dois minutos ou menos não muito disruptivos e, em seguida, conectamos os dados ao longo do tempo como se essas interrupções curtas não tivessem ocorrido. Surpreendentemente, descobrimos que as pessoas ainda mantinham uma média de apenas 12 minutos e 18 segundos em uma esfera de trabalho antes de alternar. Em outras palavras, a cada 12 minutos, elas enfrentam uma interrupção significativa que dura 2 minutos ou mais!

Isso é problemático. Precisamos de tempo para acionar os processos cognitivamente exigentes e necessários para cada tarefa. Cada vez que alternamos esferas de trabalho (ou mesmo eventos de baixo nível, nesse caso), é preciso acessarmos o conhecimento armazenado em nossa memória de longo prazo, o que consome recursos cognitivos. Se já faz algum tempo desde que estamos lidando com uma esfera de trabalho, serão necessários mais recursos para recuperar ou desenvolver um esquema para aquela tarefa, mesmo que seja apenas uma pequena parte dela, como escrever um e-mail.[22] Ao retornar a um trabalho que foi deixado de lado, preciso fazer um grande esforço para relembrar o que já foi feito e definir os próximos passos. Mesmo quando estamos focados em uma esfera de trabalho atual, precisamos recuperar da memória de longo prazo o esquema em questão após realizarmos outras atividades. A atualização e a reconstrução do estado exato do trabalho inacabado também exige recursos cognitivos. Considerando a frequência com que alternamos a atenção e o esforço necessário para retomar uma tarefa, não é nenhuma surpresa que nossos recursos cognitivos se esgotem.

Retomando o trabalho interrompido

O que acontece, porém, quando as pessoas são interrompidas? Quanto tempo leva para retomarem o trabalho? Temos uma boa e uma má notícia. Primeiro, a boa notícia: 77,2% das esferas de trabalho suspensas são retomadas no mesmo dia. E a má notícia: para tanto, levamos, em média 25 minutos e 26 segundos. E a notícia realmente ruim é que quando as pessoas são interrompidas, não voltam de imediato à atividade originalmente suspensa. Elas trabalham em uma média de outras 2,26 esferas de trabalho *intermediárias* antes de retornarem à original.[23] A Figura 3 mostra esse padrão geral ao longo do dia. Isso significa que as pessoas trabalham em uma esfera, depois mudam para outra, depois, para mais outra e, finalmente, voltam à esfera de trabalho inicial. Essas alternâncias podem ser causadas por interrupções externas (por exemplo, um telefonema) ou podem ser iniciadas pelos próprios indivíduos, o que detalharemos no próximo capítulo. Lembre-se de que, cada vez, que as pessoas alternam, precisam recuperar de sua memória de longo prazo o esquema da tarefa, aumentando a carga cognitiva. Além disso, elas acumulam tensão ao deixar tarefas inacabadas, o que aumenta o estresse, sobre o qual também falaremos no próximo capítulo.

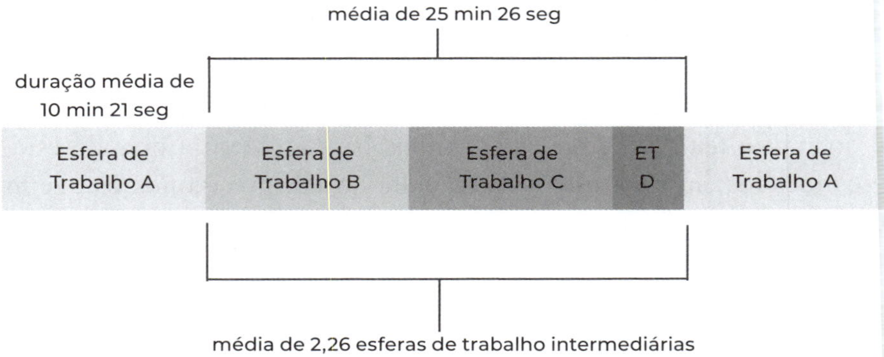

Figura 3. *Padrões de alternância entre esferas de trabalho de trabalhadores do conhecimento ao longo do dia.*

Multitarefas, estresse e desempenho

Algumas pessoas podem acreditar que realizar multitarefas ajuda na produtividade. No entanto, as evidências, há muito tempo, mostram o contrário: a produtividade diminui quando realizamos várias tarefas ao mesmo tempo. Há quase cem anos, em 1927, o psicólogo infantil americano Arthur T. Jersild demonstrou que, quando executamos multitarefas, nosso desempenho diminui. Jersild estudou essa questão para entender como os jovens se adaptam a situações complexas.

Nesse experimento, ele queria ver o que ocorre quando as pessoas faziam uma "alternância" mental entre um elemento de uma tarefa e outro. Jersild forneceu a crianças (do 6º ao 8º ano) e estudantes universitários uma lista de números e pediu que subtraíssem, de cada um deles, 3 unidades. Em seguida, eles receberam uma lista de palavras, e foi solicitado que nomeassem o antônimo de cada uma (por exemplo, *frio* quando lhes mostrassem *quente*). Ao alternar entre operações de palavras e números, Jersild descobriu que havia um custo de alternância.[24] As crianças levaram mais tempo do que os estudantes universitários para fazer as tarefas, mas ele encontrou os mesmos custos de alternância em todas as idades. Pensar em uma atividade enquanto fazem outra aumenta a carga mental, porque as pessoas estão usando recursos cognitivos adicionais não apenas para realizar a tarefa atual, mas também para manter a anterior em mente.[25]

Em um estudo mais recente, os participantes receberam várias tarefas e puderam alternar entre elas por conta própria. Quanto maior a frequência de alternância, pior foi o desempenho que demonstraram na tarefa principal.[26] O resultado de uma piora da performance devida às multitarefas foi encontrado repetidamente em estudos de laboratório: as pessoas levam mais tempo para concluir as tarefas e cometem mais erros.[27] O baixo desempenho também foi encontrado em estudos do mundo real. Por exemplo, ao executar multitarefas, médicos cometem mais erros de prescrição[28], e pilotos erram mais durante o voo.[29] Todos nós tivemos a experiência de perceber como as multitarefas afetam nosso desempenho, mesmo quando estamos em casa. Imagine que você está cozinhando, enviando mensagens e tentando apartar a briga das crianças.

Outro custo das multitarefas, como mencionado, é o resíduo de atenção da tarefa anterior, que interfere na atividade atual[30], assim como beber vinho tinto interfere no sabor de um delicado linguado de Dover. De fato, descobrimos que, no trabalho do mundo real, quanto mais alternâncias de atenção, menor é a produtividade avaliada no final do dia.[31]

Mas não é apenas a produtividade que sofre. Estudos de laboratório mostram que as multitarefas estão associadas ao aumento do estresse. Elas levam à diminuição da secreção de reatividade de imunoglobulina A, um marcador de estresse[32]; ao aumento da carga mental percebida, como medido pela escala NASA Task Load Index (NASA-TLX)[33]; e da pressão arterial sistólica e diastólica.[34] Os resultados de ambientes reais de trabalho são consistentes com os estudos de laboratório: praticar mais multitarefas está positivamente correlacionado com um maior estresse percebido autorrelatado.[35] Na verdade, quanto mais rápida a alternância de atenção entre dispositivos, maior é o estresse, como descobrimos em nossos estudos com monitores de frequência cardíaca em situações reais.[36,37]

Crianças pequenas, Geração Z e multitarefas

A base para multitarefas é estabelecida desde a primeira infância. As crianças de 2 a 4 anos já têm, aproximadamente, 2,5 horas de tempo de tela por dia, que aumenta para uma média de 3 horas e 5 minutos para as de 5 a 8 anos. Embora a maior parte desse tempo seja dedicada à TV e ao YouTube, as crianças de 5 a 8 anos passam 40 minutos por dia jogando.[38] Ainda não sabemos qual é a capacidade de atenção delas ao assistir, por exemplo, ao YouTube, mas sabemos, por estudos de laboratório, que crianças pequenas são mais suscetíveis a distrações e, quando distraídas, levam mais tempo para recuperar o foco no objeto original do que as mais velhas.[39] A exposição a tantas mídias em idades tão jovens acostuma as crianças a pensar que passar longos períodos na frente de alguma tela é um comportamento normal.

Uma preocupação quanto às crianças na primeira infância que usam redes sociais é que seu autocontrole e sua função executiva ainda não estão totalmente desenvolvidos. Esses elementos se desenvolvem no decorrer da infância, e elas atingem competências semelhantes às dos adultos por volta dos 10 anos.[40] Talvez o autocontrole de uma criança não importe tanto para assistir a vídeos no YouTube. Mas ele é crucial para o trabalho escolar, pois as instruções são cada vez mais digitais. Durante a pandemia, o ensino online foi quase onipresente e, mesmo agora, está se tornando mais comum. O autocontrole é essencial para o aprendizado online, a busca de informações, a resolução de problemas matemáticos, a leitura e a escrita online sem distrações. Os adultos já têm dificuldade em resistir às dispersões, mas as crianças são expostas ao mundo digital antes de desenvolverem plenamente essas funções mentais críticas. Enquanto isso, elas passam cada vez mais horas em computadores e celulares, ambientes que não favorecem o desenvolvimento das habilidades de atenção sustentada.

As redes sociais também preparam o terreno para que os jovens executem multitarefas. Embora os potenciais perigos das redes sociais para os jovens já tenham sido discutidos (por exemplo, *cyberbullying* ou a influência de comportamentos prejudiciais[41]), elas desempenham um papel importante no desenvolvimento adolescente, ajudando nas conexões sociais e permitindo que eles explorem diferentes aspectos da própria identidade. Os jovens constroem seus próprios padrões de uso de redes sociais de acordo com suas necessidades em crescimento. A geração Z é prolífica nas redes sociais: no momento em que este livro está sendo escrito, 85% dos adolescentes de 13 a 17 anos usam o YouTube, 72%, o Instagram, e 69%, o Snapchat.[42] O uso não diminui com a idade e, na faixa de 18 a 29 anos, 84% usam diversas redes sociais. Durante a pandemia, o TikTok cresceu 180% nessa faixa etária[43], sendo que 55% dos usuários são jovens.[44] Mais plataformas em uso significam mais oportunidades para a execução de multitarefas. Em um estudo em que rastreamos o uso de computadores e celulares entre estudantes universitários durante as horas em que estavam acordados, descobrimos que eles verificavam as redes sociais em média 118 vezes por dia.[45] Os usuários mais frequentes verificavam os sites, em média, 237 vezes por dia, 6 vezes mais que os menos frequentes (por volta de 39 vezes por dia). De fato, em nossos estudos, assim como naqueles com adultos mais velhos, descobrimos que os estudantes universitários também têm uma curta capacidade de atenção, passando uma média de 48 segundos em uma tela de computador ou celular antes de alternarem. Os 10 estudantes que mais executavam multitarefas em nossa amostra alternavam a atenção a cada 29 segundos, e os 10 menos intensos, a cada 75 segundos, o que ainda me surpreende. Quanto mais rápido os alunos alternavam a atenção, maior era o estresse medido.[46]

Os jovens costumam usar dois ou mais tipos de redes ao mesmo tempo, como ao enviar mensagens enquanto fazem o dever de casa online, o que é conhecido como multitarefas de rede. Em um estudo de laboratório, foi descoberto que as pessoas que mais executam várias atividades ao mesmo tempo têm mais dificuldade em filtrar informações irrelevantes.[47] Simplificando, estão acostumadas a alternar a atenção e são facilmente distraídas, mesmo sem seus dispositivos. A pesquisadora de comunicação Susanne Baumgartner e seus colegas da Universidade de Amsterdã investigaram as multitarefas de rede durante o período de alguns meses. Eles fizeram com que 2390 adolescentes holandeses preenchessem uma pesquisa na qual foram feitas perguntas como: "Enquanto assiste à TV, com que frequência você acessa redes sociais?" Os jovens também participaram de uma pesquisa sobre os sintomas associados à falta de atenção relacionados ao TDAH, de acordo com o DSM-5, o Manual Diagnóstico e Estatístico de Transtornos Mentais. Os pesquisadores descobriram que os adolescentes que tinham problemas de atenção executavam mais multitarefas de mídia do que aqueles sem problemas de atenção. No entanto, ao analisarem os efeitos ao longo de meses, as multitarefas de mídia tiveram efeitos adversos apenas na atenção dos adolescentes mais jovens e não dos mais velhos.[48]

Os jovens podem aprender a focar melhor a atenção? Os jogos de ação, como *Monster Hunter Rise*, nos quais os usuários devem acompanhar atividades diferentes acontecendo ao mesmo tempo, são populares entre os jovens. Shawn Green e Daphne Bavelier, da Universidade de Rochester, investigaram se os usuários de jogos de ação têm melhor capacidade de atenção.[49] Nesses experimentos com jogadores e não jogadores de aproximadamente 21 anos, os participantes tiveram que reagir o mais rápido possível para identificar formas-alvo (um quadrado, um losango) dentro de círculos na tela e ignorar formas distrativas que apareciam fora dos círculos. Na verdade, os jogadores se saíram melhor nessas tarefas de seleção visual — eles conseguiam detectar com maior precisão tanto as formas que apareciam no centro quanto as que surgiam na periferia da tela. Os autores sugerem que jogadores de videogame possuem mais recursos de atenção disponíveis. O jogo, então, parece tornar as pessoas mais adeptas quando usam a atenção cinética. Isso significa que crianças ou adolescentes devem jogar videogames de ação para se tornarem supermultitarefas? É preciso ponderar antes de comprar *Deathloop* para seus filhos. Pesquisas mais recentes questionam se são os videogames em si que levam a um melhor desempenho de atenção ou se as pessoas que os jogam possuem habilidades cognitivas inatas que as levam a selecionar os jogos.[50] Talvez elas sejam supertarefas. De qualquer forma, se você está pensando em equipar seu filho com videogames, lembre que as horas do dia são finitas. Jogar significa menos tempo para estudar, trabalhar e interagir na vida real com seres humanos. Seu filho (ou você) pode realmente conseguir reagir mais rápido a mensagens de texto, mas ambos terão menos tempo para outras coisas na vida que são mais importantes.

Ainda há muito a aprender sobre o comportamento de atenção dos jovens em seus dispositivos. Crianças e adolescentes são tão frágeis — seus processos de atenção e habilidades de autocontrole ainda estão se desenvolvendo. No entanto, crianças na primeira infância passam muito tempo nas telas, às vezes incentivadas pelos pais, talvez por eles acreditarem que isso melhorará sua leitura e habilidades motoras, e a pressão social é enorme para os jovens usarem Instagram, Snapchat, TikTok e uma série de outras redes sociais.

»«

Em nossa cultura digital, a realização de multitarefas começa muito, muito cedo. Um mundo policrônico com uma rápida alternância de atenção se tornou o novo normal. Um participante de um dos estudos, ao comentar sobre a "loucura constante das multitarefas" tem motivos reais para perceber o aumento de estresse fisiológico. A alternância de atenção resulta no trabalho fragmentado, esgota os recursos cognitivos, prejudica a produtividade e pode levar a um estresse cumulativo, com impactos negativos na saúde. Uma ceramista habilidosa pode trabalhar sequencialmente em projetos, mas, para trabalhadores do conhecimento, um estilo monocromático é um luxo em nossa vida profissional e pessoal. Vivemos em um mundo que nos incentiva a fazer várias coisas ao mesmo tempo e corremos o risco de ficar para trás se não seguirmos esse padrão. As multitarefas se tornaram parte do nosso estilo de vida moderno e, no próximo capítulo, exploraremos como as interrupções afetam nossa atenção.

CAPÍTULO CINCO:

As Consequências da Interrupção Constante

Há pouco tempo, um dos meus médicos, sabendo das minhas pesquisas, confessou que, para evitar se conectar à internet quando teve que escrever uma proposta de financiamento, ele comprara uma passagem de ida e volta da Califórnia para Washington. Contou que a ausência de Wi-Fi no avião foi um impedimento para que se conectasse. Perguntei-lhe se não seria mais fácil simplesmente desligar a internet e ficar em casa. Fiquei imaginando todas as distrações durante o voo: avisos, pessoas conversando e se movimentando, bebês chorando. Ele me respondeu que essas coisas não distraíam nem interrompiam sua concentração — o problema era a internet. Explicou que não tinha disciplina para ficar longe dela em casa, mas que, como os viciados que mudam de ambiente para se afastar da substância ou de qualquer lembrete dela, um avião permitia que ele criasse uma barreira para acessar a internet. Em seu livro *The Shallows*[1], sobre como o impacto da internet em nossa leitura e pensamento, Nicholas Carr também mencionou um médico (duvido que seja o mesmo) que lhe dissera se concentrar melhor quando estava em aviões. A atração psicológica das distrações da internet é tão forte que esses médicos optam por trabalhar a milhares de metros acima do solo.

Ficar longe da internet, na qual as fontes de distração se multiplicam, é difícil para muitas pessoas. Interrupções e multitarefas são cúmplices que atrapalham nossa atenção. Neste capítulo, vamos explorar como a mente lida com elas.

Os custos das interrupções estão bem documentados. Martin Luther King Jr. lamentou quando descreveu "aquele lindo poema que não foi escrito porque alguém bateu à porta".[2] Talvez o exemplo literário mais famoso tenha ocorrido em 1797, quando Samuel Taylor Coleridge começou a escrever seu poema "Kubla Khan" a partir de um sonho que teve, mas foi interrompido por um visitante. Para Coleridge, por acaso, a interrupção ocorreu em um momento particularmente ruim.[3] Ele esqueceu sua inspiração e deixou o trabalho inacabado. Embora existam muitos casos documentados de interrupções que tiveram repercussões em profissões de alto risco, como médicos, enfermeiros, operadores de sala de controle, corretores de ação e pilotos, elas também nos afetam na vida cotidiana. A produtividade no trabalho sofre devido às interrupções[4], e o golpe final é que as distrações, assim como as multitarefas, geralmente causam estresse.

Mas as interrupções também podem trazer benefícios. Podem nos oferecer uma pausa mental do trabalho, ajudando-nos na reposição de nossos recursos cognitivos, servir como uma pausa social para nos conectarmos com os outros e nos levar a gerar novas ideias. Em um experimento, quando os participantes foram convidados a registrar as interrupções e as emoções correspondentes, 80% relataram que elas lhes provocavam emoções positivas e negativas, especialmente quando eles consideravam que um esforço valioso tinha sido interrompido.[5] Portanto, embora nem todas as interrupções sejam ruins, precisamos aprender a direcionar nossa atenção para que não sejamos sobrecarregados por aquelas indesejadas.

A tensão das tarefas interrompidas

Para sua dissertação, Bluma Zeigarnik interrompeu as pessoas. Seu trabalho é significativo, pois ajuda a explicar por que nos incomodamos tanto com interrupções. Nascida em 1901 em uma família judia secular de classe média na cidade de Prienai, Lituânia, Zeigarnik era muito talentosa e pulou as primeiras quatro séries da escola, entrando no quinto ano.[6] Entretanto, sua vida foi interrompida. Ela contraiu meningite, ficou em casa por 4 anos e se recuperou — na época, apenas 20% das pessoas sobreviviam. Zeigarnik ansiava por frequentar uma universidade, mas sua educação na escola secundária feminina era limitada. Entre suas aulas de matemática, ciências e literatura, o ensino incluía "a lei de Deus" e costura. No entanto, ela era determinada. Estudava horas a fio na biblioteca e, refazendo o exame de entrada para a universidade foi admitida para estudar filosofia em 1922 na Universidade de Berlim, que também era um centro da psicologia da Gestalt. A teoria da psicologia da Gestalt sustenta que percebemos as coisas como um todo, e não como componentes separados (pense no logotipo da IBM — vemos letras em vez de linhas horizontais individuais). As palestras dos famosos teóricos da área, Max Wertheimer e Wolfgang Köhler, cativaram-na, e ela mudou seu curso para psicologia.

Em 1927, descobriu o que mais tarde se tornaria o famoso efeito Zeigarnik.[7] Em seu laboratório em Berlim, ela realizou uma série de experimentos, conferindo aos participantes cerca de vinte tarefas diferentes: metade foi interrompida, e a outra metade, não, em ordem aleatória. Ao final do estudo, Zeigarnik solicitou que os participantes relembrassem as tarefas em que haviam trabalhado. Em um artigo intitulado "Remembering Completed and Uncompleted Tasks" (sem publicação no Brasil), ela provou que lembramos melhor as tarefas inacabadas do que das tarefas concluídas. Quando uma atividade é interrompida, cria-se um estado de tensão, pois não satisfazemos a nossa necessidade de concluí-la, de modo que ela permanece conosco e serve como um lembrete — repetitivo — de retomá-la.

Durante sua passagem pela Universidade de Berlim, Zeigarnik foi aluna de Kurt Lewin, que, mais tarde, foi considerado o fundador da psicologia social, um campo que estuda como nosso contexto social afeta nossa maneira de pensar, sentir e agir. Lewin é, aliás, meu psicólogo favorito, e seu trabalho é extremamente relevante para nossas vidas na era digital. Assim como Zeigarnik, nasceu em uma família judia de classe média, em Mogilno, na Alemanha, parte da Prússia, em 1890. Ele iniciou seus estudos na área médica na Universidade de Freiburg, depois mudou de curso, estudando biologia na Universidade de Munique, onde se envolveu nos movimentos pelos direitos das mulheres e nos movimentos socialistas antes de finalmente se estabelecer na Universidade de Berlim, onde obteve o doutorado em psicologia em 1914. Lewin permaneceu lá e era muito popular entre seus alunos, que não eram muito mais jovens do que ele. Mas Lewin se mudou novamente em 1933, desta vez, devido à ascensão do nazismo. Ele se estabeleceu nos Estados Unidos, juntando-se a outros emigrantes europeus como Theodor Adorno, Fritz Heider e Gustav Ichheiser, que estavam na vanguarda do desenvolvimento das teorias sociais sobre o comportamento. O campo da psicologia social deve seu nascimento, em grande parte, à emigração e à confluência de grandes personalidades como essas que foram forçadas a emigrar.

Na época em que Lewin estava em Berlim, o pensamento comum entre os psicólogos era o de ver o indivíduo em termos de atributos psicológicos separados e distintos, como percepções, pensamentos e emoções. No entanto, assim como Zeigarnik, Lewin também se familiarizou com as ideias da psicologia da Gestalt e via o indivíduo como uma Gestalt, ou "todo", integrado e influenciado por seu ambiente social cotidiano — o que ele chamava de "espaço vital".[8] Isso diferia radicalmente do pensamento vigente na época, que não considerava como o ambiente e o contexto afetavam as pessoas. Já a noção de "campo" incluía o indivíduo em relação ao seu entorno. De acordo com a teoria de campo de Lewin, necessidades não satisfeitas criam uma tensão dentro de nós, a qual reduzimos quando nos aproximamos de um objetivo. Se a meta de uma pessoa é ir ao correio, à farmácia e a uma floricultura, quando essas tarefas são concluídas, a tensão é liberada. Se o trânsito a impede de chegar a algum desses lugares, isso cria tensão. A teoria de campo de Lewin explicava que todas as nossas ações poderiam ser entendidas como uma busca pela redução da tensão.

O trabalho de Zeigarnik forneceu suporte à teoria de campo de Lewin: uma tarefa interrompida cria uma necessidade insatisfeita ou uma tensão que nos motiva a concluí-la. Essa tensão que permanece conosco também faz com que fiquemos pensando na tarefa inacabada. É por isso que nos lembramos dela — sua lembrança fica em segundo plano. Mal sabiam Zeigarnik e Lewin como a teoria de campo seria relevante para explicar nossa atenção e experiências emocionais com nossos dispositivos hoje. É interessante notar que, alguns anos depois de obter seu doutorado, Zeigarnik assumiu um cargo no Instituto de Atividade Nervosa Superior, em Moscou.[9]

Interrupções externas e internas

A maioria das pessoas tende a pensar nas interrupções como algo que se origina de outra pessoa ou dos nossos dispositivos, por meio de notificações, por exemplo. Mas, em nossos estudos com participantes em ambientes naturais de trabalho, observamos um fenômeno estranho e regular que geralmente acontecia assim: uma pessoa estava trabalhando em uma tarefa no computador e, então, sem motivo aparente para o observador, ela parava, de repente, o que estava fazendo e verificava o e-mail ou pegava o celular. Não havia estímulo discernível que causasse a interrupção — mas, sim, algum gatilho interno, talvez um pensamento, lembrança ou hábito. Essas interrupções se originam dentro de nós mesmos. Um dos resultados mais surpreendentes de nossa pesquisa é que descobrimos que as pessoas são quase tão propensas a se interromper devido a algo interno quanto a serem interrompidas por algo externo a elas.[10]

Podemos nem estar cientes de quantas vezes nos autointerrompemos. Recentemente, enquanto lia um artigo sobre IA, um pensamento aleatório surgiu em minha mente, a curiosidade de descobrir se é seguro comer morangos não orgânicos. Não conseguia tirar essa pergunta da minha cabeça e fui para o meu navegador pesquisar sobre *morangos* e *pesticidas*. Em seguida, passei um bom tempo lendo sobre o assunto (há opiniões conflitantes, então isso permanece uma tarefa inacabada). Muitos dos nossos participantes relatam que esses impulsos internos estão desconectados do trabalho. Mesmo os impulsos humanos básicos podem nos levar a nos interromper: uma estudante de pós-graduação minha disse que, quando fica com fome, ela se interrompe para procurar receitas.

O que leva as pessoas a se autointerromperem? Jing Jin e Laura Dabbish, da Universidade Carnegie Mellon, propuseram-se a responder a essa pergunta, acompanhando pessoas, uma a uma, em um local de trabalho por cerca de uma hora, anotando suas interrupções e depois entrevistando-as para perguntar por que se autointerrompiam. As pesquisadoras descobriram que os participantes se interrompiam por uma série de razões que você já pode imaginar: para mudarem seu ambiente e serem mais produtivos (por exemplo, fechando janelas distrativas do navegador); fazerem algo menos entediante; buscarem informações; cuidarem de algo que lembraram que precisava ser feito ou preencherem o tempo (por exemplo, enquanto esperam por um e-mail). A tarefa atual também pode levá-los a se interromper, como ao precisarem enviar um e-mail. Eles também podem se autointerromper apenas por hábito, como ao seguirem uma rotina que inclui verificar as notícias ao começar a trabalhar.[11]

As autointerrupções podem ajudar as pessoas a lidar com o estresse, como se abrissem uma válvula de escape. Lea participou de um dos nossos estudos, ela estava na casa dos 20 anos, concluindo seu doutorado e, ao mesmo tempo, ocupando um cargo exigente em uma empresa de software. Precisava ser extremamente disciplinada, pois tinha que gerenciar projetos de trabalho e de estudo. No entanto, Lea reclamava de dificuldades de concentração, porque se autointerrompia com frequência, principalmente para verificar as redes sociais. Após uma reflexão mais profunda, explicou que fazia isso para se ajudar a lidar cognitivamente com uma agenda tão sobrecarregada. Ela se autointerrompia para alternar entre atenção concentrada e atenção rotineira. Como tinha uma boa compreensão do seu ritmo de atenção pessoal e do seu nível de recursos cognitivos disponíveis, ela conseguia perceber quando precisava se autointerromper. No entanto, como admitiu, não é boa em retomar a tarefa suspensa.

Há pouco tempo, eu estava procurando um apartamento em Nova York para minha licença sabática da UC Irvine. Enviei várias solicitações. Embora não houvesse muita urgência, continuei verificando minha caixa de entrada e os sites imobiliários para ver se havia alguma resposta. O estresse antecipatório aumentava, e era difícil eu me concentrar no meu trabalho. Minha primeira opção acabou se concretizando. Mas, mesmo depois de reservar o apartamento, era difícil para minha mente se acalmar e parar de se autointerromper, verificando meu e-mail. Levamos de 18 a 254 dias para formar um hábito,[12] e o meu de verificar locações se desenvolveu em cerca de 18 dias.

Eu havia me condicionado a me autointerromper, o que é consistente com as evidências que meu aluno Victor González e eu descobrimos em um estudo de 2005. Observamos 36 pessoas em 3 empresas diferentes uma a uma enquanto elas realizavam suas tarefas diárias, usando a técnica do cronômetro de Frederick Taylor que descrevi anteriormente e destinando 3 dias para cada participante. Os observadores registraram todas as atividades realizadas por elas momento a momento. Além de cronometrar suas tarefas ao segundo, também observamos e anotamos quando os participantes eram interrompidos por algo externo (uma pessoa, um telefonema, uma notificação de e-mail) ou por algo interno (ou seja, sem estímulo observável). Em seguida, analisamos as interrupções dentro de uma visão mais ampla das esferas de trabalho deles. Descobrimos que 40% das mudanças entre as esferas eram devidas a interrupções. As outras vezes eram devidas à conclusão de uma tarefa. Os participantes experimentavam gradualmente menos interrupções à medida que o dia avançava.

Das interrupções, 56% foram externas, e 44%, autointerrupções. Em seguida, calculamos o número de internas e externas que ocorria por hora. Queríamos ver se havia alguma relação entre esses dois tipos de interrupção no cotidiano das pessoas. De fato, encontramos um padrão estável em que, quando as externas aumentavam ou diminuíam durante uma hora, as internas seguiam um padrão semelhante na hora seguinte.[13] Assim, se as externas aumentassem, as internas também aumentariam na próxima hora. Mas o contrário não era verdade. O condicionamento parece desempenhar um papel nesse caso. Se uma pessoa não está sendo interrompida externamente, parece que ela se autointerrompe para manter um padrão consistente de interrupções (e curtos períodos de atenção). Somos tão acostumados a ser interrompidos que fazemos isso a nós mesmos.

Quando você começa a receber interrupções externas, é como se estivesse dirigindo em uma estrada rural e, então, entrasse em uma rodovia movimentada. Você estava seguindo tranquilamente e, de repente, precisa lidar com motoristas colados na traseira do seu carro e motociclistas. Da mesma forma que dirigir em uma rodovia congestionada é diferente de conduzir naquela pacífica estrada rural, quando você enfrenta interrupções, as operações cognitivas que usa, e até mesmo seus objetivos, mudam. Uma vez que o objetivo mais ativo em nossa mente governa nossa atenção[14], para mantermos o foco em uma tarefa, precisamos realizar uma dança cognitiva. Tentamos preservar o controle endógeno (interno) de nossos objetivos, de modo a permanecermos no caminho certo do nosso projeto, enquanto lidamos com os objetivos exógenos, como responder às mensagens do Slack e fornecer aos colegas as informações de que precisam. Mas sabemos, pelo trabalho de Zeigarnik, que tendemos a nos lembrar das tarefas inacabadas, por menores que sejam. Assim, nosso objetivo principal pode ser soterrado pela desordem mental de todas as tarefas inacabadas.

Lembre-se do Capítulo 1: para retomar uma tarefa interrompida, as pessoas precisam reescrever seu quadro interno e reconstruir o esquema de tarefas, objetivos e processos mentais, aproveitando aquela reserva limitada de recursos cognitivos quando o melhor seria guardá-los para a realização da tarefa em si. É preciso tempo e esforço para reconstruirmos nosso modelo mental da tarefa.[15] As interrupções podem ficar na mente, o que pode criar uma interferência estática quando você tenta trabalhar em sua tarefa atual. Não é à toa que, no final de um dia agitado, especialmente com interrupções externas, você se sente esgotado.

O custo das interrupções

Em 2005, eu tinha uma bolsa Fulbright e morava em Berlim. Na época, eu morava na antiga Berlim Ocidental e fazia diariamente o trajeto até o departamento de psicologia no campus da Universidade Humboldt, localizada na antiga Alemanha Oriental. O Muro de Berlim havia caído mais de quinze anos antes, mas, ao me deslocar para o leste, a mudança de contexto era marcante: as luzes de néon e o tráfego movimentado da vibrante Berlim Ocidental desapareciam na arquitetura estalinista da antiga Alemanha Oriental. Enquanto a primeira exibia a moda moderna nas ruas, o vestuário na segunda parecia estar preso nos anos 1950. Fiquei impressionada com a ironia de estudar o uso de tecnologia do século XXI e a atenção em um laboratório localizado nessa cápsula do tempo, na mesma cidade onde tudo começou com Bluma Zeigarnik.

Nesse laboratório, eu media o custo das interrupções — quanto tempo elas realmente tomavam do trabalho. Atuando com uma estudante dedicada, Daniela Gudith, e um pós-doutorando, Ulrich Klocke, montei um estudo para simular um ambiente de escritório. Atribuímos a 48 participantes a tarefa simples de responder a e-mails, todos abordando o tema de recursos humanos. Em uma primeira condição, um grupo de participantes fez a tarefa sem interrupções. Em uma segunda condição, outro grupo foi interrompido por perguntas (via telefone e mensagens de texto) relacionadas ao tema de recursos humanos. Em uma terceira condição, ainda outros participantes foram interrompidos por perguntas (também via telefone e mensagens de texto) sobre um tema completamente diferente daquele de recursos humanos (por exemplo, pediam que encomendassem comida para um piquenique da empresa). Para encontrar o custo de tempo de lidar com as interrupções, subtraímos do tempo total que levaram para realizar a tarefa em cada uma das condições o período que gastaram lidando com as distrações.

Encontramos um resultado surpreendente: qualquer interrupção, seja do mesmo contexto ou de um contexto diferente da tarefa principal, levou os participantes a realizarem a tarefa de e-mails mais *rapidamente* do que se não tivessem sido interrompidos.[16] Quando interrompidos, usaram menos palavras nos e-mails, mas não houve diferenças em termos de cortesia ou precisão. Com interrupções externas, as pessoas trabalharam mais rápido (e escreveram menos) para, talvez, compensarem o tempo que sabiam que perderiam ao lidar com as interrupções. O tempo de trabalho é finito. Sabendo que precisa sair do escritório às 17h, por exemplo, para buscar seu filho na creche, você trabalha de forma proativa e mais rápida para compensar o tempo gasto com as interrupções. Também descobrimos que as pessoas que foram mais interrompidas retomaram as tarefas mais rapidamente em comparação às que lidaram com menos interrupções.[17] Juntos, ambos os resultados sugerem uma maior eficiência com interrupções frequentes. Pode ser que tarefas que são interrompidas com frequência sejam melhor lembradas, e, portanto, as pessoas as retomem mais rapidamente. No entanto, antes de ficarmos otimistas com esses resultados, descobrimos que essa eficiência teve um preço. Medimos a carga de trabalho mental e o estresse dos participantes usando a escala NASA-TLX, que avalia recursos cognitivos. Essa escala foi desenvolvida pela NASA para medir a carga de trabalho mental de pessoas em ambientes como cabines de aeronaves e espaçonaves e é validada com um grande número de atividades mentais, como exercícios de memória de curto prazo, cálculos mentais e tarefas duplas.[18] Usando a escala, os participantes avaliaram suas experiências a partir de várias dimensões de carga de trabalho e estresse, que vão de "muito baixo" a "muito alto". As medidas do NASA-TLX mostraram que, quando interrompidos, eles relataram experimentar carga de trabalho mental, frustração, pressão temporal, esforço e estresse significativamente mais altos. Sofrer interrupções o dia todo, todos os dias, certamente pode ter um custo em termos de recursos esgotados e estresse aumentado.

A frequência com que somos interrompidos

O e-mail nem sempre foi o demônio das interrupções como é hoje. Quando eu estava na pós-graduação, recebia um ou dois e-mails por dia, geralmente piadas que os estudantes compartilhavam. Na Universidade de Columbia, os computadores ficavam em uma sala comum. Meu orientador e eu trabalhávamos lado a lado e, em vez de interrompê-lo verbalmente com uma pergunta, eu lhe enviava um e-mail. Pouco depois, ele retornava a mensagem com uma resposta, tudo isso sem dizer uma palavra. Mas o uso desse meio cresceu rapidamente, até se tornar o que é hoje.

Ao longo dos anos, a principal causa de interrupção (tanto externas quanto internas) relatada pelos participantes em nossos estudos foi o e-mail. Se ele realmente era um problema, queríamos descobrir com precisão a frequência com que interrompia as pessoas. Em um primeiro estudo, registramos, durante 5 dias, a atividade de 32 participantes em seus computadores para obter uma medida precisa. Descobrimos que, em média, eles verificavam suas caixas de entrada 74 vezes por dia,[19] resultado que foi replicado 1 ano depois em outro estudo, no qual registramos a atividade de computador de 40 pessoas por 12 dias úteis e constatamos que verificavam o e-mail, em média, 77 vezes por dia.[20] Um funcionário dedicado chegou a verificar o e-mail 374 vezes por dia. Também conseguimos obter uma estimativa razoável da quantidade de vezes que eles verificavam o e-mail por interrupções externas ou internas ao observarmos se os participantes usavam notificações. A maioria deles — 41% — abria a caixa de entrada sem receber notificações, ou seja, eles mesmos se interrompiam para verificá-la, e 31% abriam o e-mail devido a notificações, que seriam interrupções externas. Os 28% restantes tinham as notificações ativadas, mas relataram que verificavam o e-mail igualmente devido a interrupções externas ou internas. Às vezes, as pessoas podem abrir a caixa de entrada sem interromper suas tarefas, por exemplo, logo pela manhã ou após uma pausa para o almoço. No entanto, descobrimos que elas tendem a verificá-la ao longo do dia — muitas vezes, devido a autointerrupções. Nossos participantes nos relataram que o e-mail era uma fonte de interrupção, e isso foi comprovado cientificamente.

Mas é claro que ele não é a única fonte de interrupções. A rede social mais comum utilizada pelos nossos participantes no ambiente de trabalho, na época, era o Facebook. Em 2016, quando o estudo foi realizado, 68% dos adultos nos EUA eram usuários do Facebook, e essa taxa de uso se manteve estável. No entanto, desde 2018, o YouTube o superou, tornando-se a rede social mais utilizada, com uma taxa de uso de 73%.[21] Ao registrarmos o uso das redes por 5 dias, descobrimos que os usuários ativos do Facebook faziam em média 38 visitas diárias — um até mesmo checava o feed 264 vezes por dia! As pessoas não apenas verificam o Facebook com frequência, mas o fazem em rápidas explosões de cerca de 18 segundos — realmente parece que petiscam as redes sociais.

Escapando dos e-mails zumbis

Em 2010, um artigo do *The New York Times* descreveu os e-mails como zumbis: você continua os matando (excluindo), e eles continuam aparecendo.[22] Eu estava determinada a descobrir se, desligando o e-mail, as pessoas se concentrariam mais no trabalho com mídia digital. E se removêssemos os zumbis por completo? Levei seis anos para encontrar uma empresa disposta a cortá-lo de alguns funcionários, mas, por fim, encontrei uma grande organização de pesquisa e desenvolvimento científico que concordou em participar, cujos gestores seniores consideravam a sobrecarga de e-mails um problema sério.

Quase não consegui permissão para realizar esse estudo. Fui convidada para dar uma palestra nessa organização e, enquanto estava lá, perguntei se poderia apresentar o experimento. O comitê executivo se reuniu em uma sala de conferências com uma mesa comprida, e eu fiquei ali na frente, perto da tela de projeção. A diretora da organização era uma ex-capitã militar e ficou sentada na cabeceira da mesa, de frente para mim, e os chefes de departamento estavam sentados ao longo das laterais. Era óbvio que deferiam à opinião da diretora, e mantinham o olhar nela. Enquanto eu apresentava a proposta, ela começou a balançar a cabeça negativamente, e observei todas as outras cabeças ao redor da mesa fazerem o mesmo. Como último recurso, comparei um escritório a uma unidade militar. Se um soldado fosse derrubado no campo, então a equipe precisaria se reconfigurar. E se o e-mail não estivesse disponível? Os membros da equipe conseguiriam se reconfigurar rapidamente para se comunicar? A analogia funcionou. De repente, a ex-capitã militar, pensando taticamente, começou a concordar com a cabeça. Seguindo o exemplo dela, as outras concordaram em uníssono. Embora reconfigurar a comunicação seja uma perspectiva interessante, o que realmente me interessava era descobrir se as pessoas seriam capazes de se concentrar nas tarefas por mais tempo sem o e-mail. O trabalho se tornaria menos fragmentado? Elas ficariam menos estressadas?

Recebendo a autorização para realizar o estudo e trabalhando com Stephen Voida, meu pós-doutorando, primeiro, registrei a atividade típica dos computadores e o uso de e-mail dos participantes em seu trabalho normal por três dias, como medida de referência. Na semana seguinte, cortamos o acesso deles ao e-mail por cinco dias, uma semana inteira de trabalho. Para medir diretamente o seu estresse, pedimos aos participantes que usassem monitores de frequência cardíaca. Os aparelhos mediram o estresse fisiológico usando a variabilidade da frequência cardíaca, ou seja, o quanto o tempo varia entre as batidas do coração. Se a variação entre as batidas consecutivas for baixa, ou seja, se elas forem bastante regulares, então o sistema nervoso autônomo está sinalizando um estado estressado de luta ou fuga. Mas, se houver alta variação, então o sistema está relaxado e é capaz de responder a mudanças. Pense em quando você está realmente relaxado. O menor som pode fazê-lo pular, mas, depois, você se acalma novamente.

Embora desconectados do e-mail, os participantes ainda podiam se reunir com colegas ou receber telefonemas. Embora o acesso ao e-mail estivesse bloqueado, eles ainda insistiam em tentar verificá-lo por puro hábito, mas finalmente pararam por volta do quinto dia. Descobrimos que, quando o acesso ao e-mail foi interrompido, o tempo de atenção das pessoas ficou significativamente maior enquanto trabalhavam em seus computadores, ou seja, elas alternavam menos a atenção. O fato de poderem se concentrar por mais tempo mostra que o e-mail *realmente* diminui a capacidade de atenção. Mas talvez o melhor resultado tenha sido que, sem ele, os monitores de frequência cardíaca revelaram um nível significativamente menor de estresse no final da semana.

Nas entrevistas com os participantes, o contraste na descrição do trabalho com o e-mail ("arruína a minha vida", "interfere na minha felicidade") e sem ele (uma "experiência libertadora", "me sinto livre", "posso trabalhar em um ritmo humano") foi evidente. Esse último comentário nos levou a intitular nosso artigo "A Pace Not Dictated by Electrons" (sem publicação no Brasil).[23] Descobrimos também um benefício social na ausência do e-mail. Quando o acesso foi interrompido, nossos participantes substituíram as interações digitais pelo contato face a face. Embora pudessem telefonar uns para os outros, com frequência, preferiam ir pessoalmente aos escritórios dos colegas e, às vezes, até a outros prédios para encontrar pessoas. Eles relataram ter aproveitado mais a vida social no trabalho, a qual o e-mail parece ter substituído.

Alguns gestores dos participantes do estudo (que não participaram da pesquisa em si) também mudaram de comportamento. Uma participante descreveu como seu chefe ficava muito mais impaciente quando não conseguia contatá-la por e-mail — disse que ele entrava em seu escritório quando precisava de algo e "agitava um papel na minha frente como um louco". Outro participante, Rich, descreveu que, antes de cortarem seu acesso ao e-mail, seu supervisor o interrompia com frequência, delegando-lhe tarefas por esse meio. Nessas circunstâncias, ele, de repente, parou de lhe delegar trabalho, embora pudesse ter atravessado o corredor e feito isso pessoalmente. Embora o estudo tenha mostrado que parte da delegação hierárquica de tarefas se desfez sem o e-mail, a diretora ficou satisfeita com os outros resultados, especialmente pelo fato de as pessoas conseguirem reconfigurar suas redes de comunicação sem esse meio, caso fosse necessário.

Em 2012, quando publicamos o artigo, estávamos otimistas com os resultados de que o corte do acesso ao e-mail reduzia o estresse e recomendamos que as organizações enviassem essas mensagens em lote, ou seja, duas ou três vezes por dia. No entanto, em um estudo posterior que fiz em 2016, testamos se a leitura de e-mails em lotes realmente estava associada a um menor estresse. Infelizmente, descobrimos que esse não era o caso. Nessa pesquisa, conduzida na Microsoft Research com Mary Czerwinski, Shamsi Iqbal, Paul Johns e Akane Sano, registramos a atividade de e-mail nos computadores e monitoramos a frequência cardíaca para medir o estresse de quarenta pessoas ao longo de doze dias de trabalho. Descobrimos que os participantes que liam e-mails em lotes não apresentavam diferença nos níveis de estresse em comparação àqueles que os verificavam continuamente. O que teve um efeito sobre o estresse foi o tempo gasto na verificação dos e-mails: as pessoas que passavam mais tempo diário com esse meio de comunicação ficavam mais estressadas, mesmo após controlar as demandas e a autonomia no trabalho.[24] Alguns anos depois, na UC Irvine, meus colegas e eu replicamos esse resultado com 63 pessoas, usando uma câmera termográfica para medir o seu estresse. Mais uma vez, constatamos que ler e-mails em lotes não reduzia o estresse dos participantes, mas houve uma reviravolta: aqueles que obtiveram pontuação alta em um traço de personalidade chamado neuroticismo ficavam *mais* estressados quando recebiam e-mails em lote.[25]

Portanto, o estudo sugere que, sem esse meio de comunicação, aumentamos nosso foco no trabalho, reduzimos a carga cognitiva de lidar com o e-mail, economizamos recursos cognitivos por não precisarmos resistir às distrações dele, criamos um ambiente de trabalho mais relaxante ao diminuir o estresse e, talvez, fomentemos interações sociais mais satisfatórias. Cortar esse meio de comunicação deveria ser uma escolha óbvia. No entanto, os indivíduos sozinhos não podem resolver essa problemática simplesmente se afastando dele, pois assim ficariam excluídos injustamente do fluxo de comunicação. O e-mail é um problema muito maior que precisa ser abordado no nível organizacional, e até mesmo social, o que será explorado mais adiante no livro.

Diferenças de gênero nas interrupções

Faça um exercício mental imaginando quem lida melhor com interrupções: homens, mulheres ou nenhum dos dois. O que você acha? Se acredita que as mulheres são melhores nisso, está correto. Em nossos estudos, elas eram responsáveis por gerenciar, em média, mais esferas de trabalho do que seus colegas do sexo masculino diariamente. No entanto, também sofriam menos interrupções e eram menos propensas a se autointerromper. Além disso, embora não seja uma grande diferença, as mulheres tinham mais chances (87%) do que os homens (81%)

de retomar o trabalho interrompido no mesmo dia. Os dados sugerem que elas se mantêm mais focadas e resilientes após as interrupções. As pessoas costumam propor que há razões evolutivas para as mulheres se manterem mais concentradas do que os homens. Afinal, dizem, elas eram as coletoras na história antiga (embora não esteja claro se esses papéis eram realmente femininos). Porém, minha interpretação se baseia em nossos tempos atuais e nas descrições dos participantes. As mulheres em nossa amostra explicam que, para serem julgadas em pé de igualdade com seus colegas do sexo masculino (especialmente por seus chefes), elas sentem a necessidade de se destacar e se esforçar mais do que eles.

Adquirindo controle sobre as interrupções

O químico orgânico August Kekulé, enquanto lutava para resolver a forma da molécula de benzeno, teria sonhado acordado com uma serpente que, formando um círculo, mordia a própria cauda, o que deu ao cientista a ideia de uma forma em anel para a molécula. Esse é um ótimo exemplo de como Kekulé, ao seguir seus pensamentos internos, foi capaz de usar sua divagação mental para encontrar uma solução.

Pense na sua atenção como uma lanterna que pode ser concentrada em um ponto ou difundida para iluminar uma área maior. Quando a atenção externa é difusa, percebemos e processamos mais sinais em um estado de processamento impulsionado por interrupções, como descrevem os pesquisadores Yoshiro Miyata e Don Norman.[26] Isso pode ser benéfico, por exemplo, quando nos atentamos a eventos ou tarefas importantes, como ficar de olho no orçamento que está para chegar e trabalhar em outra coisa. Com a atenção difusa e voltada para dentro, nossas mentes se abrem para novos insights, como no caso de Kekulé. Há, claro, uma troca, como descrevem Miyata e Norman. É verdade que, quando estamos focados em algo, podemos perder informações importantes do ambiente. Mas, se nossa atenção estiver muito difusa, exigiremos muito do processamento impulsionado por interrupções e talvez não consigamos progredir muito em nossa tarefa.

Precisamos encontrar um equilíbrio e permanecer flexíveis, adaptando-nos ao ambiente e à situação. Idealmente, o melhor seria podermos ajustar dinamicamente o foco dessa lanterna. Em outras palavras, precisamos aproveitar nossa capacidade de usar a atenção dinâmica e cinética para reagirmos a situações importantes, seja externamente ou internamente; para aplicarmos o foco sustentado quando necessário e direcionarmos a atenção para situações menos desafiadoras quando nossos recursos cognitivos estão baixos. A capacidade de estreitar ou dispersar nosso campo de foco conforme a tarefa e as necessidades emocionais mudam é ter controle sobre nossa atenção. Queremos ser capazes de controlar essa lanterna.

Como podemos gerenciar efetivamente esse equilíbrio? Em primeiro lugar, é bom saber que existem evidências de que ter controle sobre as interrupções, pelo menos externas, ajuda as pessoas a serem mais produtivas. Em um experimento de laboratório conduzido pelo pesquisador Daniel McFarlane, alguns participantes puderam controlar quando seriam interrompidos, e outros, não. Todos foram instruídos a jogar um videogame estilo Nintendo (embora ele tivesse uma premissa séria: pegar corpos enquanto caíam de um prédio) e foram interrompidos por uma tarefa em que tinham que combinar cores ou formas. Quando puderam escolher quando permitiriam as interrupções (arriscando perder um corpo em queda!), os participantes demonstraram o melhor desempenho. O pior desempenho ocorreu quando tiveram que lidar com elas imediatamente.[27] Esse experimento mostra que ter controle sobre quando lidar com a interrupção é melhor para o desempenho e a produtividade. Quando você pode redirecionar sua atenção intencionalmente, gerencia melhor seus recursos cognitivos.

Um bom momento para redirecionar a atenção é quando você chega a um ponto de pausa em uma tarefa[28], como ao terminar de escrever um capítulo ou concluir um orçamento — momentos naturais para fazer uma pausa. Neles, estão sendo utilizados menos recursos cognitivos do que quando você está trabalhando a todo vapor. No meio de uma tarefa, a carga de memória é alta, e as interrupções são mais perturbadoras. Isso é exatamente o que os pesquisadores Piotr

Adamczyk e Brian Bailey, da Universidade de Illinois, descobriram em um experimento. Quando as pessoas eram interrompidas após terminarem uma tarefa de pesquisar na web, de editar ou de ver clipes de filmes, elas tinham um desempenho melhor e experimentavam menos irritação, frustração e pressão do que quando eram interrompidas em momentos aleatórios.[29] Você pode priorizar pausar o trabalho em um ponto natural. Também é mais fácil retomar o trabalho após uma pausa.

Existe uma maneira de aliviar a tensão entre tarefas interrompidas e inacabadas descoberta por Bluma Zeigarnik há um século. À medida que as tarefas interrompidas se acumulam, você carrega essa tensão consigo, e ela se torna cada vez mais exaustiva para seus recursos. Certamente você deseja limitar o estresse ao final do dia, pois trazer o estresse do escritório para sua vida pessoal apresenta efeitos residuais.[30] Essas tarefas inacabadas se agitam em seus pensamentos, e o que você pode fazer para reduzir a inquietação é externalizar sua memória sobre a atividade em questão. Isso significa registrar informações sobre ela em alguma forma externa à sua mente, como fazer uma anotação ou gravar um recado de voz sobre suas tarefas inacabadas mais importantes, sua prioridade, seu estado de conclusão e um plano para a próxima etapa. Tente fazer isso assim que puder após a interrupção, ou quando tiver uma pausa longa, ou no fim do dia. Caso contrário, quando você continuar pensando naquela tarefa inacabada, estará a ensaiando em sua mente para não esquecê-la — é o efeito Zeigarnik em ação com força total. Mas quando você escreve, transfere toda essa tensão indesejada de sua mente para algo externo.

Michael Scullin e seus colegas da Universidade Baylor realizaram um experimento interessante que apoia a possibilidade de a transferência de tarefas inacabadas para uma memória externa aliviar a tensão. Eles estudaram 57 participantes que foram a um laboratório do sono. Metade foi instruída a anotar suas tarefas inacabadas: tudo o que precisavam terminar no dia seguinte e nos próximos. A outra foi instruída a anotar apenas as tarefas concluídas naquele e nos últimos dias. Aqueles que escreveram suas atividades inacabadas adormeceram significativamente mais rápido do que o outro grupo. Curiosamente, quanto mais detalhadas eram as listas de tarefas inacabadas, mais rápido as pessoas adormeciam.[31] Esse achado pode ser explicado pelo efeito Zeigarnik: quando as pessoas deitam na cama, as tarefas inacabadas se agitam em suas mentes, aumentando a tensão. Então, por que aquelas que escreveram suas atividades concluídas não adormeceram mais rápido? Uma explicação possível é que, talvez, suas tarefas inacabadas (não escritas) permaneceram em suas mentes e criaram tensão.

As interrupções fazem parte do mundo digital. Podemos nos isolar e desligar as notificações, o que pode ajudar a preservar recursos cognitivos a curto prazo, mas as pessoas que se isolam se penalizam por não receberem informações importantes, especialmente os trabalhadores do conhecimento em nossos tempos. Além disso, resistir ou responder às interrupções consome muito mais recursos cognitivos do que aqueles necessários para conduzir o trabalho. Quando entramos no mundo digital, expomo-nos a uma enxurrada de interrupções de uma infinidade de fontes — bots, anúncios *pop-ups*, notificações automáticas, outras pessoas e, acima de tudo, nós mesmos. Lembre como Lewin considerava os indivíduos inseparáveis de seus ambientes, o que ele chamava de espaço vital. Em seus termos, o mundo digital agora faz parte do nosso espaço vital. Precisamos aprender a existir nele e a estar no controle. Podemos agir ao encontrar nossos pontos de pausa para interromper o trabalho, aproveitar nossa atenção cinética para desenvolver controle sobre nossa lanterna de atenção e externalizar as lembranças de nossas tarefas inacabadas para reduzir o efeito Zeigarnik e a tensão descrita por Lewin. Ser interrompido faz parte da vida e, nos próximos capítulos, aprenderemos sobre as forças subjacentes em nosso amplo espaço vital que atraem nossa atenção. Também veremos como desenvolver agência para melhor preservar nossos preciosos recursos cognitivos, utilizar nossa atenção de forma mais eficaz e não deixar nossas tarefas muito para trás.

Parte Dois:

As Forças Subjacentes da Distração

CAPÍTULO SEIS:

A Ascensão da Internet e o Declínio do Foco

Antes dos smartphones, para fazer um detox digital, bastava eu ficar na casa da minha sogra, já que ela não tinha Wi-Fi. Nunca fui capaz de me abster por muito tempo e saía vagando por aquela pequena cidade austríaca em busca de Wi-Fi. Eu devia parecer estranha, andando pelas ruas com meu notebook aberto, verificando se as barras de sinal apareciam. Um dia, em 2006, encontrei um ponto de acesso e me sentei na beira do jardim de alguém para checar meus e-mails. Logo, dois idosos austríacos saíram da casa carregando cadeiras de praia e se sentaram bem na minha frente. Eles não disseram uma palavra, apenas me observaram cuidadosamente, uma estrangeira exibindo um comportamento bastante estranho. Do meu ponto de vista, eu só queria ler meus e-mails antes de ser convidada a me retirar, e, pelas expressões deles, não seria de forma amigável. Continuaram me observando em silêncio, e continuei no notebook. Por fim, apontei para mim mesma e disse: "Califórnia". De repente, eles caíram na risada e disseram: "Schwarzenegger", acenando vigorosamente para mim, mostrando que aprovavam o ator nascido na Áustria que se tornou governador da Califórnia. Eu soube que podia ficar e terminar de ler meus e-mails.

Como chegamos a um ponto em que é tão difícil se desconectar da internet? E como chegamos a uma situação em que, uma vez online, encontramos tanta dificuldade em permanecer em um único site por um período razoável de tempo? Por que nossa atenção se dispersa tanto quando estamos na internet?

»«

Antes de o filme *Summer of Soul* ganhar um Oscar em 2022, um amigo me mandou um e-mail recomendando que eu o assistisse. Imediatamente, digitei *Summer of Soul* na internet. O filme documenta o festival cultural de 1969 do Harlem, que durou seis semanas e contou com artistas como Stevie Wonder, Mahalia Jackson, Sly and the Family Stone e Nina Simone. Fiquei surpresa por nunca ter ouvido falar desse festival. Li o artigo da Wikipédia e cliquei no nome *Mahalia Jackson*, para ler sobre sua história. Ela enfrentou dificuldades em uma série de empregos diferentes, e sua resiliência me impressionou. Perguntei-me como Jackson conseguiu sua grande chance como cantora. As palavras *Apollo Records* chamaram minha atenção na página, e cliquei nesse link. Enquanto lia, o link do *Apollo Theater* atraiu meus olhos, talvez porque a palavra *Apollo* estivesse fresca em minha mente, e cliquei nesse link. Em seguida fiquei lendo de forma mais ampla sobre o Harlem, a música e o teatro, e as palavras *Harlem Renaissance* chamaram minha atenção, então logo cliquei nesse link. Continuei navegando por algum tempo, clicando em diferentes sites, seguindo meu interesse, até perceber como eu tinha ido longe naquele labirinto. Depois, analisei o que estava fazendo. Minha mente percorreu um caminho associativo de ideias que estavam ligadas entre si, algo que, externamente, pode parecer aleatório, mas elas estavam conectadas em minha mente. Seguindo esse caminho, divaguei pela Wikipédia. Minha experiência ilustra uma poderosa influência que afeta nossa atenção — o próprio design da internet. Para entender essa questão, precisamos começar com uma ideia engenhosa chamada Memex.

O Memex foi proposto em 1945 como um dispositivo de mesa pessoal no qual as pessoas poderiam armazenar e recuperar todas as suas informações pessoais. O impulso para essa ideia, precursora da internet e de todo o mundo digital que se seguiu, era simples: não conseguimos acessar as informações, porque elas não estão organizadas de uma maneira que faça sentido para os humanos. O criador dessa ideia poderosa era, na verdade, uma pessoa modesta. Vannevar Bush nasceu em 1890 e personificava a formalidade da cultura do fim do século. Filho de um reverendo, ele se vestia impecavelmente, quase nunca era visto sem gravata e falava em tom comedido. Não era fã de humanidades ou ciências sociais — porque não eram ciências exatas, e ele era um engenheiro por essência. Visto da perspectiva da cultura de alta tecnologia de hoje, ele parece tão anacrônico. Ao contrário dos empresários de tecnologia modernos, não era vegano, como Biz Stone, não praticava ioga, como Sergey Brin, não meditava, como Jeff Weiner, nem andava descalço ou usava LSD, como Steve Jobs. Vannevar Bush era bastante conservador, pelo menos por fora. Por dentro, era extremamente anticonvencional.

Reverenciado pela comunidade científica e pelo público, ele recebeu as mais altas condecorações civis nos Estados Unidos, Grã-Bretanha e França. Concebeu a Fundação Nacional de Ciências dos Estados Unidos, inventou o computador analógico e fundou a empresa Raytheon. Mas sua ideia do Memex não era compatível com seu rigor científico. Parecia especulação, realismo mágico.

Para alguém que desprezava as ciências sociais, é paradoxal que ele tenha intitulado seu artigo inovador sobre o Memex de "As We May Think" (sem publicação no Brasil) quando foi publicado no *The Atlantic* em julho de 1945.[1] A Alemanha se rendera recentemente na Segunda Guerra Mundial, as Filipinas foram libertadas, e a Carta das Nações Unidas havia sido assinada. O mundo caminhava cautelosamente em direção ao otimismo. Nos últimos cinco anos daquela década, os Estados Unidos investiram pesadamente em pesquisa para a guerra. Mas agora ela estava chegando ao fim. O que fazer com todo esse talento científico? Os Estados Unidos, bem como grande parte do mundo, começava a se voltar para o futuro. Para Bush, a resposta era óbvia: era necessário criar instituições para garantir a continuidade da pesquisa científica.

Alguns anos antes, em 1938, Bush havia inventado um instrumento para referenciar microfilmes em alta velocidade, uma espécie de biblioteca automática chamada seletor rápido. Superficialmente, a ideia do Memex era apenas uma continuação dessa invenção anterior. Mas a genialidade do dispositivo não era devida ao meio que estava usando, mas às informações que armazenaria e localizaria. Vannevar Bush teve a visão de usar o que chamou de "indexação associativa", em que os documentos seriam vinculados uns aos outros. Ao acessar um arquivo, você seria capaz de recuperar outro que estivesse conectado a ele. Poderia recuperar todas as suas informações — seus registros, livros, fotos, mensagens. Isso aumentaria a memória humana.

»«

Os mecanismos de indexação da época eram "artificiais". O sistema decimal de Dewey, o mais comum, organizava as informações por tópicos. Quando foi inventado por Melvil Dewey em 1876, ele foi uma inovação, uma melhoria em relação ao sistema vigente na época, que organizava os livros de acordo com a altura e a ordem de aquisição.[2] Embora ordenar as obras da maior para a menor possa parecer esteticamente agradável em uma biblioteca, imagine como seria difícil encontrar um livro específico. O sistema decimal de Dewey foi um grande avanço, pois organizava o conhecimento em uma hierarquia. As informações eram classificadas em categorias estáticas, como história e geografia, e depois nas subcategorias de história mundial, geografia europeia e assim por diante. Mas as pessoas não pensam automaticamente dessa maneira, e essas categorias são arbitrárias. Quem procurava por um livro tinha que adaptar o pensamento para se encaixar em categorias rígidas determinadas por outras pessoas.

Vannevar Bush argumentou que os sistemas convencionais de indexação deveriam ser redesenhados para funcionar da mesma forma que a memória humana. De acordo com a teoria de rede semântica, desenvolvida pelos psicólogos canadenses Endel Tulving e Wayne Donaldson, nossa memória é estruturada em conceitos que estão associados entre si. Se uma pessoa pensa em pizza, sua mente pode se conectar a conceitos como queijo e cerveja. Uma estrutura de associações facilita a recuperação de informações. Quando os documentos estão interligados por meio de relações, se um usuário acessa um arquivo, é fácil pensar em conexões com outros documentos relacionados. Hoje, a estrutura de rede da Wikipédia permite tais associações rápidas: quando procuro por Leonardo da Vinci, isso está conectado à *Mona Lisa*, que, por sua vez, está ligado ao Louvre, à Rive Droite de Paris e assim por diante. Antes da internet, seria inviável seguir tais conexões, pois você precisaria ir a uma biblioteca, procurar o número de classificação de um livro, buscar a obra nas prateleiras, ler um trecho, encontrar uma referência a outra, procurá-la e assim sucessivamente.

»«

Mas, com o modelo eletrônico do Memex, isso seria fácil. A visão de Bush plantou as sementes para a internet de hoje, onde a informação é organizada pelas massas e para elas. A ideia do dispositivo foi revolucionária, levando-nos da era do sistema de recuperação de informações de Dewey, do século XIX, para a era moderna dos computadores. Porém, o Memex permaneceu apenas no papel e nunca foi colocado em prática. Ainda faltavam muitas inovações para que ele fosse tecnicamente viável.

Então, alguns anos depois, em 1949, surgiu Edmund Berkeley, que escreveu um livro que, pelo título, parecia ser de ficção científica: *Giant Brains, or Machines that Think*.[3] Berkeley trabalhara como atuário na Prudential Insurance, mas saiu quando a empresa não permitiu que ele trabalhasse em projetos que se opunham à guerra nuclear. Então se tornou escritor e, com o *Giant Brains*, expandiu a ideia de acessar informações partindo apenas do próprio repositório pessoal, como no caso do Memex, para o de toda uma sociedade. Lentamente, os alicerces se lançavam para a fundação conceitual da internet. Berkeley escreveu prescientemente:

> Podemos prever o desenvolvimento de máquinas que possibilitarão a consulta automática de informações em uma biblioteca. Suponha que você vá à biblioteca do futuro e deseje pesquisar maneiras de se fazer biscoitos. Você poderá discar

> "fazer biscoitos" na máquina de catálogo. Haverá um movimento rápido de filmes na máquina. Logo, ela vai parar, e, na sua frente, na tela, será projetada a parte do catálogo que mostra os nomes de três ou quatro livros contendo receitas de biscoitos. Se estiver satisfeito, você apertará um botão; uma cópia do que viu será impressa e sairá da máquina.[4]

Embora o Memex de Vannevar Bush tenha sido uma ideia tão profunda e importante quanto o motor de combustão interna, foi Ted Nelson, em 1960, quem desenvolveu o virabrequim, por assim dizer. Ele foi o criador prático do hipertexto, o nome dado a documentos e imagens interconectados que podem incluir resumos, anotações e notas de rodapé.[5] Foi outra pessoa improvável a desempenhar um papel importante no avanço da internet. Nelson estudou filosofia e sociologia em Swarthmore e Harvard. Essas áreas o encorajaram a pensar de forma abrangente — ele concebeu a estrutura subjacente de arquivos que proporcionou o design programável para hipermídia, ou seja, a rede de informações de computadores. Nelson imaginou um corpo de informações que, em suas palavras, "poderia crescer indefinidamente, incluindo cada vez mais o conhecimento escrito do mundo".[6]

O mundo digital estava decolando. Na mesma época em que Nelson trabalhava, Doug Engelbart, um cientista da computação do Stanford Research Institute em Menlo Park, teve uma visão idealista de mobilizar a inteligência coletiva da humanidade para resolver os problemas do mundo. Os computadores seriam a maneira de reunir informações do maior número de pessoas possível e oferecê-las livremente. Sem saber do trabalho de Ted Nelson, Engelbart apresentou uma demonstração do primeiro sistema de hipertexto, o NLS ("oN-Line System"), em 1968, a qual, mais tarde, o jornalista Steven Levy chamou de "A Mãe de Todas as Demonstrações".[7] Na época, os computadores tinham o tamanho de uma sala e eram usados como supercalculadoras — a ideia de utilizar hipertexto em um computador pessoal era revolucionária. Para a maioria das pessoas, era inimaginável pensar que, nas próximas duas décadas, os computadores pessoais se tornariam comuns em suas casas. Mas esses bancos de dados ainda armazenavam apenas informações pessoais, e a grande maioria da população não compartilhava os próprios dados publicamente. Em 1969, a Rede de Projetos de Pesquisa Avançada (ARPANET) foi desenvolvida, possibilitando conexões em rede entre quatro sites hospedeiros: o da Universidade da Califórnia, o do Instituto de Pesquisa de Stanford, o da Universidade da Califórnia em Santa Barbara e o da Universidade de Utah. Levaria mais de duas décadas para a visão de Engelbart se tornar realidade.

Então, em 1990, um engenheiro de software do CERN (Organização Europeia para Pesquisa Nuclear), na Suíça, escreveu uma proposta para seu gestor, solicitando permissão para trabalhar em um projeto paralelo. O superior negou na primeira vez, acreditando que aquilo não valeria a pena. Mais tarde, ele cedeu, o que foi uma coisa boa, porque aquele projeto de Tim Berners-Lee era a escrita de um software de hipertexto que compartilharia informações, e isso se tornou a World Wide Web. Os documentos compartilhados poderiam ser visualizados em qualquer navegador individual, e o programa se tornou o alicerce que permitiu o compartilhamento de informações em larga escala por qualquer pessoa, em qualquer lugar do mundo. Ele abriu caminho para a superestrutura de interligação da internet.

No meio da década de 1990, a internet explodiu. Sua estrutura técnica era baseada em uma rede descentralizada, ou seja, a arquitetura era aberta e democrática, permitindo que qualquer um, fossem indivíduos ou grandes empresas, contribuísse e fornecesse acesso a outras informações. Foi o que as pessoas fizeram. E o mundo mudou.

A internet cresceu exponencialmente até que, em 2000, a bolha pontocom estourou. As pessoas adquiriram computadores e acesso à rede, agora procuravam novas formas de usá-los. Ideias não faltavam. Em 2001, Jimmy Wales e Larry Sanger tiveram a visão de criar uma Biblioteca de Alexandria moderna e lançaram uma enciclopédia online gratuita chamada Wikipédia, que podia ser editada e monitorada por qualquer um. Também parecia inevitável o surgimento de redes sociais, como Friendster e Myspace, uma vez que as comunidades online anteriores, como LambdaMOO e Internet Relay Chat, eram populares e estavam ativas desde a década de 1980. Então, em 2004, um estudante escreveu, em seu dormitório em Harvard, um programa para que os universitários classificassem a aparência dos colegas. Isso não foi bem recebido pela administração de Harvard, e o software foi encerrado. Mas o estudante persistiu, lançando o Facebook e abrindo as portas para um novo paradigma de interação social, e logo a internet foi inundada por redes sociais. O aumento delas significava mais opções para se conectar e interagir com pessoas e informações. Do além, Melvil Dewey ficou horrorizado, e Vannevar Bush sorriu.

Associações felizes

A ideia dos caminhos associativos de pensamento de Vannevar Bush remonta ao filósofo escocês do século XVIII David Hume e, ainda, ao filósofo e lógico britânico do século XX Bertrand Russell. Este era pacifista e tinha ideias radicais o suficiente para ser demitido de várias universidades. Seu contrato na Universidade Cidade de Nova York, em 1940, foi cancelado por uma decisão da Suprema Corte de Nova York, afirmando que ele era moralmente inadequado para ensinar, pois defendia o direito ao sexo antes do casamento e à homossexualidade. Dez anos depois, Russell venceria o Prêmio Nobel de Literatura por um conjunto de obras que promoviam princípios humanitários.

O britânico tinha um grande entendimento sobre nosso pensamento por associação. Para ele, uma palavra que lemos ou ouvimos evoca um significado expansivo dessa palavra com todas as suas associações.[8] Nossas mentes são flexíveis. Ao presenciar um evento, ouvir ou ler uma palavra, ou mesmo ao nos lembrarmos de algo, podemos ativar os caminhos em nossas mentes para pensar em outros conceitos relacionados a esses. Recentemente, vi um gato entrando no trânsito da Varick Street, em Nova York e, enquanto os carros desviavam dele, associei esse animal ao meu próprio gato, Buster. Também pensei imediatamente em "acidente", "carros", "bicicletas" e "crianças". Felizmente, o bichinho foi resgatado por seu dono. Os conceitos não têm apenas associações de um-para-um, mas estão interligados por aquelas de muitos-para-muitos.

A teoria da memória semântica descreve a organização da memória humana como uma rede de conceitos interconectados. Quando você pensa em chuva, associa isso a um guarda-chuva, ou, quando pensa na Disneyland, pensa na Flórida ou na Califórnia. Mesmo conceitos aparentemente díspares podem ser associados, por exemplo, se você tiver tido contato com eles na mesma situação. Se você perdeu seu celular em um jogo dos Yankees, toda vez que ouvir falar de uma partida desse time, ela pode evocar a memória do celular. A força com que um conceito evoca a ideia de outro depende da proximidade deles em sua memória. Se você ouvir apenas a palavra "estádio", talvez ela não o faça pensar no celular perdido, ao contrário da combinação específica das palavras "Estádio dos Yankees".

A estrutura de nós e links que Vannevar Bush imaginou para organizar informações em seu Memex é baseada na ideia da memória semântica humana. A estrutura da internet é uma simulação do modelo de rede semântica mental de Tulving e Donaldson, e, com sua vasta rede de nós e links, não há uma ordem prescrita para visualizá-la. Quando eu estava lendo sobre Mahalia Jackson, poderia ter clicado em qualquer site e seguido qualquer caminho. Quando as informações estão organizadas em uma estrutura de rede, você pode percorrer os links e o conteúdo da maneira que preferir. Da mesma forma, a ideia da memória semântica humana é flexível, e podemos recuperar coisas e fazer associações da maneira que quisermos — seja por acaso, ou com base no contexto e no que encontramos no ambiente,[9] como eu fiz com aquele gato na Varick Street.

Em meados da década de 1990, com a popularização da web, fiz um experimento que mostrou como a estrutura de nós e links da hipermídia na web estimula associações no pensamento. Com colegas do Centro Nacional de Pesquisa em Tecnologia da Informação da Alemanha, em Darmstadt, realizei um experimento com hipermídia. Reunimos 48 pessoas em grupos de 3 em uma sala de conferências. Pedimos que elas dessem ideias para uma "biblioteca do futuro". A sala tinha um quadro branco eletrônico onde os grupos poderiam escrever como seria essa biblioteca. Metade deles usou o objeto como um quadro normal, sem aproveitar sua funcionalidade eletrônica, e pôde escrever as ideias da forma que preferiam, a maioria escolheu fazer listas. A outra metade pôde usar o mesmo quadro branco, mas com funcionalidade computacional, o que lhes permitiu organizar as ideias em formato de hipermídia. Quando circulavam uma ideia no quadro branco, o computador automaticamente a reconhecia como um nó, e, quando desenhavam linhas entre as ideias, o computador as reconhecia como links. Isso permitia que as pessoas as selecionassem e movessem pelo quadro branco, mantendo os links intactos e criando uma estrutura de hipermídia. Lembro-me bem deste experimento, pois eu estava grávida de oito meses, era um verão muito quente, e usamos uma sala sem ar-condicionado e cheia de computadores que aqueciam o ambiente como uma sauna. Mas o suor valeu a pena, pois fizemos uma bela descoberta: as pessoas que tiveram a oportunidade de usar hipermídia para organizar seus pensamentos criaram ideias mais profundas e elaboradas, estabelecendo mais relações e conceitos associados entre elas. Esses participantes tiveram o dobro de ideias em comparação com os grupos que não puderam usar a funcionalidade de hipermídia. Também descobriram relações inesperadas entre elas. Os especialistas em escrita independente, que desconheciam as condições experimentais, consideraram que o segundo grupo gerou mais ideias originais, provavelmente devido à elaboração mais profunda.[10] Esses resultados sugerem que o uso de hipermídia facilitou o crescimento das associações, o que, por sua vez, levou a um maior número de ideias no geral, como uma faísca que se espalha em chamas por uma floresta.

É claro que ler um livro ou revista também pode despertar nossa imaginação, mas, devido à estrutura de nós e links, a internet permite que nossa mente seja flexível. Em comparação, o formato linear de um livro nos limita a seguir o conteúdo em uma sequência específica, página por página. Ao navegar na web, temos a liberdade de seguir qualquer caminho associativo. Às vezes, o conteúdo de uma página da internet nos inspira, ou nossos pensamentos internos nos levam a clicar em novos links; os dois processos trabalham em conjunto. A estrutura da web coloca nossa imaginação em movimento.

Devaneios mentais pela internet

O que acontece com nossa atenção quando navegamos na web? De início, nosso foco pode estar direcionado a um objetivo, como aconteceu comigo quando procurei por *Summer of Soul*. Mas então minha atenção mudou à medida que fiz associações e cliquei em novos links, levando minha mente a caminhos inesperados. Quando navegamos na internet sem um objetivo, nossas mentes estão abertas e oportunísticas, permitindo que façamos associações em nossa rede semântica interna, seguindo qualquer direção, influenciados pelas informações de cada página.

O devaneio mental acontece quando nossa atenção se desvincula do ambiente externo. Quando devaneamos, geramos pensamentos não relacionados à tarefa em questão — que podem incluir experiências passadas, objetivos futuros ou algo completamente inesperado. As pessoas devaneiam muito. Um estudo utilizando amostragem de experiência questionou 2.250 participantes em momentos aleatórios nos seus ambientes naturais e descobriu que suas mentes devaneavam cerca de 47% do tempo em que foram amostradas.[11] Embora não seja tecnicamente a mesma coisa, navegar na internet é semelhante ao devaneio. Primeiro, ele geralmente não tem um objetivo, assim como quando navegamos na web e nos permitimos pular livremente entre conceitos, o que é facilitado pelos links que vemos. Segundo, o devaneio, muitas vezes, ocorre sem que tenhamos a menor consciência de que nossos pensamentos se desviaram.[12] Podemos estar tão focados em seguir um caminho de conceitos virtual a ponto de nem percebermos que estivemos em uma armadilha de atenção por horas.

Seu computador é uma mina de *primings*

A internet nos oferece muitos pontos de entrada para acessarmos conteúdos em nossa rede mental. O *priming* ocorre quando a exposição a algum estímulo que vemos ou ouvimos nos ajuda a reagir a outro. No *priming* cognitivo, a exposição a um contexto ou palavra ativa, em nossa memória, conceitos que estão semanticamente relacionados ou que associamos àquela palavra inicial (como no caso de "agulha" a partir de "linha"). Nas tarefas simples de estímulo-resposta em laboratório, os efeitos duram apenas alguns segundos (por exemplo, após vermos a palavra "pardal", reagimos mais rapidamente ao nos depararmos com "sabiá" do que com "cadeira"). Mas há evidências de que, quando pensamos e processamos o material mais profundamente, os efeitos do *priming* podem durar mais de dois minutos, mesmo quando outras palavras intercedem.[13] Então, por exemplo, fui à página dos Jogos Olímpicos de Inverno na Wikipédia. Quando comecei a ler, todo tipo de ideia relacionada surgiu em minha mente, como patinação no gelo, trenó e salto de esqui, e quando vi o link "esqui alpino", fui levada a clicar nele. Se você está lendo um tópico sob o efeito do *priming*, então os links podem atrair sua atenção como um sinal de néon.

O *priming* pode nos levar a pensar, e, às vezes, até a fazer, algo automaticamente em resposta a um estímulo, ativando nossos objetivos internos sem que façamos uma escolha consciente.[14] Os publicitários sabem disso há muito tempo — a nossa exposição aos conceitos pode afetar o que nos vem à mente e também as nossas escolhas. Isso é demonstrado em um experimento no qual, primeiro, os participantes foram solicitados a avaliar afirmações que incluíam marcas de produtos ("Irish Spring é um sabão em pó"). Depois, quando questionados sobre suas marcas preferidas em relação a vários tipos de produtos, eles foram mais propensos a escolher uma das mencionadas nas afirmações anteriores.[15] A razão disso é que avaliar essas afirmações fez com que os nomes das marcas lhes viessem à mente. Quando vemos um comercial de cerveja na TV, sofremos o efeito *priming*, pensamos em cerveja e podemos acabar pegando uma durante o intervalo.

Quando um link nos estimula a pensar em alguma coisa, até que ponto fazemos essa associação conscientemente? O psicólogo John Anderson passou décadas estudando a memória associativa e afirma que a ativação dos conceitos associados na rede semântica de nossas mentes é um processo automático.[16] Sermos estimulados por uma ideia em uma página da Wikipédia e depois clicarmos em um link é provavelmente uma mistura de processos de pensamento automáticos e controlados.[17] É como se, chegando a um bufê sem pensar em comer bolo de chocolate, assim que o víssemos, nossa mente fosse iluminada pela visão daquela fatia deliciosa e fizesse uma associação com o sabor do chocolate ou com uma memória de comer bolo na festa de aniversário do nosso filho. Podemos conscientemente (ou impulsivamente) colocar a fatia em nossos pratos, mas há todo um iceberg de associações automáticas por baixo dessa ação que nos incita a pegá-la. Da mesma forma, pode ser difícil resistir a clicar em um link que nos leva a outra página da Wikipédia. Analisando meu comportamento na internet enquanto lia sobre o filme *Summer of Soul*, percebi que, quando clicava em links, isso era bastante espontâneo.

Também podemos ser impulsionados a clicar em sites por mera curiosidade e não necessariamente por algum estímulo. Mas pode ser difícil separar as duas coisas — elas podem andar de mãos dadas. O psicólogo George Loewenstein explica que a curiosidade é um impulso de preencher uma lacuna em nosso conhecimento e que somos atraídos para informações que podem nos ajudar a satisfazê-la.[18] Mesmo uma mínima informação pode ativá-la, diz Loewenstein — como os links que encontramos na internet. Então, por vezes, agimos impulsivamente para saciar essa sede e clicamos no site, conscientemente ou não. Nós a satisfazemos e somos recompensados. Estudos de ressonância magnética funcional (fMRI) mostram que a curiosidade desencadeia uma expectativa de recompensa, conforme mostrado pela ativação do núcleo caudado e do córtex pré-frontal lateral, regiões do cérebro associadas à antecipação de recompensas e a um valor intrínseco de aprendizagem.[19] Quando vemos um link, nossa curiosidade é ativada. Sabendo que aquilo é uma porta de entrada para novas informações, antecipamos uma recompensa e clicamos nele. Assim, enquanto percorremos a internet, ativamos associações e/ou estimulamos a curiosidade, selecionamos sites, lemos mais conteúdos, nossa mente fica ainda mais estimulada, clicamos em novos links e caímos no labirinto. A curiosidade é a droga da internet.

O design da internet e a alternância de atenção

A internet parece funcionar por mágica, assim como nossa memória. A estrutura da web, em seu formato de hipermídia de nós e links, é semelhante à organização teórica do conhecimento do cérebro, e também reflete a flexibilidade com que as pessoas associam conceitos. Esse design libera as comportas da distração — perseguir as ideias na internet e nossos próprios pensamentos é igualmente irresistível.

Para interromper nossa divagação desimpedida pela web, são necessárias três coisas. Primeiro, precisamos estar atentos ao nosso comportamento, o que não é tão fácil, pois isso significa trazer atitudes automáticas para um nível consciente. Mais adiante no livro, você aprenderá a desenvolver uma metaconsciência de seu comportamento para se ajudar a se tornar mais consciente do motivo pelo qual pode estar navegando na internet. Segundo, precisamos estar motivados a querer interrompê-lo. E terceiro, precisamos ter recursos cognitivos suficientes para resistir a esses impulsos.

A internet, ao disponibilizar tanta informação interconectada, criou o que Andy Clark, autor do livro *Natural-Born Cyborgs*[20], chama de mente ciborgue. Ao ouvir isso, podemos pensar em eletrodos implantados em humanos para aumentar o seu armazenamento de memória ou a velocidade de seu processamento. Mas Clark argumenta que a mente ciborgue também pode significar uma extensão de nossas mentes. Os seres humanos, há muito, usam tecnologias para ampliar a memória, desde a escrita até as fotografias. Mas a internet supera todas essas técnicas enquanto extensão informatizada de nossas mentes, na qual podemos salvar textos, imagens, vídeos e áudios para não esquecê-los. Além disso, com os nossos celulares, o acesso a tudo isso está na palma da nossa mão. De fato, estudos têm mostrado que, quando as pessoas usam a internet para pesquisas, elas têm dificuldade em diferenciar se o conhecimento veio da internet ou delas mesmas.[21] Está se tornando cada vez mais difícil distinguir nossa memória do corpo de informações da web. Nossa dependência da internet pode até estar reduzindo nossa capacidade de memória, como sugere uma pesquisa. Segundo ela, fazer pesquisas virtuais por seis dias realmente diminui algumas funções cerebrais, reduzindo a conectividade funcional e a sincronização de regiões do cérebro associadas à recuperação da memória de longo prazo.[22]

Os pioneiros da internet sonhavam em tornar as informações do mundo acessíveis. Com qualquer grande inovação, existem consequências não intencionais, boas e ruins. Os automóveis levaram ao desenvolvimento da infraestrutura viária e das rodovias, que eventualmente levaram aos subúrbios, os quais disponibilizaram mais espaço para se morar, mas eles também introduziram impactos econômicos, sociais e ambientais, como as emissões de gases de efeito estufa dos veículos, que causam o aquecimento global. Implícita nas visões dos pioneiros da internet estava a suposição idealista de que as pessoas contribuiriam com informações significativas para a web, buscariam informações com algum propósito e que essas seriam benéficas para a humanidade. Provavelmente, eles não conceberam o atrativo de passar horas intermináveis navegando na internet ou nas redes sociais, ou os comportamentos nocivos relacionados à *dark web* ou ao *cyberbullying*. E, assim como os primeiros carros não tinham cintos de segurança ou airbags, também não havia recursos de segurança incorporados à internet para prevenir golpes, desinformação ou anúncios direcionados.

O teórico de mídia Marshall McLuhan escreve: "A tecnologia leva a novas estruturas de sentimento e pensamento."[23] Ele descreveu como o desenvolvimento da mídia impressa levou as pessoas a organizarem suas percepções de acordo com a página impressa. Na era digital, a tecnologia também conduziu a novas estruturas de atenção. A organização da internet, com seus nós, links e conteúdo em constante mudança, moldou não apenas em que prestamos atenção, mas também a frequência com que a desviamos. As pessoas organizam suas percepções para se conformarem aos estímulos oferecidos pela hipermídia digital e os processarem. Em uma irônica relação recíproca, elas contribuem para o desenvolvimento da estrutura da internet, que, por sua vez, influencia e molda um novo tipo de atenção cinética e fluida. McLuhan está certo — a web levou a novas estruturas de pensamento, coincidindo com a redução da atenção em nossos dispositivos ao longo dos anos.

O uso da internet pode estar associado a algo além da mera mudança em nossa atenção. As mudanças na organização estrutural e funcional do cérebro fazem parte do desenvolvimento humano normal, e ela pode mudar ao longo da vida.[24] Assim como afeta a memória, algumas pesquisas sugerem que o uso da internet pode alterar a capacidade de resposta funcional do cérebro, especialmente em áreas relacionadas ao raciocínio complexo e à tomada de decisão.[25]

A ideia do Memex de Vannevar Bush removeu os obstáculos para encontrar informações, mas também preparou o terreno para a navegação na web. O que Bush não previu foi como seu simples design de trilhas associativas de informações evoluiria para influenciar nossa distração. Como a web é digital, não linear e possui elementos discretos, nossa atenção passou a espelhar isso e se fragmentar facilmente. A internet foi construída por pessoas comuns — qualquer um, em qualquer lugar, poderia contribuir com ela, e certamente o fizeram. A natureza improvisada do seu crescimento deu origem ao comportamento improvisado de seus usuários.

Quando comecei a examinar as multitarefas na década de 1990, percebi que estava lidando com um grande fenômeno. Ao tentar entender como nossa atenção funciona enquanto estamos em nossos dispositivos, era como se estivesse tentando compreender o caminho de um veleiro com base apenas no vento, quando outros fatores, como correntes oceânicas, também afetam a embarcação. As visões idealistas dos pioneiros da internet foram substituídas por outras de empresas que inventaram maneiras de nos manter rolando o feed em benefício delas. A seguir, falaremos sobre a concretização dessas novas visões e do seu impacto na nossa atenção.

CAPÍTULO SETE:

Como a IA e os Algoritmos Influenciam Suas Ideias

Estou sendo perseguida por um par de botas. Elas têm me seguido durante o último mês, aparecendo nos lugares mais inesperados. Surgem logo de manhã e, às vezes, são a última coisa que vejo antes de dormir. Quando leio o *The New York Times*, as botas aparecem, quando entro no Facebook, lá estão, e, quando vou comprar fones de ouvido, ficam me provocando. Ao vê-las, não consigo deixar de me sentir atraída. Não estou paranoica, mas sei que não é por acaso. Há um motivo para isso. As botas sabem que as desejo. Parece que não consigo escapar delas. A única maneira de acabar com isso é comprá-las.

Não é apenas você que navega pela internet. Ela também navega por você. A estrutura da web não é o único mecanismo tecnológico que afeta nosso comportamento online — nossa atenção também é manipulada por algoritmos. Aqueles que encontramos no mundo digital manipulam nossa atenção quase perfeitamente.

Os algoritmos não são estranhos aos seres humanos: a seleção natural, ou sobrevivência do mais apto, pode ser modelada por um deles. A palavra "algoritmo" deriva do nome do matemático persa do século VIII, Muḥammad ibn Mūsā al-Khwārizmī, que, em latim, tornou-se *Algoritmi*. Um algoritmo, em sua definição básica, é simplesmente um conjunto de instruções. Não seria um exagero, então, dizer que, dada a sua adaptabilidade genética, a própria humanidade é baseada em um algoritmo natural. Atividades diárias dependem de algoritmos, como cozinhar a partir de uma receita, seguir instruções do GPS ou montar uma estante da IKEA. Aqueles de computador são usados para projetar o fluxo do tráfego, conduzir carros autônomos, tomar decisões empresariais, diagnosticar doenças, definir fianças e determinar sentenças criminais. Os algoritmos podem ser projetados para beneficiar grupos (selecionando projetos a partir de um modelo de decisão), organizações (determinando quem será contratado em uma empresa ou admitido em uma universidade) ou até mesmo sociedades inteiras (identificando eventos climáticos extremos), mas também são aplicados em um nível pessoal e individual — programando a atenção das pessoas.

Como temos uma capacidade limitada de recursos de atenção, as empresas de internet que se especializam em oferecer redes sociais, mensagens e comércio eletrônico estão determinadas a capturar o máximo possível deles. Há uma intensa competição para ocupar o nosso espaço mental. Essas empresas investem muitos recursos financeiros e humanos no desenvolvimento de algoritmos sofisticados para nos influenciar a investir nossos recursos de atenção nas suas ofertas.

Estão pagando pela sua distração

De fato, há um esquema por trás daquele incessante assédio das minhas perseguidoras, as botas. Vamos analisar o que está acontecendo. Há algum tempo, visitei um site de compras e cliquei nelas para dar uma olhada mais de perto. O site faz parte de uma rede de anúncios, que é um intermediário entre anunciantes e publicadores. Ela executa um software no site de compras que registra os produtos que visualizei e armazena essas informações em um *cookie* no meu navegador ou em um perfil no banco de dados dela.[1] Sempre que visito outros sites que fazem parte da mesma rede de anúncios, eles me reconhecem pelo meu navegador e sabem que dei uma olhada nas botas.

Então, estou sendo rastreada, e as botas me seguem pela internet no que é chamado de "remarketing de anúncios". Quanto mais as vejo, mais comuns elas parecem, e, quanto mais somos expostos a algo, nossa familiaridade com ele aumenta, e mais gostamos dele.[2] Muitos de nós já ouviram uma música tocando repetidas vezes no rádio e depois ficaram com a melodia na cabeça. Na verdade, a ativação cerebral, medida por meio de ressonância magnética funcional (fMRI), mostra que, quanto mais familiar nos é uma música, mais nos conectamos emocionalmente a ela.[3] O poder da nossa familiaridade com a marca sobre o nosso comportamento de compra também é conhecido há muito tempo na publicidade.[4] É por isso que vemos anúncios repetidos de cerveja ou enxaguante bucal na televisão. Mas o que também está acontecendo no ambiente digital é que essas botas continuam sendo apresentadas para mim em diferentes contextos. Recentemente, cliquei para ler uma homenagem do *The New York Times* ao baterista dos Rolling Stones, Charlie Watts, e elas apareceram. Nesse contexto, minha atenção (e imaginação) foi preparada, pela associação com os Rolling Stones, a pensar nos sapatos como botas descoladas de roqueiro. O algoritmo que instrui esses sapatos a me seguirem está brincando com a minha mente.

Conversamos no último capítulo sobre como a estrutura de nós e links da internet foi inadvertidamente projetada para nos distrair. É claro que não podemos falar sobre nossa atenção na web sem abordar a distração intencional que parte da publicidade direcionada. Manipular a atenção das pessoas não é algo novo — a publicidade existe desde os babilônios em 3000 a.C.[5] Sua incidência aumentou na revolução industrial, à medida que o meio impresso, especialmente os jornais, tornaram-se mais populares. O objetivo da publicidade era, primeiro, atrair a atenção das pessoas e, depois, convencê-las de que precisavam de um produto ou serviço específico. Essa ideia básica não mudou na era da mídia digital. A publicidade começou apelando para o público em geral. Por exemplo, para aqueles que acreditam que os suplementos naturais só surgiram nos anos 1960, os "sais de frutas Eno" foram anunciados na Inglaterra do século XIX, apelando a todos pela remoção de "matéria fétida e venenosa do sangue".[6] Os anúncios chamativos começaram como uma transmissão de um-para-muitos — impondo uma mesma mensagem para todos. Todo mundo via o mesmo anúncio da Coca-Cola.

Mas nem todos são iguais, e os inteligentes publicitários, há muito, acreditam que os negócios podem ser impulsionados pela personalização de anúncios para atrair o interesse pessoal dos clientes. A publicidade se tornou direcionada, um exemplo foi uma propaganda de cigarros Joy's voltada, ironicamente, para asmáticos, na década de 1890.[7] Começando pela televisão, uma série de patentes foram registradas, descrevendo como a publicidade poderia ser configurada para telespectadores de televisão, dependendo de fatores como sua localização ou o horário em que assistiam aos programas.[8] Mas a segmentação de anúncios para audiências de televisão e rádio é bastante rudimentar em comparação com as possibilidades na era digital. É possível obter muito mais informações detalhadas dos usuários da internet, pois eles deixam rastros digitais de seu comportamento online. As patentes de publicidade direcionadas para sites online começaram a ser registradas já em 1993, e, 20 anos depois, já haviam sido registradas 2900.[9] Desde então, esse número disparou. Os gastos em anúncios digitais explodiram para quase 400 bilhões de dólares em 2020.

»«

Os anúncios direcionados também se tornaram mais sofisticados. Seus criadores utilizam algoritmos para descobrir informações sobre as pessoas a fim de personalizá-los de forma precisa. A empresa que vende aquelas botas me conhece bastante: os estilos de roupas que compro, os sites que visito, o que gosto de ler online e mais — o suficiente para diminuir minha resistência às botas. Os algoritmos de computador sabem ainda mais do que isso — conhecem os hábitos e desejos das pessoas e, é claro, seu comportamento de atenção. Direcionar informações significa direcionar um conteúdo específico para as pessoas no momento certo e em um contexto que as deixe mais atentas. Ao contrário dos anúncios de TV, os digitais podem ser incansáveis, aparecendo em diferentes contextos, sendo que cada um deles pode levar alguém a pensar sobre o produto em questão de diferentes maneiras. Ver uma jaqueta de couro em uma página em que você está lendo um artigo sobre mudanças climáticas pode não despertar seu interesse por ela, mas vê-la na sua página do Facebook pode fazê-lo pensar em como seus amigos poderiam elogiá-lo, se a comprasse.

A publicidade online direcionada começou em meados da década de 1990 com anúncios em sites de consumo específicos voltados para determinados públicos e, posteriormente, incorporou dados demográficos dos usuários (como idade e gênero), a localização deles (com base no endereço IP), seus comportamentos (quais sites visitaram) e até mesmo valores que podem ser inferidos pelas páginas em que a pessoa navegou online (se ela lê o *Huffington Post* ou o *Newsmax*). Os algoritmos também começaram a incorporar informações sociais a partir do uso das redes sociais e de sites de networking. As empresas agora sabem como você é influenciado pela sua rede de amigos: a frequência com que usa as redes sociais, os momentos em que as acessa, o que você vê, quais postagens de amigos lê, curte (ou ama, com quais se importa ou se enfurece), a que vídeos assiste, quais histórias compartilha e o que você mesmo posta. A proliferação de dispositivos móveis aumentou a precisão das informações que as empresas podem obter sobre o usuário. Se uma pessoa pratica exercícios vigorosos e se movimenta muito, os dados do sensor do seu celular podem registrar e interpretá-la como um corredor. Então, ela pode receber um anúncio de roupas de corrida. O contexto pode ser usado estrategicamente para tornar a publicidade mais relevante. Uma jaqueta de inverno de alta tecnologia pode ser mostrada a alguém que mora em Minnesota em novembro, mas não a uma pessoa que mora no sul da Califórnia (a menos que a empresa saiba que ela comprou passagens aéreas para Aspen). Quando o produto se encaixa no contexto de localização, é mais provável que chame a atenção do usuário. Você pode não perceber, mas está colaborando com o algoritmo, pois fornece a ele muitos dados sobre si mesmo. Você está involuntariamente colaborando com o algoritmo para a captura da sua atenção.

Os algoritmos que direcionam sua atenção são baseados em psicometria, um campo de estudo que mede o comportamento, as atitudes e a personalidade das pessoas. Ela existe desde o final do século XIX e foi desenvolvida pelo inglês Sir Francis Galton, uma espécie de polímata renascentista conhecido por inventar a estatística de correlação, mas que também tem um legado manchado, pois promoveu a eugenia. Nos primeiros estudos psicométricos, as habilidades cognitivas das pessoas eram medidas, primeiro, com testes físicos e, depois, com pesquisas; foi assim que surgiram as pontuações de QI. Mas pesquisas e testes não são mais necessários quando existem sensores que podem detectar discretamente os sinais fisiológicos das pessoas e um rastreamento que pode detectar os vestígios digitais de seus comportamentos online. Empresas como a Innerscope, especializada em pesquisa de marketing, coletam os dados biométricos de cobaias enquanto elas veem anúncios em laboratório, usando biossensores, rastreamento ocular e expressões faciais para determinar quanto elas suam, o que exatamente olham na propaganda e quais emoções ela provoca. Quando alguém sua, significa que está exaltado, e suas expressões faciais ajudarão a interpretar se ficou animado ou estressado com o anúncio. A empresa de marketing Numerator usa um algoritmo com base nos comportamentos, atitudes e compras dos consumidores para classificar os usuários ao longo de 350 variáveis psicográficas.

A publicidade online aproveita esses avanços na medição da personalidade. Naquilo que foi anunciado como a nova era da publicidade ascendente, a empresa Cambridge Analytica afirmou que era capaz de mapear a personalidade de cada pessoa nos EUA a partir do comportamento que exibia online — sem o conhecimento delas — e usou a teoria dos Cinco Grandes para descrever cinco traços básicos de personalidade: Abertura, Conscienciosidade, Extroversão, Agradabilidade e Neuroticismo. Por exemplo, a Cambridge Analytica descobriu que as pessoas que moram em Nova York geralmente são mais neuróticas do que as que vivem na Califórnia (em um capítulo posterior, aprofundaremos os Cinco Grandes e mostraremos o quanto esse traço, o Neuroticismo, pode influenciar o foco e a suscetibilidade a distrações online). Trabalhando para clientes especializados em anúncios políticos, a Cambridge Analytica selecionou indivíduos com base em seus perfis psicométricos. Os dados coletados foram usados para, potencialmente, influenciar as eleições nos EUA e no exterior, como o referendo do Brexit no Reino Unido, segundo alegações. Mas a ganância desenfreada pode ter consequências negativas. A empresa foi fechada e será sempre lembrada com infâmia depois de ter usado dados pessoais de usuários do Facebook, incluindo as redes de amigos, sem o consentimento deles.

Mas, uma vez coletados detalhes tão particulares sobre as pessoas, como analisar essas informações para dar sentido a elas? A era do Big Data resolveu tudo. Toda vez que você visita a Amazon, o conteúdo que está visualizando, seus padrões de busca e seu perfil são combinados com os dados coletados de milhões de outros usuários. A Amazon realiza buscas de similaridade para descobrir o que pode chamar sua atenção com base na atividade de outras pessoas semelhantes a você. O algoritmo é atualizado continuamente. Essa é a força da internet: existem centenas de milhões de pontos de dados que podem ser coletados sobre o comportamento que você e todos os outros têm online — em tempo real —, e é possível descobrir padrões a partir disso. Os algoritmos incorporam essas informações — quem você é, como se sente, o que faz e quando e onde — e as usam para capturar sua atenção.

Lendo sua mente para distrair você

Neste ponto, você pode estar se perguntando o que mais pode ser inferido com base no seu comportamento online. Quando responde a perguntas sobre si mesmo em uma pesquisa, você sabe exatamente as informações que está fornecendo. Mas que dados podem ser obtidos apenas ao observar suas pegadas digitais? São muitos, na verdade.

A fenotipagem digital refere-se à coleta de dados que as pessoas produzem em seu comportamento online e à utilização deles para medir aspectos individuais, como humor e cognição. A raiz grega "pheno" significa "aparecer", e "fenótipo" refere-se ao que pode ser observado em um indivíduo com base na expressão de seus genes, como sardas, tipo de cera no ouvido ou uma voz grave ou aguda. Mas também expressamos mais do que nossa personalidade quando estamos online, mesmo que inconscientemente. Pense em todas as coisas que você faz enquanto está na internet. Como fornecer informações demográficas, por exemplo, gênero, idade e localização, em seus perfis nas redes sociais. Realizar pesquisas na web, curtir as postagens dos amigos e criar conteúdo. É possível explorar suas postagens para coletar uma série de informações diferentes e revelar coisas sobre você que vão além do significado do que escreveu.

Pesquisadores da Academia Chinesa de Ciências e da Universidade Tecnológica de Nanyang descobriram que, entre outros dados, os padrões linguísticos — os padrões de palavras usados — nas postagens nas redes sociais podem revelar o bem-estar subjetivo do usuário. Não se trata apenas do que eles dizem — usando palavras positivas como “feliz” ou “incrível” — mas também de como dizem, por exemplo, que tipos de pronomes usam, o que é chamado de estrutura da linguagem. Os pesquisadores coletaram postagens de 1.785 usuários do Sina Weibo, uma rede social chinesa semelhante ao Twitter, e esses participantes concordaram que seus dados do Weibo fossem baixados para a pesquisa. Os acadêmicos lhes pediram que preenchessem dois questionários validados: um era o Questionário de Afeto Positivo e Negativo (PANAS)[10], usado para avaliar o afeto de uma pessoa (o quanto ela se sente positiva ou negativa), e o outro era a Escala de Bem-Estar Psicológico.[11] Juntos, esses questionários forneciam uma boa imagem do bem-estar subjetivo do participante. Os pesquisadores coletaram dados como gênero, idade, densidade populacional da cidade da pessoa, interações com outros usuários que a seguem, configurações de privacidade e comprimento do nome de usuário, bem como os padrões linguísticos de suas postagens. Eles descobriram que essa combinação de características se correlacionava muito bem com o estado emocional e o bem-estar psicológico do participante.[12] As correlações, que indicam até que ponto as variáveis estão relacionadas umas com as outras, foram de 0,45 em ambos os questionários. No campo da psicologia, uma correlação de 0,45 é impressionante — os seres humanos são bastante variáveis, e não há muitos fenômenos psicológicos medidos que se correlacionam tão fortemente. Mais especificamente, os pesquisadores descobriram diferentes padrões de palavras que se correlacionavam positiva ou negativamente com o bem-estar subjetivo dos participantes, por exemplo, quanto mais as pessoas usavam o pronome da primeira pessoa “eu” em suas postagens, menos positivas se sentiam. Isso faz sentido, já que alguém infeliz pode direcionar a atenção para si mesmo. Esse resultado ilustra como uma empresa que vende produtos para aliviar o estresse, como sais de banho relaxantes, pode descobrir a quem direcionar seus anúncios ao usar informações básicas coletadas das postagens do Twitter. Se você está em um determinado estado de espírito, é mais provável que preste atenção nesse anúncio, pois pode ser exatamente o que sente que precisa comprar. Mas avaliar seu bem-estar subjetivo pode ser bastante inofensivo em comparação com informações ainda mais pessoais que podem ser deduzidas das suas atividades online. O transtorno depressivo também pode ser previsto a partir dos dados disponíveis no Twitter[13] ou até mesmo a partir de fotos no Instagram.[14]

Esses estudos utilizaram informações demográficas e o conteúdo postado pelas pessoas. Mas acontece que mesmo as informações mínimas, como curtidas no Facebook, podem prever seus traços de personalidade em certa medida, apresentando correlações que variam de 0,29 a 0,43[15] entre suas curtidas no Facebook e os traços de personalidade do modelo dos Cinco Grandes — novamente, essas são correlações impressionantes. As curtidas também podem prever, em certa medida, a inteligência das pessoas, seu uso de substâncias viciantes, sua idade e suas visões políticas.[16] Na verdade, se o algoritmo analisar apenas trezentas das suas curtidas, ele já vai conhecer sua personalidade melhor do que sua cara-metade.[17]

Os algoritmos podem ser projetados para afetar nossa atenção ao utilizarem dados sobre nossa personalidade, os quais, como já vimos, as empresas podem descobrir pelo nosso comportamento na internet. Por exemplo, as pessoas neuróticas tendem a ser mais suscetíveis ao estresse e ao medo do que as não neuróticas.[18] Um neurótico provavelmente prestará atenção em uma imagem que evoca medo, como uma casa em chamas ou uma inundação em um anúncio de seguro. Os extrovertidos são mais sociais do que os introvertidos, portanto, se descobrir que você é extrovertido, uma empresa pode lhe direcionar anúncios de cruzeiros de festas. Essa ideia é apoiada por um estudo que mostrou que extrovertidos são mais propensos a clicar em um anúncio que diz “Dance como se não houvesse amanhã” e apresenta pessoas festejando, enquanto introvertidos são mais propensos a clicar em outro que diz "A beleza não precisa gritar" e mostra uma pessoa olhando para um espelho.[19]

Muitos dados pessoais e sobre sua atividade física podem ser coletados apenas pelo seu celular, e você pode nem perceber. No Capítulo 3, discutimos como as pessoas exibem ritmos na atenção. Também existem ritmos em outros comportamentos que podem revelar muito sobre você, incluindo o uso que faz do celular: a regularidade com que o utiliza diariamente, a influência do seu ritmo circadiano de 24 horas nisso e até mesmo a frequência da sua utilização do aparelho hora a hora. Pesquisadores de Dartmouth, Stanford e Universidade de Cambridge acompanharam o uso de celular de 646 estudantes universitários por 7 a 14 dias, coletando dados como atividade física, o som ambiente captado pelo aparelho, a localização dos participantes e o quanto usaram o dispositivo. Todos os traços de personalidade dos Cinco Grandes, exceto o Neuroticismo (não está claro o motivo disso), puderam ser previstos pelos tipos de ritmos de uso do celular.[20] Assim como o comportamento na internet, os dados que esses aparelhos coletam sobre você de forma não intrusiva — e são muitos — podem ser incorporados a algoritmos para direcionar efetivamente sua atenção.

Mas os algoritmos não são projetados apenas para anúncios de comércio eletrônico. Conhecer informações sobre você, como sua personalidade e bem-estar subjetivo, também é usado de forma mais ampla por redes sociais e plataformas de mensagens para personalizar as notificações. Não é surpresa que o Facebook tenha registrado muitas patentes voltadas ao uso de algoritmos para capturar melhor a atenção dos usuários. Uma delas é intitulada "Determinar características de personalidade do usuário a partir das comunicações e características do sistema de redes sociais".[21] Seus traços de personalidade serão utilizados em algoritmos para fornecer a você anúncios e notícias mais propensos a atrair sua atenção. Quanto mais informações do seu interesse a rede lhe apresentar, mais atenção você dará às notificações e, é claro, mais tempo passará no Facebook.

Visando nossos instintos mais básicos

Quando recebemos uma notificação do Facebook informando que um amigo postou algo, nossa curiosidade nos leva a clicar para ver. Essas notificações sociais exploram a propriedade fundamental dos relacionamentos humanos: a curiosidade sobre os outros. Recebemos um aviso de que um amigo fez uma postagem e recebeu 143 curtidas e logo queremos saber mais. Esperamos sentir algo positivo ao vê-la.

Embora algumas notificações exijam atenção controlada para serem respondidas, outras aproveitam a atenção involuntária ou automática. Muitos algoritmos são projetados para capturá-la, porque provocam emoções essenciais, como felicidade, surpresa, medo ou repulsa. Essas reações emocionais básicas ocorrem espontânea e automaticamente, sem processamento cognitivo, e são chamadas de emoções de ordem inferior.[22] As notificações que as estimulam exigem nossa atenção, desencadeando respostas impulsivas. Se vir um anúncio que mostra um carro destruído, especialmente se você tiver filhos adolescentes, isso lhe induzirá medo e horror — emoções de ordem inferior que você não consegue evitar. Se receber notificações direcionadas a elas quando estiver com poucos recursos de atenção, entediado ou em um estado mecânico, mais suscetível a distrações, você não conseguirá deixar de reagir.

A raiva é uma dessas emoções de ordem inferior que é usada para capturar sua atenção. Em 2021, a ex-funcionária do Facebook Frances Haugen testemunhou perante a Comissão de Valores Mobiliários dos Estados Unidos e revelou como o Facebook aproveitou o fato de que a atenção das pessoas é atraída para postagens controversas. A rede social atribuía pesos às postagens de acordo com os emojis usados para reagir a elas e promovia, no topo dos feeds dos usuários, as que tinham recebido o emoji de raiva. Haugen testemunhou que o programa de inteligência artificial do Facebook foi ajustado para fornecer deliberadamente conteúdo potencialmente prejudicial às pessoas. Por fim, ele parou de atribuir peso e incluir o emoji de raiva em seu algoritmo, conferindo mais importância aos de amor e tristeza. O Facebook afirmou que desvalorizar as postagens com o emoji de raiva resultou em algoritmos que fornecem menos desinformação e presumivelmente menos postagens perturbadoras, embora isso não tenha sido testado por cientistas externos à empresa.[23]

No entanto, algumas postagens ainda alcançam as massas, por exemplo, um anúncio de um teste de inteligência do BuzzFeed — a maioria das pessoas quer saber o quanto são inteligentes. A capacidade de resistirmos à distração é afetada por várias coisas, como quando estamos com poucos recursos cognitivos, ou se ocorre algo que envolve uma pessoa da nossa rede de amigos, mas nossa atenção ainda pode cair nas armadilhas da publicidade genérica.

Por que você está grudado no TikTok

Para explicar melhor como sua atenção é capturada por meio de algoritmos, vamos analisar o caso do TikTok, a popular rede social. O TikTok possui um algoritmo muito sofisticado, chamado de motor de recomendação, e é isso que ajuda a nos manter presos em uma armadilha de atenção, grudados nos vídeos curtos, em sua maioria, de quinze segundos. O algoritmo rapidamente descobre o que nos envolve e tenta manter o momentum. Mas, antes de discutirmos como os vídeos nos são recomendados, precisamos recuar um passo, porque, para recomendar algo, o TikTok precisa coletar os dados certos sobre nós e saber o que está no vídeo. Para cada conteúdo que é postado no site, são coletadas palavras-chave, imagens e descrições sobre o material. Por exemplo, se você está assistindo a um vídeo de uma pessoa dançando ao som de "Then Leave", de BeatKing com participação de Queendom Come, o motor de recomendação coleta palavras que descrevem o que ela está fazendo (dançando), qual é a música ("Then Leave") e até mesmo o gênero (rap). Mas essa é apenas uma visão geral, porque, na verdade, o algoritmo coleta muito mais detalhes, como o local onde a pessoa está dançando: em um quarto, ao ar livre na natureza, em um armário ou em um telhado. Detalhes do dançarino também são incluídos, como "feminino", "masculino", "bebê" ou até mesmo "cachorro", já que animais também podem ser estrelas no TikTok.

A rede social também coleta dados sobre você para o algoritmo: coisas como seu gênero, idade, profissão, onde mora, no que se interessa e muito mais. O mecanismo de busca que você usa gera muitos detalhes, como seu endereço IP e localização, que também serão usados no motor de recomendações — assim, ele pode determinar em qual região do país você está, a orientação política da sua região e assim por diante. Ele o agrupará com usuários semelhantes, e, quanto mais pessoas usam o TikTok, mais dados a empresa tem para explorar, melhores são as recomendações que faz, e por mais tempo ela captura a sua atenção.

»«

O TikTok também coleta informações sobre o quanto você usa o site. A quantos vídeos assiste de uma vez? Quanto tempo passa no aplicativo seguidamente? Você pode facilmente passar por 120 vídeos, o que seria apenas cerca de 30 minutos do seu tempo, e, quanto mais conteúdo consumir, mais informações o TikTok obtém sobre os seus gostos. O motor de recomendações também procura por tendências, como quantos usuários estão assistindo a um vídeo específico, onde elas estão fazendo sucesso e se você assiste aos vídeos sobre os assuntos em alta.

Mesmo que você não perceba, o motor do TikTok também coleta dados sobre o seu contexto, ou o que eles chamam de cenário — onde e quando você está assistindo aos vídeos da rede. Quais conteúdos você gosta de ver quando está em casa? E quando está fora, por exemplo, de férias? Conhecer o seu cenário pode informar muito sobre suas preferências. Por exemplo, você pode gostar de assistir a vídeos de dança hip-hop mais acelerados de manhã e a outros mais lentos no final do dia. Se o TikTok conhece o seu contexto, digamos que a rede saiba que já anoiteceu e que você está em casa, então lhe enviará vídeos a que você vai gostar de assistir naquele lugar e hora. O conteúdo certo no contexto certo aumenta o envolvimento com o site.

Apesar de o meu marido e eu assistirmos a filmes juntos há anos, nem sempre consigo prever de qual filme ele pode gostar (geralmente são produções em preto e branco e depressivas) e, às vezes, erro (às vezes, ele gosta de filmes coloridos e de ação). O TikTok não erra, ou pelo menos não por muito tempo. Se você, de repente, decide assistir a outro tipo de dança, o motor de recomendação da rede é ágil, ajusta-se rapidamente e envia vídeos do novo gênero.

O motor de recomendação aprende por meio do que é chamado de ciclo de feedback. Ele observa ao que assiste, aprende sobre você, seu comportamento e contexto, e então se retroalimenta com essas informações e faz ajustes. Portanto, o ciclo é o seguinte: observar, ajustar, apresentar outro vídeo e repetir — tudo isso em questão de segundos. Quanto mais material é consumido, mais o algoritmo sabe do que você gosta ou não gosta, e mais capaz ele se torna para ajustar seu direcionamento e apresentar conteúdo que chamará sua atenção.

Agora que conhecemos a mecânica, podemos analisar a razão psicológica pela qual o TikTok mantém sua atenção. Eu queria falar com alguém sobre como o impacto da obsessão pelo TikTok na atenção e, por meio de minha rede, encontrei a Rachel. Flautista profissional concluindo seu doutorado em música, parecia improvável uma pessoa como ela se envolver com o aplicativo. Aos 31 anos, também é um pouco mais velha do que o usuário típico do TikTok. Quando tem uma pausa no dia, ela diz que quer fazer algo sem pensar muito. Rachel vai para o TikTok por uma combinação de tédio e curiosidade por entretenimento rápido. Mas quando está nele, ela me descreveu como o conteúdo vai ficando cada vez mais engraçado e que acaba se envolvendo por mais tempo do que planejava. Já que as histórias nos vídeos são tão condensadas, nos primeiros cinco segundos, Rachel já pode "curtir" um vídeo.

Vamos dar uma olhada no que acontece com a atenção dela nos quinze segundos de um vídeo do TikTok. Muitos deles são construídos como uma versão condensada de um filme, pois possuem desenvolvimento de enredo. No entanto, geralmente mostram apenas as três primeiras das cinco etapas do desenvolvimento clássico do enredo: a introdução, a construção da tensão e o clímax (as duas últimas etapas são a ação decrescente e a resolução). Muitos vídeos do TikTok cativam o público porque terminam com uma surpresa. Às vezes, apresentam indícios para criar tensão, mas quase sempre há uma reviravolta nos últimos segundos, como pessoas mudando repentinamente para trajes malucos. Ver Billie Eilish colocar uma cabeça de ukulele inteira na boca é o clímax de um de seus vídeos do TikTok (o qual tem uma resolução com ela rindo depois). Outros podem não ter enredo, como um buldogue de Boston que dança salsa com "Suavemente" tocando ao fundo. O curto tempo de duração do vídeo prende nossa atenção porque ele alcança o clímax rapidamente, em apenas quinze segundos.

»«

Quando um comportamento é reforçado positivamente, com uma recompensa como o riso, há uma alta probabilidade de você repeti-lo. B. F. Skinner, o psicólogo behaviorista, constatou isso na sua descoberta do condicionamento operante. Ele colocou animais, como ratos, em gaiolas (chamadas de caixas de Skinner). Quando o rato descobria que, ao pressionar a alavanca na gaiola, recebia um pouco de comida, um reforço positivo, ele continuou pressionando o mecanismo para receber a recompensa. Quando você assiste a um vídeo do TikTok que o faz rir, seu riso se torna a recompensa, e essa sensação reforça e fortalece seu comportamento de continuar vendo mais conteúdos. Os vídeos do TikTok geralmente exploram suas emoções de ordem inferior, como riso, raiva e mesmo tristeza. Quando você assiste a uma pessoa dançando em uma escada rolante ou vê um bebê fofo sorrindo com uma música, não consegue deixar de sentir algo positivo. Quanto mais conteúdos você vê, mais forte é o reforço para continuar assistindo.

Existe também outra razão pela qual nossa atenção é tão cativada pelo TikTok. Quando rimos ao assistir a um vídeo, isso desencadeia a liberação de um opioide endógeno nas partes do cérebro que processam recompensas e, de fato, as experiências de riso, quando repetidas ao longo do tempo, podem levar a mudanças neuroplásticas no cérebro.[24] Rir também pode reduzir o estresse.[25] Portanto, em quinze segundos, os vídeos do TikTok podem nos recompensar com risos e potencialmente reduzir nosso estresse, e quanto mais tempo passamos na rede, mais nos vinculamos ao aplicativo para colher as recompensas. É claro que nem todos os vídeos induzem ao riso, alguns podem provocar outras emoções, como a raiva.

»«

O tempo voa quando um vídeo é curto, acelerado, tem um alto grau de "interessância" e uma reviravolta surpreendente na trama. Mas o tempo realmente voa se aqueles em seu feed forem conteúdos que o TikTok sabe que vão cativar você. Para entender melhor como o aplicativo funciona, assisti a muitos vídeos. Cometi um erro sério quando esperei gastar apenas uma pequena quantidade de tempo nisso. Mas, toda vez que eu começava a assistir, eu me via presa à tela por longos períodos. Sabia que tinha coisas muito melhores para fazer, mas o tempo voava, e eu achava muito difícil me afastar.

O modelo do motor de recomendação do TikTok é uma caixa-preta, conhecido apenas pela empresa. Mas sabemos que ele funciona tão bem por causa do seu ciclo de feedback. Você assiste a um vídeo e, em seguida, o algoritmo assume o controle e continua aprendendo mais sobre a sua atenção. Assistir a algo que nos faz rir não é ruim por si só, mas pode ser quando não conseguimos sair de um ciclo comportamental e caímos em uma armadilha de atenção, tendo coisas mais importantes para fazer.

Você não pode se esconder do Instagram

Eu não tinha uma conta no Instagram e, para pesquisar essa rede, criei um perfil com um nome falso. Ao me inscrever, o aplicativo perguntou se eu queria me conectar aos meus amigos do Facebook, e recusei, então não lhe forneci minha lista de contatos. Mas então, na próxima tela, ele me enviou sugestões de pessoas com que me conectar. Das vinte principais recomendações, algumas eram populares, como Selena Gomez ou Michelle Obama. Mas, das outras quinze sugestões, aproximadamente sete eram pessoas com quem eu tinha uma conexão — cinco eram meus amigos do Facebook e duas que não tinha adicionado no Facebook, mas eram minhas conhecidas. Uma conexão em particular me chamou a atenção. Era uma pessoa que eu tinha entrevistado em Nova York pessoalmente alguns meses antes, e a única conexão eletrônica que já tive com ela foi uma breve troca de e-mails. Existem milhões de usuários no Instagram, e isso não foi uma coincidência.

Então, procurei um amigo, especialista em privacidade online, Bart Knijnenburg, que é professor na Universidade de Clemson, e lhe perguntei o que estava acontecendo. Ele suspeita que possa ser o número IMEI (Identificação Internacional de Equipamento Móvel) do meu telefone (ou seja, o número de identificação único do aparelho atribuído a ele pelo fabricante) que está sendo usado para me identificar. Provavelmente o Facebook, que é dono do Instagram, também rastreia o IMEI do meu telefone. O que Bart supõe que aconteceu — e isso é realmente incerto — é que talvez, em algum momento, essa pessoa que eu entrevistei tenha procurado meu perfil no Facebook. O algoritmo encontra seus contatos, mesmo se você não quiser.

O Instagram — que faz parte da Meta e, portanto, isto se aplica também ao Facebook — sabe o poder que a influência social exerce sobre a atenção individual (vamos falar mais sobre isso no próximo capítulo). Ele sabe que você vai ficar curioso e prestar atenção nas postagens dos seus amigos. Mesmo se você tentar se esconder de suas conexões, como fiz, o algoritmo do Instagram vai encontrá-lo. É como aquelas botas que continuam me perseguindo online, não importa onde eu vá.

As forças e motivações dos algoritmos

Na internet, você se torna parte de um ecossistema digital que envolve a interação com outras pessoas, com informações e, acima de tudo, com algoritmos. Estando ciente ou não disso, você está contribuindo para o desenvolvimento deles. Quase toda ação que executa na internet e quase todo rastro digital que você deixa fornece informações que são usadas por algoritmos, e, assim como um cônjuge, parceiro ou inimigo, quanto mais eles sabem sobre você, melhor podem prever seu comportamento.

Mas os algoritmos podem errar. Quando Mike Ananny, professor da Universidade do Sul da Califórnia, instalou o aplicativo Grindr em 2011, ficou surpreso ao ver que outro aplicativo foi recomendado: Sex Offender Search, que permite aos usuários pesquisar por agressores sexuais que moram por perto.[26] O Grindr é uma rede social para pessoas gays e bissexuais que tem o objetivo de ajudá-las a encontrar parceiros em sua localidade. Essa associação entre os aplicativos foi feita pelo algoritmo da Android Marketplace. Ananny não é um agressor sexual. Mas algum conjunto de instruções incorporado ao algoritmo do marketplace associou os usuários que baixam o Grindr à ideia de que também poderiam estar interessados em um aplicativo que busca por agressores sexuais. Os algoritmos que visam nossa atenção podem cometer erros.

Quando os algoritmos funcionam bem, que chance temos de resistir às informações apresentadas, tão personalizadas para combinar com nossa personalidade e tendências emocionais? Desligar as notificações vai protegê-lo de alguns efeitos, mas sua melhor defesa é entender como eles funcionam, como você cede o controle da atenção e como sua atenção cinética, que alterna rapidamente, é impulsionada, já que os algoritmos podem levá-lo a direcioná-la impulsivamente para eles. Ao se aproveitarem de seus traços de personalidade e comportamento online, as empresas sabem, com alta probabilidade, a quais vídeos você assistirá, quais postagens de amigos lerá, o que achará interessante ao fazer compras e o que provavelmente comprará. Enquanto um vendedor de sapatos pode desistir de tentar me vender algo dentro de uma loja, aquele par de botas que me segue pela internet nunca desiste. Como as vejo cada vez mais, posso acabar cedendo e comprando-as. Os algoritmos são projetados para manipular a nossa atenção, como mísseis de precisão teleguiados, eles sabem exatamente como atacar e destruir seu foco de atenção. Enquanto meus recursos cognitivos podem se esgotar e me tornar vulnerável, os algoritmos nunca perdem seu poder.

CAPÍTULO OITO:

Nosso Mundo Digital Social

O metaverso, que ganhou destaque após Mark Zuckerberg anunciá-lo em 2021 como o futuro da sua empresa, é um conceito que existe há muito tempo. A ideia do metaverso, onde as pessoas podem entrar em espaços virtuais, interagir entre si e acessar informações, vem do romance de ficção científica de 1992 intitulado *Snow Crash*, escrito por Neal Stephenson. Metaversos separados já existiam, há muito, na forma de mundos virtuais primitivos na internet. No final dos anos 1990, eu estava pesquisando um deles, o mundo virtual chamado OnLive! Traveler, um dos melhores que já tinha visto. Você abria o aplicativo no notebook e conversava com outras pessoas usando o microfone do computador. O sistema usava áudio espacial, ou seja, ele imitava como percebemos o som no mundo físico. Se você aproximasse seu avatar (que poderia ser um lobo, peixe, deusa ou qualquer outra imagem) de outro nesse ambiente virtual, a voz dessa pessoa ficava mais alta. Se você estivesse em um grupo, ouviria apenas murmúrios, a menos que virasse seu avatar para encarar diretamente quem estava falando. Os lábios dos avatares se moviam em sincronia com a voz do usuário. Estar nesse ambiente era fascinante. Era possível conhecer gente do mundo todo. Eu estava aprendendo como as pessoas se comportavam e interagiam em um metaverso inicial.

Um dia, abri o OnLive! Traveler, vi algo novo chamado Japan World e cliquei nele. De repente, fui transportada para uma paisagem de simulação em 3D diferente e vi três avatares ao longe. Aproximei meu avatar deles e me apresentei. Esses usuários japoneses afastaram--se, mas então percebi que cada um deles estava fazendo um movimento desconhecido com o avatar. Percebi que eles estavam se curvando para mim. Embora esse gesto não fosse uma característica do design incorporada ao sistema, os japoneses haviam descoberto como imitar uma reverência com seus avatares. Enquanto conversávamos, eles aproximavam seus avatares um pouco mais do meu, como se estivessem se esforçando para ouvir meu inglês, e depois recuavam novamente para manter a distância social. Percebi como as convenções sociais eram poderosas — estávamos transferindo as normas de nossos países para um mundo virtual, e eu estava observando diferenças culturais (sentia-me como uma norte-americana agressiva quando me aproximava demais deles). Ao estudar as interações das pessoas nesse mundo virtual e em outros, observei a utilização de uma variedade de convenções sociais, como quando os grupos sinalizavam que estavam abertos para receber novas pessoas, movendo seus avatares e abrindo espaço para elas, explicando educadamente por que um deles estava deixando o mundo virtual e mantendo uma distância social (como os japoneses faziam). Às vezes, as pessoas desenvolviam convenções sociais únicas, como ao virarem seus avatares de ponta-cabeça para sinalizar que aquela conversa era privada. Esses mundos virtuais eram mais do que simples sistemas de computador — eram, de fato, sistemas sociais.

Muitas dessas convenções surgiram de forma ad hoc — não havia regras ou instruções sobre o comportamento nos mundos virtuais, exceto quanto a ser educado. Estudar esses mundos me fez perceber o tanto que nosso comportamento na internet é orientado, até mesmo impulsionado, por nossa natureza social. As pessoas naturalmente adotaram convenções comportamentais comuns que as orientavam no uso do sistema, como escrevi em um artigo com Barbara Becker.[1]

O e-mail, o Slack e as redes sociais, como o Facebook, também são sistemas sociais. Apesar das vastas diferenças nas perspectivas e origens de seus usuários, eles fornecem um quadro comum para a comunicação. Todos os usuários compartilham a compreensão de que existem convenções sociais básicas. Por exemplo, com relação ao e-mail, é esperado que respondamos às mensagens que os outros nos enviam (embora nem todos sigam isso), e frequentemente há uma pressão social para respondê-las rapidamente. Se alguém está em uma posição hierarquicamente superior à nossa, podemos enviar um e-mail a essa pessoa, mas provavelmente não lhe mandaríamos uma mensagem de texto. Como o e-mail, o Slack e as redes sociais são sistemas compostos por pessoas, eles incorporam dinâmicas sociais, ou seja, neles, os usuários podem ser afetados pelo comportamento uns dos outros. Podemos ser influenciados socialmente a participar desses sistemas, negociamos o que é chamado de capital social, construímos identidades online, e, nas interações, aqueles com poder conseguem afetar os outros. Claro, as pessoas são diferentes, e algumas são mais influenciadas por essas forças sociais do que outras.

Se analisarmos essas redes como sistemas sociais, podemos entender por que passamos tanto tempo nelas, por que temos uma relação tão conflituosa com o e-mail e por que respondemos imediatamente a uma mensagem de texto. Quando interagimos com outras pessoas, esperamos obter algum tipo de recompensa social — seja status, amizade ou recursos. Para explorar como nossa natureza social afeta nossa suscetibilidade a distrações, precisamos aprofundar a nossa análise do comportamento social humano. Neste capítulo, examinaremos como nossa natureza social básica nos ajuda a explicar por que nossa atenção é tão atraída pelo e-mail, pelas mensagens de texto e pelas redes sociais, bem como por que somos tão facilmente interrompidos, até por nós mesmos.

Antes, vamos dar uma olhada em dois exemplos históricos que mostram como mídias além da internet, como o rádio e os livros, podem influenciar nosso comportamento, mesmo que indiretamente. Em 1932, um homem húngaro em dificuldades, Rezso Seress, estava determinado a se tornar um grande compositor. O pobre rapaz não queria um emprego para trabalhar das nove às cinco, mas não conseguia ser publicado, e, por acaso, sua namorada o deixara em um domingo. Então ele escreveu uma música com uma letra melancólica, "Gloomy Sunday", na qual o narrador descreve a tristeza pela perda de uma amante. Houve um lado positivo para Seress: a música se tornou um sucesso internacional. No entanto, a letra era tão perturbadora que centenas de suicídios na década de 1930 foram atribuídos à música, e a BBC a proibiu de ser tocada no rádio até 2002.

É verdade que o mundo parecia sombrio na época, com a ascensão do fascismo na Alemanha e o sofrimento do mundo com a Depressão. Mas havia muitas evidências circunstanciais de que ouvir a música poderia ter levado as pessoas ao limite (por exemplo, algumas vítimas tinham uma cópia da partitura no bolso). No entanto, mesmo antes de o rádio e os jornais se tornarem a mídia de massa da época, o escritor Goethe mostrou como a influência social pode ocorrer indiretamente. Em 1774, ele publicou seu romance *Os sofrimentos do jovem Werther*. O autor estava perdidamente apaixonado por Charlotte Buff, que estava noiva de outra pessoa. No romance, que é, em parte, autobiográfico, o personagem principal, Werther, tira a própria vida devido ao tormento do amor não correspondido. Assim como "Gloomy Sunday", essa foi outra história de amor perdido que terminou em suicídio, e à qual uma série de suicídios no século XVIII foi atribuída. O livro foi banido em três países.

Hoje em dia, a influência social por meio das redes sociais é muito mais direta e direcionada, por meio da disseminação de desinformação; da influência à saúde, como no caso de comportamentos alimentares[2] e da recepção das vacinas[3], e até mesmo do impacto nas decisões financeiras, como a negociação de criptomoedas.[4] Qualquer pessoa pode iniciar uma tendência social, como perder peso, criar alimentos e bebidas incomuns e novas tendências na moda, e são os influenciadores que assumem o controle, não as empresas de vestuário e varejistas. Os modismos populares, como as calças de ioga boca de sino, começaram no Instagram.[5] Expressões escritas que se originaram nas redes sociais, como *hashtag* e *rs*, têm se infiltrado no uso da linguagem cotidiana.[6] Mas nossas distrações e atenção também podem ser influenciadas de forma social pela internet em um nível muito mais sutil, de maneiras que você pode não perceber.

A atenção pode ser influenciada socialmente

As pessoas podem exercer uma influência social tão forte que levam outras a fazer coisas mesmo contra seu julgamento racional, como demonstrado, em um estudo clássico, pelo psicólogo social Solomon Asch[7], em 1956. Asch ficou fascinado com o poder da influência com base na própria experiência. Quando criança, na Polônia, em uma noite de jantar de Páscoa, ele viu sua avó servir vinho em uma taça extra, e disseram ao menino que a bebida era destinada ao profeta Elias. Como Asch mais tarde relatou, ele estava tão convencido de que o profeta viria à mesa de jantar que, quando se tornou psicólogo, decidiu estudar até que ponto a influência social poderia mudar o comportamento das pessoas. No seu experimento, um participante se sentava sozinho em uma sala e, quando era solicitado a julgar se duas linhas, claramente diferentes, eram semelhantes ou não, ele sempre respondia corretamente. Porém, quando o mesmo participante se sentava em uma sala com outras pessoas, que, secretamente, faziam parte da equipe experimental e afirmavam, uma após a outra, que as linhas eram iguais, o participante desavisado seguia a opinião do grupo e relatava que as linhas eram semelhantes. O experimento de Asch demonstrou como um grupo poderia pressionar alguém a se conformar. Curiosamente, quando uma versão moderna do mesmo experimento foi feita com robôs, a pressão não funcionou[8] — aparentemente, as pessoas não são influenciadas por máquinas e não sentem a necessidade de se conformar a elas, o que é bastante reconfortante. Mas, na internet, não sabemos se é um humano ou um bot postando nas redes sociais.

Na web, estamos cientes da presença social dos outros, mesmo não interagindo diretamente com eles. Seus rastros digitais sinalizam sua presença — as postagens, as imagens e os comentários. Quando postamos no Twitter ou no Facebook, sabemos que há uma audiência que consome o conteúdo de nossas redes sociais e, provavelmente, alguém que quer obter algo de nós, mesmo que seja apenas uma resposta. Essa consciência também está presente ao lermos e-mails: algumas pessoas estão tão alertas à presença dos outros que relatam ouvir uma "voz de leitura interna" do remetente. Isso não é incomum — 81% dos participantes dessa pesquisa relataram, por vezes, ouvir vozes enquanto leem os textos.[9]

Os jovens são muito vulneráveis à influência social. A velocidade das interações online amplifica a urgência e as demandas de uma mensagem[10], e isso intensifica a influência dos pares sobre eles, condicionando-os a se manterem conectados. Além disso, poder acessar as redes sociais a qualquer momento e em qualquer lugar por meio de dispositivos móveis reforça o ciclo rápido de respostas, mantendo a pressão dos pares, e sabemos que isso está relacionado ao consumo de álcool e drogas entre jovens adultos.[11] Claro, o que as pessoas fazem nas redes sociais deixa um registro duradouro, como você deve saber pelo fato de que a maioria das empresas agora verifica as contas de redes sociais dos candidatos a emprego, em busca de quaisquer evidências de comportamento inadequado.[12]

Existe uma base neural que pode explicar, pelo menos em parte, como as redes sociais exercem influência sobre os jovens. Isso é demonstrado por meio da análise da imagem do cérebro das pessoas quando elas visualizam o número de curtidas que recebem em suas contas. As curtidas fornecem validação social ou aprovação. A área do cérebro associada ao sistema de recompensa é o núcleo *accumbens* e, em adolescentes, ela tem uma sensibilidade aumentada. Em um experimento realizado por pesquisadores da Universidade Temple e da Universidade da Califórnia, 61 estudantes do ensino médio e universitários, com idades entre 13 e 21 anos, foram levados a um laboratório, porém, antes, foram solicitados a enviar aos pesquisadores fotos de suas contas do Instagram. Os participantes foram informados de que os outros veriam essas fotos em uma rede social interna (na realidade, não veriam — os pesquisadores manipularam o número de curtidas, conferindo muitas à metade das fotos e poucas à outra metade). Com base nas imagens de ressonância magnética funcional (fMRI), o núcleo *accumbens* no cérebro desses jovens mostrou maior ativação quando eles viam suas fotos do Instagram com muitas curtidas em comparação aos que receberam poucas curtidas.[13] A ativação cerebral aumentou com a idade no caso dos estudantes do ensino médio, mas não no dos universitários, sugerindo que existe uma idade de pico entre

16 e 17 anos para a influência dos pares.[14] Esse estudo mostra como receber muitas curtidas ativa o sistema de recompensa das pessoas e como os jovens podem autointerromper-se por terem um desejo maior de receberem recompensas sociais. Meus estudos com jovens também sugerem que isso é verdade — descobrimos que o uso intenso de redes sociais está associado a um aumento de multitarefas. Mas há um tipo específico de uso de redes sociais relacionado à multitarefa. No meu experimento, os participantes que experimentaram mais interrupções, alternando a atenção mais rapidamente, usaram mais as redes sociais que envolvem interações de duas vias, como o Facebook, enquanto os que alternaram a atenção com menos frequência tendiam a usar sites que envolviam principalmente interação unidirecional: sites de streaming de vídeo como o YouTube.[15]

Não são apenas os jovens, pessoas de todas as idades são impulsionadas a acompanhar as redes sociais, pois sentem uma pressão social para acompanhar a interação. Em um fórum público como o Facebook ou o Twitter, as expectativas quanto à interação são ampliadas, uma vez que toda a esfera pública está aguardando uma resposta. As recompensas que obtemos das interações — curtidas, compartilhamentos ou comentários — reforçam ainda mais a atenção que conferimos às redes.

A atenção conferida ao nosso grupo interno

A influência social pode ocorrer de maneiras estranhas na internet. Acontece que descobrir uma informação relativamente pequena sobre a localização física de um estranho na internet já pode afetar a influência social dele sobre nós.

Eu e minha aluna de pós-graduação, Erin Bradner, realizamos um estudo que demonstra isso. Reunimos 98 participantes em nosso laboratório, e todos receberam três tarefas para fazer em dupla. Essas atividades mediam três tipos diferentes de comportamentos sociais: cooperação (com a tarefa do Dilema do Prisioneiro, usada na teoria dos jogos, que mede até que ponto uma pessoa decide cooperar com seu parceiro); persuasão (usando a Tarefa de Sobrevivência no Deserto, que mede até que ponto o parceiro consegue persuadir o outro a mudar sua classificação de prioridade dos itens para sobrevivência no deserto); e decepção (com as Escalas de Decepção de Paulhus, que medem até que ponto o participante responde às perguntas ou afirmações do parceiro de forma verdadeira, por exemplo: "Sempre obedeço às leis, mesmo que seja improvável que eu seja pego"). Os participantes interagiram com uma parceira através de videoconferência ou mensagens de texto, como fariam na internet. Na realidade, essa pessoa fazia parte da equipe experimental e usava uma peruca e óculos para que ninguém a reconhecesse. Metade dos participantes foram informados de que ela estava na mesma cidade que eles, em Irvine, na Califórnia, e a outra metade, de que a parceira estava em outra cidade, em Boston. O cenário na videoconferência era exatamente o mesmo, as mensagens de texto eram exatamente iguais, e a comparsa era a mesma em ambas as condições. A única coisa que diferia era onde os participantes acreditavam que sua interlocutora estava localizada. Descobrimos que, quando eles foram informados de que a parceira estava em uma cidade distante, cooperaram menos, foram menos persuadidos e se descreveram de forma mais enganosa para a parceira.[16] Não importava se vissem a imagem dela em vídeo ou se o contato fosse apenas por texto — os resultados foram os mesmos. Esse achado mostra como até a informação social mais sutil que discernimos dos outros na internet, como o local onde a pessoa está, pode ter efeitos poderosos em nosso comportamento. Aparentemente, a distância ainda importa na web, mesmo que possamos trocar mensagens com usuários ao redor do mundo quase que instantaneamente.

Nesse experimento, a proximidade da parceira pode ter sinalizado que ela estava no mesmo grupo interno do participante. Sua distância pode ter indicado que estava em um grupo externo. As pessoas têm uma tendência inata, provavelmente para aumentar a autoestima, a se categorizarem em um grupo interno e se distinguirem de outros, que formam um grupo externo.[17] Você pode não estar tão propenso a cooperar com alguém de um grupo externo, podendo resistir mais à persuasão deles e até mesmo enganá-los mais. Os grupos internos podem ser formados pelo compartilhamento de propriedades que vão além da proximidade, é claro. Um usuário que postou por anos no *subreddit* online *Atheism* descreveu como a sua identificação com um grupo interno no site o ajudou em sua vida real: depois de trinta anos vivendo em uma comunidade conservadora no Colorado, onde o ateísmo é anátema, só agora ele finalmente poderia começar a se abrir sobre suas crenças com outras pessoas em sua cidade natal pessoalmente.

Em nosso uso diário da internet, é menos provável que respondamos ao e-mail de alguém que acreditamos não integrar nosso grupo interno — digamos, uma pessoa de fora da sua organização ou de outro país. Por outro lado, é mais provável que respondamos ao e-mail de alguém que acreditamos integrar nosso grupo interno, como um colega de profissão, de hobby ou de cidade. Sei que isso vale para mim — se, ao ler um e-mail, não consigo encontrar pistas de que eu e o remetente desconhecido compartilhamos algo, geralmente passo por cima da mensagem.

Gerenciando nossas identidades online

Nossas identidades no mundo digital podem ser ainda mais gratificantes do que as que temos no mundo físico. Alguém que trabalha na Target no mundo físico pode se tornar uma estrela no YouTube. Um exemplo disso é Tony Piloseno, que, enquanto estava na faculdade, trabalhava em uma loja de tintas e se tornou uma estrela do TikTok com seus vídeos, mostrando maneiras incomuns de misturar tintas. Alguns deles acumularam mais de 1 milhão de visualizações. Em um, Piloseno esmaga mirtilos frescos em tinta branca, e o resultado parece um milkshake de mirtilo. O vídeo viralizou, e ele foi demitido,[18] mas agora tem sua própria marca, trabalha em outra loja e continua mantendo sua identidade como um artista de mistura de tintas no TikTok.

Dedicamos muita atenção e tempo para construir nossas identidades online. Nosso relacionamento com a internet pode ser bem descrito pela famosa frase de Shakespeare na peça *Como Gostais*: "O mundo inteiro é um palco, e todos os homens e mulheres são apenas atores." O sociólogo Erving Goffman, em 1959, ecoou Shakespeare ao se referir às pessoas como atores em um contexto social: "Em sua capacidade de artistas, os indivíduos se preocuparão em manter a impressão de que estão cumprindo as muitas normas pelas quais eles e seus produtos são julgados."[19] No entanto, na era digital, a internet é o nosso vasto palco. Embora Goffman estivesse se referindo à vida cotidiana no "mundo real", na web, também gerenciamos as impressões dos outros em relação aos nossos eus online. Em um ambiente presencial, somos bons em gerenciar as impressões alheias. Você pode escolher o que vestir em uma festa e pode selecionar cuidadosamente com quem se misturar quando chegar. Mas também as gerenciamos online, e, porque somos humanos e porque a internet nos permite criar falsas impressões, podemos exagerar. Por exemplo, descobriu-se que as pessoas inflam sua importância nas atualizações de status no Facebook e que, na maioria das vezes, não estão cientes disso.[20] O TikTok oferece uma ferramenta de edição de vídeo para facilitar a manipulação de imagens, e esse recurso viralizou, levando muitas pessoas a usá-lo para alterar suas aparências. Até o Zoom possui um recurso chamado "Melhorar minha aparência".

Construir nossa identidade na internet pode ser complicado. Os jovens, em especial, mas também o resto de nós, precisam navegar pelo colapso de contexto, pois têm diferentes grupos de amigos nas redes sociais. O jeito que você se apresenta para seus colegas de trabalho no LinkedIn pode ser bastante diferente de como se apresenta para seus pais ou amigos no Instagram. Não vai postar uma foto bêbado, destinada aos seus amigos da faculdade, quando sua avó também estiver em sua rede. Temos várias apresentações de nós mesmos, que precisamos gerenciar. Construir uma identidade online e mantê-la pode ser gratificante, mas isso também pode consumir muito tempo. Nos primeiros metaversos que visitei, ela não parecia ser tão importante. Mas a identidade online é muito mais significativa hoje em dia (por exemplo, na triagem de candidatos a empregos ou em relacionamentos), e, se um único metaverso abrangente vier a se concretizar, é provável que nossa identidade online assuma uma importância muito maior.

A economia do capital social

Plataformas como Instagram, TikTok ou Facebook exploram um desejo humano básico, o de obter recompensas por meio da interação com os outros. A internet é um mercado de capital social. Ele é o benefício que obtemos ao integrarmos um grupo: por meio de relacionamentos trocamos recursos — que podem ser sociais, intangíveis ou tangíveis. Você responde a e-mails ou mensagens no Slack porque espera que, um dia, seu colega o ajude em troca disso. No mundo físico, posso dar um pulo no supermercado para você, mas também esperaria que me retribuísse o favor quando eu estiver em apuros. Se um conhecido o convidar para um evento importante, você provavelmente retribuirá de alguma forma. O capital social é valioso para nós porque nos ajuda a sustentar e cultivar relacionamentos. É como um crédito de vendas que podemos resgatar no futuro.

Joan, uma analista financeira que participou de um de nossos estudos, responde a e-mails como se fizesse um investimento: "Eu sempre respondo imediatamente aos e-mails dos administradores do meu departamento, porque sei que haverá momentos em que vou depender deles para responder rapidamente aos meus e-mails." Seu comentário reflete por que queremos manter um equilíbrio de capital social com colegas, amigos e até mesmo estranhos em nossas interações online. Você responderá imediatamente a um e-mail de alguém que talvez possa, por exemplo, oferecer-lhe um emprego no futuro. Como esse é um mecanismo social tão poderoso, permanecemos alertas e respondemos às mensagens de pessoas que sentimos que podem nos oferecer recursos, seja amizade, informações ou conexões sociais.

O desejo de obter capital social mantém nossa atenção voltada para as redes sociais. Nelas, as pessoas obtêm diferentes tipos de recursos, que o sociólogo Robert Putnam chama de capital social de vínculo e de ponte.[21] Com o primeiro, as pessoas recebem apoio emocional por meio de seus laços próximos nas redes. Por outro lado, o capital social de ponte refere-se às informações obtidas do acesso e da interação com um conjunto de pessoas diversas — podem ser conhecidos ou amigos de amigos. Um site como o Facebook oferece os benefícios dos dois tipos de capital social, pois os usuários podem se beneficiar emocionalmente de seu círculo restrito de amigos, mas também obter informações de um círculo mais amplo.[22] Quanto mais conexões você tem, mais informações diferentes e potencialmente valiosas pode acessar. Uma pessoa com 2 mil amigos no Facebook possui um grande acervo de capital social de ponte, do qual pode ela se beneficiar, por exemplo, ao perguntar onde encontrar um apartamento. O grande círculo de amigos oferece o que o sociólogo Mark Granovetter chamou de "força dos laços fracos" — essa descoberta mostra que as pessoas têm mais chances de conseguir emprego por meio de contatos com os quais têm conexões sociais fracas do que de amigos próximos.[23] Porém, ganhar mais recursos de capital social de ponte tem um custo na atenção: ele traz mais notificações e mais pessoas para acompanhar.

Acumular recursos de capital social requer esforço. Não vamos obtê-los apenas rolando o feed do Facebook. Colhemos mais benefícios contribuindo com informações e interagindo com os outros do que apenas lendo passivamente as postagens.[24] No entanto, talvez não percebamos que o desejo de acumular recursos de capital social pode nos levar a investir tempo em e-mails e redes sociais. E, claro, isso pode desviar a nossa atenção de outros trabalhos que precisamos realizar.

O poder social influencia nossa atenção online

Nossa atenção e distrações na internet também são influenciadas pelo poder dos nossos relacionamentos. Bertrand Russell, um observador perspicaz do comportamento social, explica: "As leis da dinâmica social são leis que só podem ser expressas em termos de poder."[25] Os seres humanos sempre foram afetados pelo poder — seja desejando acumulá-lo ou sendo subservientes ao poder alheio. Trata-se da capacidade de controlar outros ou ter conhecimento que eles não possuem. Podemos ter poder sobre as outras pessoas de maneiras que não percebemos. Alguém que conhece a geografia de Londres pode ter poder sobre um visitante que está tentando se orientar na cidade. As relações de poder podem ser equilibradas ou desequilibradas, no caso de algumas pessoas terem autoridade sobre outras. Os pais têm poder sobre os filhos; gerentes, sobre seus funcionários; celebridades, sobre seus fãs; um potencial empregador, sobre um candidato ao emprego, e John Gotti, sobre a família mafiosa Gambino. Mas, possivelmente, a mãe de John Gotti também tinha poder sobre ele.

O poder está embutido nas hierarquias sociais. Todos nós fazemos parte delas, embora informalmente — no trabalho com nossos colegas, nas associações da vizinhança, nos clubes do livro, nas equipes esportivas, nos grupos de amigos e, claro, nas turmas, na época da escola. Todos desejam alcançar status em seus grupos sociais, e ninguém quer perder sua posição na escala social. Quando as pessoas detêm poder social sobre os outros, elas controlam algum tipo de recurso valorizado, desejado por aqueles com menos poder. Pode ser dinheiro, um emprego ou até influência — um recém-conhecido talvez tenha o poder de apresentar você a um círculo social do qual anseia fazer parte. Portanto, não é surpreendente que sistemas sociais como e-mail e redes sociais também envolvam relações de poder. Nossos motivos humanos básicos para buscá-lo e querermos manter nossa posição nas hierarquias sociais são refletidos na atenção que conferimos à internet.

A ideia de poder pode ser acionada e ativada em nossa memória, o que sugere que reagimos a ela de maneiras não conscientes.[26] Os sinais das relações de poder podem aparecer em nossos e-mails ou redes sociais, o que, por sua vez, pode nos levar a pensar sobre status. Considere uma assinatura de e-mail que contenha "Diretor", ou um nome de usuário no Twitter que mostre "PhD", ou um e-mail que use um tom muito formal. Na verdade, o poder é refletido não apenas nesses sinais, mas também em como realmente escrevemos e-mails. Uma análise do uso desse meio de comunicação em dois departamentos acadêmicos feita por Niki Panteli, da Universidade de Bath, encontrou diferenças na escrita dos e-mails com base no status do remetente. E-mails enviados por pessoas de maior status (por exemplo, professores) eram mais sucintos, formais e tinham assinaturas, enquanto os enviados por aquelas de menor status (por exemplo, funcionários da equipe de apoio) tendiam a usar cumprimentos e eram mais pessoais e amigáveis.[27] Um estudo de Eric Gilbert, que trabalha atualmente na Universidade de Michigan, também mostra diferenças de poder e status na escrita de e-mails, que, nesse caso, refletem até mesmo nas frases usadas.[28] Utilizando o corpus Enron, com mais de meio milhão de e-mails, Gilbert descobriu que pessoas de menor status usam uma linguagem educada e deferente, como "pensei que você iria" em seus e-mails dirigidos àquelas de maior poder, enquanto os indivíduos mais elevados na hierarquia usam frases como "vamos conversar" nas mensagens para aqueles de status inferior. Até mesmo no Twitter, o poder social é perceptível, curiosamente, pelo uso dos emojis: pessoas com maior poder social os utilizam com mais frequência.[29] Portanto, conscientemente ou não, todos comunicamos poder quando usamos as redes, independentemente de nosso status.

Mas existem outros sinais de poder na internet, e não apenas nas mensagens. O número de seguidores no Twitter, YouTube ou Facebook indica se uma pessoa é uma influenciadora e quanto poder ela possui. Todos queremos subir na hierarquia social e alcançar mais poder e, se uma celebridade nos segue no Twitter, bem, ganhamos na loteria.

O poder nas relações desempenha um papel fundamental no direcionamento da nossa atenção. Podemos supor que pessoas com status inferior se atentam mais àquelas de status superior do que o contrário.[30] Provavelmente, você gasta mais tempo verificando ansiosamente um e-mail do seu gerente do que ele passa verificando uma mensagem sua. Corremos para responder às pessoas que têm poder sobre nós, pois elas têm a capacidade de controlar os destino dos outros.[31] Respondemos a e-mails, Slack e mensagens de texto daqueles que têm poder sobre nós porque, dessa forma, podemos ter algum tipo de influência sobre nosso destino. Portanto, permanecemos em alerta máximo, monitorando nossas caixas de entrada em busca de mensagens importantes, pois não respondê-las pode ter consequências. As relações de poder conseguem até afetar as multitarefas — os participantes dos meus estudos relatam que priorizam e alternam entre tarefas não apenas com base em prazos, mas também considerando se os envolvidos nesse trabalho têm algum tipo de poder sobre eles, como um gerente ou colega influente. A internet é uma rede inteira de relações sociais e traz toda a complexidade do poder embutida em si. Ter pouca autoridade pode nos prender psicologicamente à web, já que esperamos avançar na hierarquia social, mas, ao mesmo tempo, ter muita autoridade também pode nos prender a ela para mantermos o poder.

Nossa atenção às relações online

Na internet, criamos padrões de relacionamentos, por exemplo, redes de amizades, assim como no mundo real. As redes sociais nos fornecem os elementos para tal, e nossa estruturação das nossas comunidades, por sua vez, afeta nossa atenção. Escolhemos quem e quantos incluir. No entanto, há um limite para o número de pessoas com as quais podemos interagir de forma *significativa*. Robin Dunbar, um antropólogo britânico, descobriu que o número máximo com o qual os seres humanos podem naturalmente manter relacionamentos interpessoais estáveis é de cerca de 150, e essa quantidade se aplica não apenas a sociedades desenvolvidas, mas também a várias sociedades modernas de caçadores-coletores, como os Inuits.[32] (Dunbar também descobriu que, dentro desse círculo, só podemos manter relacionamentos emocionais profundos com apenas cinco pessoas.) De acordo com o antropólogo, o número 150 é baseado tanto em uma teoria dos limites da capacidade de processamento neocortical cerebral quanto nos limites de tempo que as pessoas podem investir. Podemos imaginar que as redes sociais consigam expandir as capacidades das pessoas e reduzir as restrições de tempo. É mais rápido enviar uma mensagem de texto para um amigo para discutir um problema do que passar tempo em um telefonema ou marcar de sair para beber. Leva tempo para coordenar planos sociais, viajar para algum lugar e, claro, ter uma conversa cara a cara dura mais do que uma troca de mensagens eletrônicas. Mas parece que não conseguimos superar nossas restrições biológicas e temporais mesmo com as redes online. Um estudo de quase 2 milhões de usuários do Twitter descobriu que o número de pessoas com as quais podemos ter um relacionamento interpessoal online estável é semelhante ao encontrado por Dunbar, entre 100 e 200.[33] O antropólogo também examinou a frequência de contato dentro das redes de amigos no Facebook e Twitter, validando a média original de 150 pessoas.

Então, como podemos aproveitar o número de Dunbar? Isso pode nos ajudar a focar as conexões sociais que nos são mais valiosas. Claro, não é fácil limitar nossos relacionamentos a um grupo de 150 pessoas e ignorar as outras. Mas você deve pensar nos tipos de capital social que troca e nos benefícios que recebe. Para ajudá-lo a gerenciar sua atenção, primeiro você precisa mudar suas expectativas em relação aos benefícios que sua rede social pode lhe oferecer. Lembre que uma plataforma como o Facebook não é projetada para ajudá-lo a desenvolver novas amizades, mas, sim, a manter as antigas. Portanto, não espere que você consiga investir seu tempo para desenvolver relacionamentos próximos ou mesmo estáveis com mil pessoas. Claro, é possível obter recompensas de tempos em tempos por meio do capital social de ponte (os recursos obtidos de um conjunto diversificado de pessoas), mas considere cuidadosamente a relação entre as recompensas que o tamanho da sua rede lhe traz e o tempo que você investe nela. Uma comunidade menor, em comparação com uma grande, traz mais vantagens, como mostrou um estudo da rede de carreiras online XING: a rede que obteve maior sucesso em conseguir ofertas de emprego era de 150 pessoas[34], coincidentemente, o número de Dunbar. Não estou sugerindo que desfaça amizade com ninguém (embora você possa), mas, sim, pedindo que pense nos custos e benefícios que obtém de seus relacionamentos e no tempo que gasta nas redes sociais. Considere os erros de enquadramento do Capítulo 2: as pessoas frequentemente têm dificuldade em julgar quais escolhas lhes trarão benefícios e quanto tempo esperam gastar nelas. Invista seu tempo limitado naqueles relacionamentos que você realmente valoriza e dos quais pode se beneficiar. Considere que uma rede grande provavelmente significa mais tempo investido, e suas recompensas podem não ser compatíveis com esse investimento. Antes de correr para verificar as redes sociais, pergunte-se o que você realmente espera ganhar em termos de recompensas sociais. Provavelmente, é possível obter benefícios investindo menos tempo do que você está dedicando atualmente. Já recebeu recompensas suficientes (pelo menos para hoje) nas redes a ponto de não precisar gastar mais tempo lá? Pense nas horas que você passa nas redes sociais como um retorno marginal crescente.

As pressões dos sistemas sociais online são particularmente fortes para os jovens. No caso de muitos deles, afastar-se das redes sociais é como cortar um elo vital com o mundo. Por exemplo, uma moça, participante de um dos meus estudos expressou como não conseguia se libertar das redes: "Tentei parar antes, mas é quase uma necessidade para mim, porque todos os meus amigos e colegas estão lá."[35] E assim, os jovens checam suas contas repetidamente, para buscar recompensas e afirmação, alcançar e manter o status em seu círculo social, avaliar e comparar os colegas e, claro, para se sentirem socialmente conectados. As medidas para ajudar os jovens a se afastarem das redes sociais ou reduzirem o tempo que passam nelas precisam ser levadas a um nível mais amplo da sociedade de modo que façam uma diferença real, e falarei mais sobre isso no último capítulo.

»«

Se o metaverso realmente se concretizar, ele será o maior sistema social online de todos, e, se estamos preocupados com nossa atenção agora, então precisamos estar preparados para ele. Infelizmente, os primeiros mundos virtuais, como o OnLive! Traveler, não duraram muito. O metaverso será um império muito maior de empresas de tecnologia e, como o plano é abranger praticamente tudo o que fazemos online, será ainda mais difícil resistir às dinâmicas sociais. Ser humano significa ser suscetível à influência social, sentir-se impulsionado a construir e manter a própria identidade e se conectar com grupos internos, querer obter capital social e alcançar status social. É esse mundo digital interconectado, e as forças e dinâmicas sociais correspondentes e relacionadas a ele, que atrai nossa atenção para o acompanharmos e nos distraem de outros objetivos. Mas também temos diferenças individuais e personalidades únicas e, a seguir, veremos como elas influenciam nossos comportamentos de atenção quando usamos nossos dispositivos.

CAPÍTULO NOVE:

Personalidade e Autorregulação

Todos nascemos com um conjunto de qualidades que nos distinguem e nos tornam únicos. Para alguns, ser o centro das atenções é natural, enquanto outros preferem ficar em casa para assistir a um filme. Algumas pessoas são curiosas e aventureiras, enquanto outras preferem rotinas familiares. Alguns podem ser propensos a pensamentos negativos, enquanto outros parecem nunca se preocupar. Os traços de personalidade de um indivíduo podem até ser diferentes e não parecer estar alinhados. O brilhante pianista Vladimir Horowitz, emotivo e interpretativo ao tocar, era tão rotineiro que comia o mesmo jantar, linguado e aspargos, todas as noites, a ponto de a comida ter que ser transportada diariamente por avião para Moscou quando ele se apresentava lá.[1] Nossa personalidade influencia como agimos — podemos mudar nosso comportamento, mas não quem somos. O design da internet, os algoritmos e as forças sociais influenciam o comportamento de atenção no mundo digital, mas a própria personalidade do indivíduo também desempenha um papel nisso.

Algumas pessoas são boas em controlar as emoções, pensamentos e comportamentos — isto é, são hábeis em se autorregular. Nossa capacidade de autorregulação não determina nossos comportamentos digitais, mas pode influenciá-los. Poucas pessoas contribuíram tanto para trazer a ideia de autorregulação à consciência pública do que o psicólogo da personalidade Walter Mischel. Ele foi meu professor na pós-graduação na Universidade de Columbia, e recordo com carinho das discussões que tivemos quando fiz sua disciplina sobre atraso da gratificação. O que me impressionou foi como ele ouvia os alunos e levava a sério nossas ideias e opiniões. Esse professor gentil de intelecto penetrante revolucionou o campo da psicologia. Enquanto a maioria das pessoas sonha em fazer uma única contribuição duradoura para um campo, o trabalho de Mischel gerou duas mudanças de paradigma, cada uma abalando profundamente uma maneira aceita de pensar sobre fenômenos psicológicos.

»«

Em uma mudança significativa, Mischel introduziu uma nova maneira de pensar sobre a autorregulação. Ele é conhecido por estudar a autorregulação por meio de seus "estudos de marshmallow", nomeados assim pela mídia popular porque usava... bem, marshmallows como recompensa. Quando estava na Universidade Stanford nos anos 1970, Mischel fazia com que crianças pequenas entrassem no laboratório, pedia que se sentassem em uma mesa e colocava um marshmallow apetitoso na frente delas. As crianças eram informadas de que poderiam comer o doce imediatamente ou, se esperassem quinze minutos, receberiam um segundo. Essa escolha aparentemente simples de comer ou não um marshmallow imediatamente, ou seja, de adiar ou não a gratificação, acabou tendo implicações profundas e previu uma série de resultados ao longo da vida dos participantes, mesmo décadas depois. As crianças que não conseguiam resistir ao único marshmallow cresceram com pontuações mais baixas no exame SAT, tiveram menos sucesso profissional, maiores taxas de obesidade e uma série de outros resultados negativos. Aquelas que conseguiram resistir ao marshmallow e esperar foram capazes de se concentrar muito melhor mais tarde, na adolescência.[2] O trabalho de Mischel foi replicado inúmeras vezes ao longo das décadas.[3] Quem poderia imaginar que a capacidade de resistir a um pequeno marshmallow poderia prever resultados na vida dos participantes quarenta anos depois?[4] Quando eu era estudante de pós-graduação, lembro-me de discutir com Mischel por que o comportamento de uma criança pequena nesse experimento simples poderia prever resultados na sua vida mais tarde: qual mecanismo psicológico poderia ser responsável por isso? Uma hipótese era que as crianças que conseguiam adiar a gratificação conseguiam imaginar ou visualizar melhor coisas em suas mentes para ajudá-las a ocupar os quinze minutos que passariam esperando pelo agrado.

A outra grande contribuição de Mischel chegou com seu livro de 1968, *Personality and Assessment*.[5] Até então, e mesmo agora, havia uma suposição arraigada entre os teóricos de que os traços de personalidade, como a extroversão, eram relativamente estáveis. Mischel desafiou essa ideia, mostrando que a personalidade pode mudar de acordo com o contexto. Em toda situação, existem pistas que podem orientar as pessoas sobre como elas devem agir. Posso ser extrovertida com minha família, mas me tornar bastante introvertida, se estiver em um grupo de estranhos. Essa percepção foi inspirada pela própria experiência de Mischel, quando fugiu com os pais da ocupação nazista de Viena em 1938. Ele tinha dez anos quando eles vieram para os Estados Unidos. Seus pais se estabeleceram no Brooklyn e abriram uma loja de variedades, e Mischel os ajudava após a escola, fazendo entregas. Esse imigrante austríaco acabou se tornando o orador da turma e obteve seu doutorado em psicologia clínica. Mas foi a história dos pais que influenciou seu pensamento sobre personalidade. Em Viena, o pai era uma pessoa confiante que trabalhava como químico, e a mãe era neurótica, mas, nos Estados Unidos, suas personalidades sofreram reviravoltas profundas. Trabalhando na loja, o pai ficou deprimido, enquanto a mãe trabalhava como garçonete e se tornou confiante.

Eles mudaram de país, estilo de vida e disposição. Mischel usou essa observação para desafiar a suposição de longa data sobre a consistência da personalidade e desenvolveu a teoria de que ela é situacional. O outro grupo afirmava que a personalidade é relativamente estável em diferentes situações, especialmente após os 30 anos de idade.[6]

Os dois grupos, com suas teorias contrastantes — personalidade situacional versus personalidade estável —, estavam em um impasse até que a ideia de uma teoria unificadora foi proposta por Mischel e Yuichi Shoda.[7] Sua ideia era que poderia haver tanto um sistema de personalidade subjacente estável quanto alguns estados que mudam de acordo com a situação. Portanto, há um padrão de reação, pois ela é guiada por um sistema de personalidade subjacente mais profundo. Uma pessoa que age de forma extrovertida no Greenwich Village pode ser menos extrovertida ao visitar Greenwich, Connecticut.

A personalidade é um sistema que define como pensamos, experimentamos emoções e nos comportamos no mundo. O modelo dos Cinco Grandes, amplamente utilizado hoje em dia, tem uma história interessante. Ele surgiu a partir da hipótese lexical, que propõe a incorporação das características de personalidade significativas à linguagem. Palavras como "abrasivo", "tagarela" ou "simpático" deveriam refletir traços que descrevem as pessoas. Assim, seria possível derivar traços de personalidade a partir da linguagem. Dois psicólogos, Gordon Allport e Henry Odbert, examinaram o dicionário Webster na década de 1930 e encontraram 17.953 palavras que descreviam aspectos da personalidade. Eles reduziram a lista para cerca de 4.500 adjetivos que descreviam comportamentos observáveis. Em 1948, o psicólogo Raymond Cattell usou computadores para encontrar similaridades entre essas palavras e agrupá-las em dezesseis traços distintos, que poderiam explicar e avaliar a personalidade. Porém, em 1968, Mischel contestou esse método de previsão da personalidade, argumentando que ela é situacional. Isso desanimou essa pesquisa, mas outros psicólogos retomaram o projeto na década de 1970. Paul Costa e Robert McCrae descobriram que a personalidade poderia ser descrita por cinco traços principais, agora conhecidos como os Cinco Grandes.[8] São eles: Extroversão (a pessoa prefere estar com outras ou sozinha); Agradabilidade (ela se dá bem com as outras ou é difícil); Conscienciosidade (a pessoa é diligente ou despreocupada); Neuroticismo (ela é ansiosa ou emocionalmente estável); e Abertura a experiências (a pessoa é aberta a novas experiências ou cautelosa e fechada). Mischel ainda tinha ressalvas quanto a esses traços, acreditando que eles não explicavam completamente os comportamentos e sentimentos humanos.[9] É possível descrever alguém como neurótico, mas isso não explica por que ele pode ficar deprimido quando muda de cidade. Isso também não esclarece como a personalidade pode ser moldada pelos papéis sociais e culturais das pessoas, o que, segundo Mischel, mostraria como a situação influencia a personalidade. Um teste para medir os traços dos Cinco Grandes foi desenvolvido em 1998 por Oliver John em Berkeley e Verónica Benet-Martínez na Universidade da Califórnia em Davis.[10] Apesar das críticas contínuas de Mischel[11], o teste dos Cinco Grandes tornou-se amplamente utilizado. Você pode fazê-lo para descobrir seu perfil de personalidade.[i]

Você pode estar se perguntando se a personalidade está alinhada com a cultura, seguindo o pensamento de Mischel sobre a importância do contexto. As pessoas tendem a estereotipar as personalidades de diferentes países. Pensamos nos britânicos como reservados, mas eles pontuam alto no traço de Extroversão.[12] Os japoneses são frequentemente considerados tímidos e introvertidos, sua pontuação de Extroversão é a mesma dos porto-riquenhos. Os suíços-alemães são altamente Conscienciosos, mas suas pontuações nesse traço não são muito diferentes das pessoas do Chile ou da Espanha.[13] No entanto, existem algumas diferenças de gênero entre as culturas, sendo os contrastes mais marcantes nas culturas americana e europeia. Mulheres tendem a pontuar mais alto em Agradabilidade, Neuroticismo e Abertura a sentimentos (uma faceta do traço da Abertura), enquanto homens pontuam mais em Extroversão e Abertura a ideias (outra faceta da Abertura).[14] Porém, estereotipar traços com base na cultura não tem fundamento. A personalidade pode se expressar de maneira diferente em determinados contextos, mas não pode ser generalizada para um país inteiro. Ao considerarmos como a personalidade afeta nosso comportamento digital, devemos perceber que estamos todos juntos nessa situação, independentemente de nosso país e cultura.

---

[i] https://www.ocf.berkeley.edu/~johnlab/bfi.htm [Conteúdo em inglês]

Personalidade e uso da internet

A personalidade pode explicar muitos comportamentos. Por exemplo, você pode não ter imaginado que a personalidade, em parte, explica até nossos gêneros de leitura favoritos: a Abertura a experiências prevê a leitura de ficção e suspense, mas não de ficção romântica.[15] O Neuroticismo está relacionado tanto a viciados em jogos quanto, curiosamente, a pessoas que não jogam.[16] O uso da internet para comportamentos acadêmicos antiéticos (como plágio) está associado àquelas que apresentam baixa Agradabilidade, baixa Conscienciosidade e alto Neuroticismo.[17] Os Cinco Grandes também explicam alguns comportamentos online. Por exemplo, os extrovertidos têm mais amigos no Facebook.[18]

Além desses comportamentos online específicos, a ideia de que a personalidade afeta o quanto as pessoas usam a internet ou as redes sociais tem sido motivo de controvérsia. Os resultados têm sido mistos, alguns estudos mostrando que a Extroversão está inversamente relacionada à quantidade de tempo que alguém passa na internet, enquanto outros não apontam relação alguma. Tem havido uma confusão semelhante com os outros quatro traços de personalidade. Um problema com esses estudos anteriores é que eles usaram amostras de diferentes populações de universitários. Os estudantes da Harvard podem usar a internet de maneira muito diferente daqueles da Cal State Fullerton, e, assim, os resultados podem não ser comparáveis. Além disso, os universitários não são necessariamente uma amostra diversa, pois tendem a ser brancos e de classe média. No mais, a maioria desses estudos foi realizada em um período de dez anos, começando em meados dos anos 2000, uma época em que a internet estava mudando rapidamente.

Durante um ano sabático, entrei em contato com meu antigo colega de pós-graduação, Yoav Ganzach, que agora é professor na Universidade de Tel Aviv. Ambos estávamos interessados na influência da personalidade sobre o uso da internet e decidimos investigar os resultados controversos. Para evitar o viés das amostras de estudantes universitários, buscamos examinar um coorte grande e representativo de indivíduos. Isso foi difícil de encontrar, mas, após uma busca criteriosa, decidimos usar dados do National Longitudinal Survey of Youth, um programa do Departamento de Estatísticas do Trabalho dos Estados Unidos que acompanha indivíduos ao longo dos anos e coleta dados de pesquisa sobre emprego, educação e saúde, bem como sobre o uso da internet. Essa amostra é representativa da diversidade nos Estados Unidos, incluindo afro-americanos, hispânicos e outras etnias, bem como indivíduos brancos de baixa renda, que geralmente não são representados em pesquisas universitárias. Nosso estudo incluiu 6.921 participantes, com idade média de 26 anos, mais velhos do que os estudantes universitários típicos. Perguntamos aos participantes sobre sua frequência geral de uso da internet e também sobre seu uso específico da web para diferentes atividades, como comunicação, entretenimento, educação e compras. Além disso, todos os entrevistados responderam ao teste dos Cinco Grandes traços de personalidade.

Conseguindo nossos dados, começamos a correlacionar os traços de personalidade e os diferentes tipos de atividades na internet. Descobrimos que, quanto mais as pessoas pontuam em Extroversão, Conscienciosidade e Neuroticismo, mais tempo elas passam na internet.[19] Os extrovertidos procuram informações fora de si mesmos, e não é surpresa que gastem mais tempo do que os introvertidos se comunicando com outras pessoas, divertindo-se na internet, realizando atividades educacionais e fazendo compras online. No entanto, os conscienciosos, que gostam de estrutura e planejamento, apresentaram resultados contraintuitivos. Ficamos surpresos ao descobrir que eles gastam mais tempo em sites de entretenimento e compras em comparação com pessoas menos diligentes. Poderíamos pensar que os conscienciosos, que têm planos de trabalho rígidos, não teriam tempo para gastar em entretenimento e compras. Mas há um método por trás dessa loucura. Eles contam com sites online para fazer intervalos no trabalho (em vez de fazer pausas ativas como caminhadas), pois essas páginas da web oferecem uma interrupção mínima do tempo de trabalho. Assim, os conscienciosos podem usar atividades de entretenimento e compras para equilibrar o estresse, já que são trabalhadoras árduas. Isso nos leva aos neuróticos, os reis das preocupações, que, segundo os resultados da pesquisa, passam mais tempo na internet do que os não neuróticos. Esse comportamento pode ser explicado como uma tentativa de aliviar a ansiedade. Descobrimos que os neuróticos também gastam mais tempo se comunicando com outras pessoas, praticando atividades educacionais e fazendo compras. Assim, eles podem buscar uma terapia de varejo.

O estudo parece sugerir, então, que nossa personalidade está ligada à quantidade de tempo que passamos na internet e aos tipos de atividades online que realizamos. No entanto, quando examinamos como a personalidade afeta nossa capacidade de atenção durante o uso dos nossos dispositivos, a história se complica muito mais.

Neuroticismo e Impulsividade

Em outro ano, durante um lindo verão em Seattle, eu quis examinar como a personalidade poderia afetar nossa capacidade de realizar multitarefas no computador. Com meus colegas Mary Czerwinski e Shamsi Iqbal, da Microsoft Research, refleti com cuidado sobre os diferentes traços de personalidade dos Cinco Grandes. A primeira coisa que nos veio à mente foi que o Neuroticismo estaria relacionado à alternância rápida e frenética de atenção. As pessoas neuróticas tendem a reanalisar repetidamente eventos passados em suas mentes, como uma faixa de música que continua tocando repetidamente. Esse tipo de repetição contínua na mente consome — e muito — recursos cognitivos. Quando utilizamos muitos deles para nos preocuparmos com o passado, há menos recursos de atenção disponíveis para dedicarmos à atividade atual. As pessoas que pontuam alto em Neuroticismo nos testes de personalidade também tendem a apresentar um desempenho pior em tarefas de atenção seletiva, nas quais precisam prestar atenção em algumas coisas e ignorar estímulos distrativos[20], assim como na tarefa de Stroop. É de se esperar, então, que os neuróticos tenham mais dificuldade em focar a própria atenção quando usam seus dispositivos.

Também chegamos à conclusão de que outro traço de personalidade que poderia influenciar o comportamento nas multitarefas é a Impulsividade, que é o oposto da gratificação retardada. Os impulsivos têm dificuldade em se conter e resistir aos impulsos. Da mesma forma que não seriam capazes de resistir ao marshmallow, essas pessoas podem ser incapazes de resistir a clicar naquela notificação de e-mail ou até mesmo verificar o e-mail sem qualquer notificação.

A Impulsividade tem facetas que podem se manifestar de diversas formas em nosso comportamento. Uma delas acontece no curto prazo, como quando pegamos o marshmallow imediatamente. Esse tipo de comportamento é chamado de Urgência. Outra faceta é a Falta de Perseverança, que é a tendência de desistir facilmente de uma tarefa. Se você é uma pessoa que desiste de escrever um relatório quando essa atividade fica difícil, ou quando a análise de números fica complicada, é possível que pontue alto na Falta de Perseverança. Decidimos que esses dois aspectos da Impulsividade poderiam explicar o nosso curto período de atenção nos dispositivos. Pontuar alto em Urgência sugere que não conseguimos controlar a nossa reação a distrações externas ou internas, e pontuar alto na Falta de Perseverança sugere que podemos desistir facilmente da tarefa em mãos e alternar a atenção, talvez até sem distração externa. Você pode fazer o teste de Escala de Comportamento Impulsivo UPPS para ver sua pontuação de Impulsividade.[ii]

Para verificar se a personalidade tinha alguma relação com a alternância de atenção, recrutamos quarenta participantes (vinte mulheres e vinte homens) em uma organização de alta tecnologia com diferentes funções de trabalho. Aplicamos neles o teste de personalidade dos Cinco Grandes e medimos sua impulsividade usando o teste UPPS[21], focando as duas facetas descritas anteriormente. Por fim, medimos o estresse de cada indivíduo usando a Escala de Estresse Percebido.[22] Nossos participantes foram orientados a trabalhar como de costume e, durante doze dias, registramos a atividade de seus computadores, o que nos permitiu medir quanto tempo a atenção das pessoas permanecia nas telas. Os indivíduos foram informados de que a atividade de seus computadores seria registrada e que poderiam desativar o registro a qualquer momento (o que ninguém fez). Como em outros estudos,

ii https://www.impulsivity.org/measurement/upps-p/. Recomendo fazer a versão longa, de 59 perguntas.

não registramos nenhum conteúdo, apenas as marcas temporais das aplicações utilizadas e dos URLs visitados. Conseguimos identificar quando o computador entrava em modo de espera, o que indicava que o participante não estava online, e, portanto, desconsideramos esses dados. O resultado foi que obtivemos medidas precisas em segundos de quanto tempo as pessoas passavam em cada tela, o que é um bom indicativo da duração e do objeto de sua atenção.

Como suspeitávamos, quanto maior a pontuação do participante no traço de personalidade Neuroticismo, menor era a duração média da sua atenção em uma tela de computador. Relatamos a descoberta em um artigo intitulado "Neurotics Can't Focus" (sem publicação no Brasil).[23] Muitas coisas podem interferir na concentração dos neuróticos em suas tarefas, pois eles são preocupados. Também descobrimos que, quanto maior a pontuação de uma pessoa na faceta da Urgência, menor era a duração de sua atenção na tela do computador — uma correlação muito forte. No entanto, não encontramos nenhuma relação entre o traço da Falta de Perseverança e a duração da atenção. Portanto, se você é alguém que tende a desistir quando as coisas ficam difíceis, é provável que isso não afete sua atenção no computador.

Como o Neuroticismo e a faceta da Urgência na Impulsividade estão relacionados a alternâncias de atenção mais frequentes, isso sugere que pode haver um traço de personalidade subjacente que poderíamos chamar de distraibilidade. Examinamos os dados usando uma técnica estatística para ver se havia uma estrutura subjacente a eles. Descobrimos que o Neuroticismo, a Urgência, bem como o estresse percebido por uma pessoa, compunham esse fio comum, que chamamos de Falta de Controle. Isso sugere que pode haver um traço de personalidade de distraibilidade, correlacionado com uma atenção curta no computador.

A ideia de distraibilidade como um traço de personalidade geral foi proposta e pode estar relacionada aos sintomas de TDAH.[24] Pesquisadores descobriram que aqueles que apresentavam sintomas desse transtorno na infância geralmente eram mais distraídos. No entanto, enfatizo que, embora os sintomas de TDAH estejam relacionados a Neuroticismo e Impulsividade extremos, nossos participantes não pontuaram nas faixas extremas desses traços. Portanto, o traço de personalidade subjacente da distraibilidade que encontramos nos participantes do estudo não deve ser confundido com TDAH.

Conscienciosidade e e-mail

Conhecemos pessoas conscienciosas, um traço de personalidade desejável para a produtividade. Mas, quando se trata de lidar com e-mails, ele pode ter efeitos contrários. Pensamos que os conscienciosos tendiam a verificar e responder rapidamente a essas mensagens, pois seriam parte do trabalho. Ao analisarmos os aplicativos usados por nossos participantes no dia a dia, a partir dos registros de computador com data e hora, observamos dois tipos básicos de personas no e-mail: os que verificam continuamente a caixa de entrada e os que verificam uma ou algumas vezes durante o dia. Esperávamos que pessoas conscienciosas fossem mais propensas à verificação contínua, e foi exatamente isso que encontramos nos resultados. Na verdade, isso explica o comportamento de verificação de e-mail delas de forma impressionante.[25] Uma pessoa conscienciosa é minuciosa, cuidadosa e disciplinada, querendo garantir que leu todos os e-mails recebidos, então permanece no serviço de guardiã da caixa de entrada. Portanto, se você verifica constantemente o seu e-mail, mesmo sem notificações, há chances de que também pontue alto no traço de Conscienciosidade.

Por fim, a Abertura a experiências é outro traço de personalidade que influencia o comportamento digital. Em um estudo anterior, comparamos pessoas que eram interrompidas com aquelas que não eram, e constatamos que os indivíduos com alta pontuação no traço de Abertura têm melhor desempenho em ambientes com interrupções.[26] Quanto mais alta a pontuação nesse traço, mais rápido a pessoa conclui o trabalho em meio a interrupções constantes. Uma possível explicação é que aquelas abertas a novas experiências são mais ágeis, flexíveis e capazes de retomar rapidamente uma tarefa interrompida.

A personalidade e o combate às distrações

Há um mercado enorme que promete resolver o problema da distração, e não apenas em livros de autoajuda: as empresas de tecnologia também entraram na corrida para desenvolver softwares que bloqueiam distrações. Existem duas abordagens principais de software: uma conscientiza os usuários do tempo que passam em diferentes sites, e outra bloqueia os sites mais distrativos.

É irônico depender da tecnologia para nos ajudar a superar as distrações causadas pela tecnologia. Mas será que esse software bloqueador realmente funciona bem? Visto que passei anos estudando multitarefas e distrações, fiquei interessada em investigar se a tecnologia poderia oferecer uma solução para ajudar as pessoas a se distraírem menos. Acontece que o tipo de personalidade afeta o sucesso relativo desse software bloqueador. Em outra visita de verão à Microsoft Research, Mary, Shamsi e eu conduzimos um estudo no qual testamos se um software que bloqueia distrações poderia ajudar as pessoas a melhorar o foco em seus dispositivos.[27] Recrutamos 32 pessoas de uma organização para participar de um estudo de 2 semanas. Na primeira semana, os participantes trabalharam como de costume, normalmente. Na segunda, pedimos que instalassem um software bloqueador nos computadores e deixamos que escolhessem quais sites consideravam distrações (cerca de 90% das páginas escolhidas eram de redes sociais). Também requisitamos que preenchessem o questionário dos Cinco Grandes traços de personalidade. No final de cada semana, pedimos que preenchessem a Escala de Absorção Cognitiva[28], que mede o desempenho no trabalho e a capacidade de concentração. No final da segunda semana, os dados mostraram que os participantes relataram estar significativamente mais concentrados no trabalho e se avaliaram como mais produtivos. Isso foi uma boa notícia. No entanto, eles também estavam menos dissociados temporalmente — isso significa que ficaram *mais* conscientes da passagem do tempo. Talvez isso não seja surpresa, já que tiramos o passatempo favorito deles, as redes sociais. Lembre-se, porém, de que, quando as pessoas estão em estado de fluxo, elas perdem a noção do tempo, então isso sugere que não estavam em estado de fluxo enquanto trabalhavam, mas focadas.

Porém, de forma inesperada, após usar o software bloqueador, em média, os participantes não mudaram sua percepção de estarem no controle da própria atenção. Por que isso aconteceria? Afinal, eles relataram estar mais focados. Descobriu-se que, por vezes, as médias gerais podem enganar — por exemplo, entre colocar um pé em água escaldante e mergulhar outro em água gelada, a média seria pôr os dois pés na água morna, e, ainda assim, isso não descreve nenhuma dessas experiências. Ao examinarmos mais de perto, percebemos que o resultado médio, segundo o qual os participantes não relataram nenhuma mudança no controle da atenção, realmente não revelava o que acontecia. Na verdade, havia dois tipos básicos diferentes de personalidade: alguns tinham muito autocontrole e outros, pouco. As pessoas com muito autocontrole pontuaram baixo em Impulsividade e alto em Conscienciosidade. Por outro lado, aquelas com pouco autocontrole pontuaram alto em Impulsividade e baixo em Conscienciosidade, e é sabido que alta impulsividade está relacionada a baixo autocontrole.[29] Depois que descobrimos esses dois grupos, encontramos um resultado surpreendente. Primeiro, como esperávamos, aqueles com baixo autocontrole relataram que fizeram menos esforço mental quando suas distrações foram bloqueadas — podemos interpretar que o software aliviou o seu esforço de usar recursos cognitivos para bloquear distrações. Portanto, é claro que devem fazer menos esforço mental. Mas, de forma inesperada, os participantes com muito autocontrole relataram que sua carga de trabalho *aumentara*. Mas por quê? No início, ficamos intrigados com isso, mas, depois, fez sentido. Essas são pessoas que possuem habilidades muito boas de autorregulação. Quando acessam redes sociais, conseguem verificá-las e depois se desconectar novamente. Mas, quando as privamos da capacidade de fazer uma pausa online, esses participantes conscienciosos trabalharam continuamente. Um deles disse que se sentiu 10% mais produtivo, mas também muito mais cansado. Outra pessoa com muito autocontrole ficou tão imersa no trabalho que perdeu a última van que a transportaria de volta para casa, algo que nunca tinha acontecido antes.[30]

»«

Tanto o corpo quanto a mente podem responder às distrações. Descobrimos, nesse estudo, que os hábitos de autodistração no mundo digital podem estar tão enraizados nas pessoas que a memória muscular assume o controle. Andrew, um participante com pouca autorregulação, relatou que, mesmo usando o software bloqueador, percebeu que seus dedos começavam a digitar automaticamente "facebook.com" antes mesmo de ele ter consciência da sua intenção de acessar o site. Essa habilidade sensório-motora implícita ocorre sem deliberação consciente, como um pianista que se senta ao piano e instintivamente começa a tocar uma música que sabe de cor. A ideia do esquema pode explicar isso. Lembrando, um esquema é uma representação interna de um padrão de comportamento e, neste caso, assume a forma da ação rotineira de entrar no Facebook. Quando os dedos começam a digitar "facebook.com", o movimento muscular ativa um esquema que temos armazenado na mente. Isso ilustra como a mente inconsciente pode influenciar as distrações.

Ao final da semana, apenas dois participantes continuaram utilizando o software, que era gratuito. Perguntamos aos outros o que acharam. Vinte disseram que o utilizariam, mas que fariam modificações, como programá-lo para fornecer mais informações para ajudá-las a aprender a se ajustar por conta própria. Houve participantes que relataram que nunca o utilizariam, pois sentiam-se muito controlados.

O software bloqueador parece uma solução para alguns, mas há alguma consequência em transferir nossa autorregulação para a tecnologia? Mais adiante, discutirei as desvantagens de delegar o desenvolvimento do nosso arbítrio ao software e a importância de desenvolvermos nossas habilidades de autorregulação.

A autorregulação e a falta de sono

A falta de sono adequado afeta as pessoas em todas as nações, faixas etárias e gêneros, tendo sido considerada uma epidemia de saúde pública.[31] Talvez você não saiba por que ter dormido pouco na noite passada afeta sua capacidade de concentração hoje. A autorregulação é afetada quando nossos recursos cognitivos estão esgotados, e, quando estamos privados de sono, eles ficam reduzidos. Assim, parece que maus hábitos de sono (ou insônia) pode afetar a nossa atenção no mundo digital. Quando as pessoas não dormem o suficiente, elas têm dificuldade em prestar atenção no dia seguinte, mas precisávamos testar como exatamente o sono afeta a nossa atenção em dispositivos eletrônicos. Os estudantes universitários são conhecidos por terem hábitos de sono inadequados, então tínhamos uma população disponível para estudar — na minha universidade. Com meus alunos de pós-graduação Yiran Wang e Melissa Niiya, registramos a atividade do computador de 76 estudantes durante 7 dias na Universidade da Califórnia, Irvine, e pedimos que mantivessem diários de sono. Na época, usar dispositivos vestíveis para rastrear o sono não era uma opção precisa, então os diários eram o método padrão para medir o sono em estudos clínicos. O registro dos computadores e celulares nos permitiu ver quanto tempo eles mantinham a atenção em suas telas. Confirmamos que uma menor duração do sono na noite anterior estava associada a uma menor duração da atenção nos computadores e celulares no dia seguinte. Não dormir o suficiente esgota nossos recursos cognitivos, e a função executiva fica sem combustível para resistir às distrações e investir na atenção.

Não apenas uma única noite de sono ruim, mas também o acúmulo de várias pode afetar a atenção. Essa perda cumulativa é conhecida como débito de sono. Se alguém precisa de oito horas de sono para se sentir revigorado, mas está dormindo apenas seis por noite, esse débito cresce, aumentando constantemente a cada dia de privação. Pense no sono como um investimento em um banco. Quando você dorme consistente e adequadamente, acumula reservas na conta, começando o dia cheio de energia. Também pode "economizar" sono para compensar o que foi retirado, por exemplo, dormindo mais nos fins de semana. Mas se você não dorme o suficiente com frequência, então acumula um débito.

Para esses 76 estudantes, descobrimos que, conforme o débito de sono aumentava a cada noite, o tempo que passavam no Facebook no dia seguinte também crescia.[32] Essa relação se manteve independentemente da idade, gênero, carga de trabalho escolar e prazos. Por que o débito de sono levaria as pessoas a acessarem a rede? Inicialmente, uma noite mal dormida pode não afetar tanto uma pessoa. Mas não ter um sono de boa qualidade ao longo do tempo progressivamente diminui os recursos de atenção a cada dia. Com menos recursos, a habilidade de autorregulação para resistir ao acesso a redes sociais como o Facebook decai. E quando você está exausto, é muito mais fácil se envolver em atividades leves e repetitivas como o Facebook, Instagram ou *Candy Crush* do que fazer um trabalho que exija concentração intensa. Quando está esgotado após um longo passeio de bicicleta, é mais fácil descer ladeira abaixo do que subir uma colina íngreme.

Personalidade, autorregulação e atenção no mundo digital

Como sabemos, a autorregulação utiliza recursos cognitivos.[33] Se você acabou de passar a manhã em reuniões exaustivas no Zoom, então terá mais dificuldade em resistir à tentação de verificar o Reddit à tarde. Da mesma forma, se acumulou um débito de sono, será difícil manter o foco. Praticar a autorregulação também pode esgotar os recursos necessários para resistir às tentações ou distrações. Se alguém dedica muita energia emocional para não comer carboidratos, é provável que tenha uma autorregulação mais fraca para resistir à compra daquelas botas brilhantes que têm aparecido constantemente na internet.

Os "estudos de marshmallow" de Mischel mostraram como as crianças que conseguiam adiar sua gratificação tinham melhor autodisciplina, bem como eram mais atentas e capazes de se concentrar na adolescência.[34] Parece que o autocontrole é estabelecido desde cedo, mas, antes que você fique desanimado em relação à sua personalidade, lembre-se de que o ambiente, assim como a genética, contribuem para o autocontrole. Mischel estudou filhos de professores e alunos da Universidade Stanford, mas uma pesquisa posterior com crianças de baixa renda encontrou um efeito menor na previsão do autocontrole ao longo dos anos.[35] Isso sugere que fatores ambientais estão em jogo, e outros estudos mostraram que o estilo de criação, como supervisionar a criança de perto e corrigir seu comportamento, podem promover a autorregulação.[36]

Nossas pesquisas evidenciam que a personalidade pode desempenhar um papel na influência da atenção cinética. Os neuróticos são distraídos por preocupações internas, reais ou percebidas, e a alternância de atenção parece se dispersar para múltiplos lugares, como e-mail, Facebook, Instagram, notícias ou compras online. Já os conscienciosos apresentam alternância de atenção entre menos alvos, como a tarefa que têm em mãos e a verificação diligente de e-mails. Assim como os indivíduos apresentam diferentes disposições, também parecem ter diferentes padrões de como alocar a atenção ao usar dispositivos.

Na era digital, vivemos uma situação delicada: passamos a maior parte do dia em dispositivos, nossa atenção dividida entre informações e outras pessoas, realizando multitarefas, sendo interrompidos frequentemente e sofrendo um alto nível de estresse, muitas vezes autoimposto. Será que podemos atribuir a distração à nossa personalidade e à nossa autorregulação? Não totalmente. A personalidade pode ajudar a explicar alguns aspectos do comportamento digital, como a frequência de uso da internet, os sites que visitamos e a tendência de alternar a atenção, mas a história não se resume a ela. Mesmo que tenhamos predisposição para certos traços, podemos superar algumas das fraquezas associadas a eles. Além disso, como Mischel escreveu, a personalidade pode ser modificada pela situação em que nos encontramos. Um neurótico pode ter uma capacidade de concentração prolongada ao ler um jornal em um parque tranquilo e não apresentar a mesma habilidade no computador ou celular durante o trabalho. Já um consciencioso pode manter uma atenção sustentada em seu computador ou celular porque isso faz parte do trabalho, mas pode ter dificuldade em manter o foco durante uma conversa. No entanto, nossa atenção aos dispositivos não está relacionada apenas à personalidade — mas também é influenciada pelo papel que eles desempenham na nossa (in)felicidade, como veremos a seguir.

CAPÍTULO DEZ:

Felicidade e Dispositivos

Na mitologia grega, os heróis frequentemente buscavam o Elísio, a antiga versão grega do paraíso, um lugar para aqueles que eram agraciados com a imortalidade pelos deuses. Na *Odisseia*, Homero escreveu que, nos Campos Elísios, ninguém precisava trabalhar, e os deuses proporcionavam um clima perfeito: sem tempestades, apenas brisas frescas e suaves. Embora possa parecer a previsão de uma comunidade moderna de aposentados na Flórida, o Elísio dos gregos estava localizado no fim da terra, e, uma vez lá, a pessoa experimentaria uma felicidade completa e eterna. Em grande parte, todos sempre estiveram em busca do Elísio. Além disso, paradoxalmente, os mitos podem servir de inspiração para estudos científicos. O campo da psicologia positiva, liderado por Martin Seligman e Mihaly Csikszentmihalyi, foi desenvolvido para obter uma compreensão científica das circunstâncias em que nos sentimos otimistas, esperançosos e satisfeitos e de como essas e outras atitudes similares podem ser cultivadas.

Experimentar essas emoções positivas pode trazer benefícios, especialmente para a saúde física: elas têm sido associadas até a uma maior expectativa de vida. Em um estudo clássico de 1930, a Superiora das freiras das Irmãs Escolares de Notre Dame que viviam em várias cidades dos Estados Unidos pediu que escrevessem suas autobiografias durante seus 20 e 30 anos. Sessenta anos depois, pesquisadores avaliaram a quantidade de emoções positivas que os escritos expressavam.

Os estudiosos também analisaram a longevidade das freiras. Aquelas que expressaram as emoções positivas mais intensas e variadas viveram até dez anos a mais em comparação às que expressaram uma menor quantidade de emoções positivas.[1]

A capacidade de usar nossas tecnologias digitais de forma eficaz, gerenciar nossa atenção e experimentar positividade é o cerne deste livro. Mostrei como as pessoas executam multitarefas, como são interrompidas e como o alto estresse acompanha ambos. Nossos dispositivos estão aqui para ficar, e, em nosso mundo interconectado, não é viável abandoná-los por muito tempo. Então, como podemos ser positivos ao usá-los? Uma narrativa comum é que, ao utilizá-los, devemos buscar alcançar o estado de fluxo, aquele profundo estado psicológico de imersão que tem sido comparado ao encontro com o Elísio. No entanto, como discutimos anteriormente, a natureza do trabalho de conhecimento pode não ser propícia ao fluxo para a maioria das pessoas, e existem outras maneiras de experimentá-lo, como ao criar arte ou tocar música. Mas podemos aprender a usar nossos dispositivos pessoais de uma maneira que não induza estresse, na qual nos sintamos positivos, psicologicamente equilibrados e produtivos.

Neste capítulo, descreverei o papel de nossas emoções no mundo digital, sua relação com nossa atenção e como nossas experiências emocionais podem ajudar a explicar por que nossa atenção pode ser cativada por atividades irracionais em nossos dispositivos. Mostrarei como realizar atividades automáticas e impensadas deixa as pessoas felizes, ajudando-as a recarregar seus recursos cognitivos e, assim, explica por que elas se envolvem em atividades que as afastam do trabalho. Talvez você não tenha pensado que jogar *Candy Crush* pudesse realmente nos ajudar a alcançar um equilíbrio psicológico em nosso dia de trabalho, mas isso pode mudar em breve.

O consolo das atividades automáticas

A ilustradora e autora Maira Kalman, conhecida por sua ilustração do livro *Why We Broke Up* e muitos outros, adora passar roupa. Para ela, passar roupa é uma atividade mecânica e meditativa que a ajuda a descansar a mente. Kalman escreve na mesa de sua cozinha e, às vezes, intercala esse trabalho com a atividade de polir prata. Passar roupa ou polir prata são atividades automáticas e rotineiras, assim como o jogo de paciência e as palavras cruzadas de Maya Angelou. Como descreve a ilustradora e autora: "Quando são tão poucas as coisas que você pode controlar, é extremamente reconfortante encontrar pormenores dos quais você pode cuidar e que lhe proporcionam consolo."[2]

Kalman não é a única artista ou escritora que tem um hábito incomum e descomplicado durante o trabalho criativo. Antes da internet, os artistas tinham atividades rotineiras ritualísticas que lhes traziam alívio e, ao limpar suas mentes, às vezes, até os inspiravam. Beethoven, enquanto compunha música, derramava água repetidamente sobre as mãos — tanto que ela escorria pelo chão e incomodava o inquilino de baixo. O compositor interrompia sua compulsão de lavar as mãos de tempos em tempos e escrevia partes de uma partitura.[3] Gertrude Stein, cuja escrita omitia pontuação para que fosse lida sem pausas, na verdade, incorporava pausas em sua composição. Ela fazia um breve intervalo do trabalho e contemplava vacas. Com sua companheira Alice B. Toklas, passeava pelo campo de Ain, na França, onde moravam. Stein montava um banquinho, escrevia e, em intervalos, fazia pausas para observar as vacas. De vez em quando, Toklas empurrava uma vaca para o campo de visão de Stein para que a companheira tivesse ampla oportunidade de observá-la.[4]

Passar roupas, lavar as mãos, observar vacas — tudo isso envolve uma atenção rotineira e descomplicada. Essas atividades têm suas vantagens. Elas ocupam a cabeça sem exigir muitos recursos cognitivos. Seu envolvimento fácil mantém nossa mente aberta enquanto deixamos de lado problemas difíceis de resolver, abrindo espaço para o surgimento de novas ideias ou para o progresso daquelas incipientes. Para esses artistas e escritores, o trabalho rotineiro era uma distração intencional, servindo até mesmo a um propósito. Esse tipo de atividade também é facilmente acessível em nossos dispositivos na forma de aplicativos como *Tetris*, ou jogos simples como *Wordle*, e tem uma função semelhante. Acontece que a atividade rotineira nos serve a um propósito maior do que podemos perceber.

Como as emoções estão ligadas à atenção?

Vamos dar uma olhada mais de perto nas emoções. Embora a ideia exata do que conta como emoção tenha sido debatida por muito tempo, uma noção comum que se cristalizou entre os pesquisadores é que trata-se de respostas a algum evento, que pode ser interno (um pensamento ou memória) ou externo (um telefonema de um amigo).[5] Mas as emoções não apenas reagem a eventos ou outras pessoas, elas também podem provocar ações. Quando nos deparamos com um conflito, encontramos o dilema de enfrentá-lo ou evitá-lo. De uma perspectiva evolutiva, você foge do urso ou fica e luta? Enfrenta seu colega irritadiço ou se afasta? Quando nos sentimos positivos, somos mais propensos a enfrentar essa pessoa rabugenta, ou qualquer situação que envolva um conflito.[6] As emoções positivas nos fornecem munição. Se você conseguir fazer as pazes com esse colega ranzinza, isso pode levá-lo a se sentir ainda mais positivo. Uma das minhas citações favoritas é a do filósofo Khalil Gibran, que expressou a natureza recursiva do sentimento e ação positivos em seu poema "On Giving": "Para aqueles que dão com alegria, essa alegria é a sua recompensa."[7]

Com isso em mente, podemos nos aprofundar um pouco mais na tentativa de entender por que as pessoas buscam atividades rotineiras que as deixam felizes. Vamos, primeiro, revisar algumas das coisas que fazemos ao longo do dia que podem esgotar nossos recursos cognitivos. Como mencionado, a atenção prolongada e sustentada é cognitivamente exigente. Quando temos um dia cheio de reuniões no Zoom, precisamos prestar atenção nelas e interagir. Além disso, as multitarefas, ou seja, a alternância de atenção entre diferentes atividades, também consomem nossos recursos limitados, e sabemos que isso causa estresse. Lembre-se de que praticar a autorregulação também consome seus recursos, o que diminui sua disponibilidade para lidar com eventos negativos. Se você passa o dia tentando resistir a acessar o Twitter ou o Facebook, isso consome seus preciosos recursos.

Se você estiver triste, digamos, por ter passado por um evento negativo, como ser ignorado no trabalho, um artigo que foi rejeitado ou um conflito que surgiu com seu filho ou cônjuge, isso também pode esgotar seus recursos e fazer você se sentir fatigado. Na verdade, quanto mais esgotados os nossos recursos, mais um evento negativo pode nos afetar.[8] Portanto, se estivermos nos sentindo exaustos, seremos menos capazes de lidar com um futuro evento negativo. Mas as emoções positivas podem servir como uma armadura para nos proteger desses acontecimentos indesejados.

A ideia de que os eventos positivos podem ajudar a contrabalançar os efeitos dos negativos foi testada por pesquisadores suíços. Em um estudo na Suíça, 76 pessoas foram instruídas a preencher diários no trabalho por 2 dias, repetindo isso em 3 ocasiões separadas, com 6 meses de intervalo entre cada uma. Elas foram orientadas a registrar os eventos positivos e negativos que experimentaram dia a dia e a anotar os eventos assim que os vivenciassem. No final de cada expediente, preenchiam um questionário que media sua fadiga. Os pesquisadores descobriram que, quando os participantes experimentavam eventos negativos ou adversos no dia em questão, vivenciar eventos positivos ajudava na recuperação de seus recursos cognitivos esgotados.[9] Uma explicação para essa descoberta é que os acontecimentos positivos afastam o pensamento dessas preocupações persistentes. (Isso pode não se aplicar tanto aos neuróticos, que tendem a reviver repetidamente suas experiências negativas.) Portanto, esse estudo sugere que vivenciar eventos positivos pode ajudar a repor nossos recursos em um dia ruim. As atividades rotineiras, fáceis de realizar e associadas a sentimentos positivos, também podem nos ajudar a acumular recursos. Elas nos permitem recuar um pouco, escapar do estresse do trabalho e refrescar a mente. Se você estiver ansioso ou estressado, é provável que seja atraído por atividades rotineiras em seu computador e celular, pois as redes sociais e os jogos são facilmente acessíveis. Se estiver no campo, como Gertrude Stein, é provável que sua atenção seja atraída pelas vacas.

Quando as pessoas se sentem positivas, elas geram um repertório mais amplo de ações para uma determinada situação. Por exemplo, digamos que você esteja preso em uma reunião com uma pessoa difícil.

Se você estiver se sentindo positivo, provavelmente pensará em mais opções para lidar com essa pessoa. Se tiver um filho não cooperativo e estiver se sentindo bem, provavelmente terá mais ideias de como lidar com ele. Isso é explicado pela teoria de ampliação e construção, na qual se acredita que as emoções positivas aumentam os recursos cognitivos, o que, por sua vez, amplia o escopo da atenção e a variedade de ações que as pessoas podem tomar. Há evidências que apoiam essa teoria. As pesquisadoras Barbara Fredrickson e Christine Branigan, da Universidade de Michigan, mostraram clipes de filmes para participantes em um laboratório, projetados para evocar emoções positivas (por exemplo, a partir do agradável filme *Pinguins*) ou emoções negativas (por exemplo, mostrando um acidente de escalada do longa-metragem *Risco Total*). Após assistirem aos clipes, os participantes dos dois grupos foram convidados a imaginar um cenário associado à emoção que estavam sentindo e escrever tudo o que fariam naquele contexto. Um exemplo de cenário é estar ao ar livre, em meio à natureza. É possível fazer uma caminhada, observar pássaros, sentar-se na praia, colher flores e assim por diante. Após assistir aos filmes que evocaram emoções positivas, os participantes relataram um número significativamente maior de ações que realizariam em comparação com aqueles que assistiram aos clipes que evocaram emoções negativas.[10] Esse estudo mostrou que a emoção positiva pode ampliar a perspectiva de uma pessoa, oferecendo uma maior variedade de ações. Portanto, se você estiver se sentindo positivo e precisar se encontrar com seu colega irritadiço, você terá mais opções para lidar com ele.

As emoções positivas também podem nos ajudar a nos recuperar depois de passarmos por eventos negativos, como Fredrickson e seu colega Robert Levenson demonstraram em outro estudo. Nele, os participantes foram expostos a clipes que evocavam sentimentos negativos. No entanto, se depois lhes apresentassem outros que evocassem sentimentos positivos, isso os ajudava a retornar mais rapidamente ao nível emocional inicial.[11] Os participantes não continuavam se sentindo negativos. Juntos, ambos os resultados sugerem que as emoções positivas podem nos ajudar a ser resilientes e tomar medidas para reconstruir os recursos que podem ter sido esgotados. Elas podem nos oferecer uma pausa psicológica, permitindo-nos dar um passo atrás, recuperar-nos e restabelecer nossa energia.[12]

Felicidade durante o trabalho

Poderíamos esperar que o ápice da felicidade das pessoas fosse quando estivessem altamente focadas no trabalho. E há uma longa linha de pesquisas que mostra que elas sentem emoções positivas quando estão envolvidas. Os estados de atenção que descrevem o engajamento — chamados estado de fluxo, absorção cognitiva, engajamento cognitivo e atenção plena — têm, consistentemente, sido associados a um humor positivo.[13,14,15] O tédio, como você pode imaginar, também tem sido consistentemente associado a emoções negativas. Então poderíamos esperar que, quando as pessoas estão concentradas no trabalho de forma sustentada, elas focam seus objetivos e devem estar mais felizes do que quando realizam tarefas sem sentido como jogar *Candy Crush*. Bem, acontece que não foi isso que a minha pesquisa descobriu.

No Capítulo 3, descrevi como as pessoas exibem ritmos de atenção em constante mudança ao longo do dia. Mary Czerwinski, Shamsi Iqbal e eu usamos uma técnica de amostragem de experiência, na qual os participantes relatavam o quanto se sentiam envolvidos e desafiados *naquele momento*. Na pesquisa, 32 pessoas receberam 18 sondagens, ou seja, pesquisas curtas, para preencherem todos os dias durante 1 semana. Nas mesmas sondagens, também pedimos que relatassem suas experiências emocionais. Seus relatos forneceram uma boa imagem do que estavam sentindo durante o trabalho.[16]

As sondagens foram baseadas em um modelo de afeto que partia do trabalho de James Russell, um psicólogo especializado no estudo das emoções.[17] Elas são compostas por muitos componentes afetivos. Dois dos mais importantes, que se mostraram contribuintes mais significativos para a experiência emocional do que os outros, são os estados subjacentes básicos de valência e ativação. "Valência" é o termo usado para medir a qualidade do sentimento ou emoção, que pode variar, ao longo de um continuum, desde extremamente positivo até extremamente negativo. A "ativação", que pode ser entendida como a quantidade de energia sentida, também varia ao longo de um continuum, indo de extremamente alta (quando a pessoa se sente cheia de energia e pronta para agir) até extremamente baixa (quando ela se sente desenergizada). O motivo para o desenvolvimento desse modelo é que existe uma dificuldade em distinguir entre diferentes tipos de sentimentos: às vezes, as emoções podem ser ambíguas. Podemos nos sentir negativos, mas é difícil identificar se estamos realmente tristes, envergonhados ou com raiva. É muito mais fácil desambiguar os sentimentos se precisarmos saber apenas duas coisas: o quanto nos sentimos positivos ou negativos e quanta energia temos. Por exemplo, você pode se sentir superfeliz e cheio de energia depois de receber um aumento, ou irritado e esgotado quando uma proposta na qual trabalhou muito foi rejeitada. Ambas as medidas foram validadas por estudos em neurociência e fisiologia. A ativação foi encontrada em regiões cerebrais que correspondem aos diferentes sentimentos subjetivos das pessoas associados à valência positiva ou negativa.[18] Também foi validada, manifestando-se em sinais fisiológicos de medidas como frequência cardíaca, condutância da pele e EEG, que se correlacionam fortemente com os sentimentos subjetivos das pessoas sobre o quanto se sentem ativadas.[19,20]

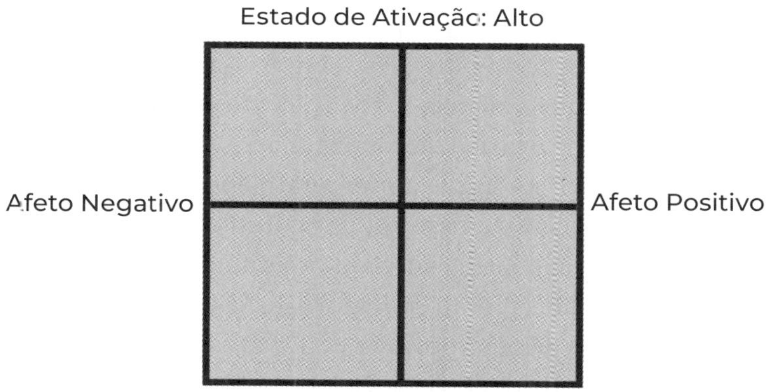

Figura 1. *Sondagens de amostragem de experiência que foram apresentadas aos participantes para medir suas emoções ao longo do dia. Foi solicitado que eles clicassem na parte da grade que melhor refletia suas emoções naquele momento.*

A Figura 1 mostra a sondagem que aparecia nos computadores dos participantes ao longo do dia durante o nosso estudo. Ela mostrava uma grade com um eixo horizontal e vertical: o primeiro representava a valência, e o segundo, a ativação. As pessoas foram instruídas a clicar na parte da grade que melhor representava como se sentiam *naquele momento*. Caso se sentissem extremamente positivas e cheias de energia, clicariam no canto superior direito. Caso se sentissem um pouco positivas e com uma quantidade moderada de energia, clicariam no meio do quadrante superior direito. Em outras palavras, apertariam exatamente no local da grade que correspondesse ao que estavam sentindo. Essas dimensões de valência, representando o *tipo* de sentimento e ativação, representando a *quantidade* de sentimento, eram medidas continuamente para corresponderem à ideia de que as experiências emocionais se situam em uma faixa. Os participantes podiam clicar em qualquer lugar da grade para capturar o mais precisamente possível seus sentimentos ao longo dessas duas dimensões. Eles tiveram a oportunidade de praticar conosco e nos fazer perguntas para garantir que tinham entendido como relatar seus sentimentos na grade. Quando tínhamos certeza de que conseguiriam refleti-los com precisão nas sondagens, começamos o estudo. A pesquisa foi um laboratório vivo em seus escritórios, então eles experimentaram a gama completa de emoções no trabalho. Também registramos a atividade dos computadores de forma discreta, com o consentimento deles.

Lembre-se de que valência e ativação são dois componentes que podem descrever uma variedade de emoções. Portanto, podemos interpretar as respostas na grade como sentimentos básicos de estresse, felicidade, contentamento e tristeza, de acordo com Russell (Figura 2). Observe que os participantes não viam esses nomes na grade — apenas as dimensões rotuladas, como na Figura 1. Se clicassem no quadrante superior direito (valência positiva e alta ativação), isso poderia ser interpretado como felicidade. Se apertassem no quadrante superior esquerdo (valência negativa e alta ativação), isso seria interpretado como estresse. Clicar no quadrante inferior direito (valência positiva e baixa ativação) indica que estavam contentes, e apertar no quadrante inferior esquerdo (valência negativa e baixa ativação) indica que estavam tristes. De forma mais ampla, se uma pessoa clicasse em qualquer lugar da metade direita da grade, isso indicava que ela estava se sentindo positiva e, apertando em qualquer lugar da metade esquerda da grade, ela indicava que estava se sentindo negativa.

Figura 2. *A interpretação dos estados de humor para os quatro quadrantes do modelo de Russell.*[21]

Engajamento com e sem esforço

Vamos voltar ao que foi mencionado anteriormente, a extensa linha de pesquisas que mostra que o alto engajamento em algo, como na leitura, está associado a um humor positivo. Apesar dessas descobertas, ficamos surpresos ao analisar os resultados: os participantes ficavam mais felizes ao usar a atenção rotineira do que enquanto estavam em um estado de foco. Lembre-se, a atenção rotineira é dada à atividade envolvente, mas pouco desafiadora, que fazemos todos os dias: jogar paciência, navegar no Twitter, fazer compras online e verificar o Facebook. Quando os participantes relatavam que estavam engajados em algo, também pedimos que observassem o quanto a atividade era desafiadora. Estudos anteriores que mostraram uma associação entre o engajamento e as emoções positivas não diferenciavam se as pessoas se sentiam desafiadas ou não. Estar engajado em uma atividade rotineira, como passar roupa, no caso de Kalman, e em uma atividade desafiadora, como escrever, é diferente. No entanto, assim como em estudos anteriores, descobrimos que os participantes se sentiam negativos quando estavam realizando atividades entediantes. A atividade rotineira, que utiliza poucos recursos cognitivos e não exige muito desses, está, portanto, associada a uma sensação positiva. O resultado sugere que as pessoas ficam mais felizes jogando *Candy Crush* do que fazendo um trabalho sustentado e focado.

»«

Por que, no estudo, os participantes ficavam mais felizes em um estado de foco? Em primeiro lugar, descobrimos que, quando as pessoas estavam focadas no trabalho, também tendiam a estar estressadas. O estresse, por sua vez, tem sido associado a menores emoções positivas e maiores negativas.[22] Em segundo lugar, embora estudos anteriores tenham constatado que o foco está associado a sentimentos positivos, esses estados de atenção foram medidos em uma única dimensão de engajamento, sem considerar a existência de diferentes níveis de desafio, ou seja, sem cogitar que prestar atenção a algumas coisas pode ser mais desafiador cognitivamente do que a outras. Se desdobrarmos o significado de engajamento em uma atividade, podemos envolver também experiências desafiadoras, como ler um material difícil, ou menos desafiadoras, como assistir a vídeos no YouTube. Quando você usa atenção sustentada em atividades complexas, cria-se uma carga cognitiva, e sabemos, por estudos de laboratório, que não é possível manter o foco por muito tempo, pois o desempenho começa a declinar. Isso é explicado pela exaustão dos recursos.[23] Por outro lado, o uso da atenção rotineira exige poucos recursos de atenção. Eu gosto de fazer palavras cruzadas simples. Posso resolvê-las rapidamente e recebo uma gratificação rápida. Em um ambiente digital de multitarefas, essas atividades rotineiras são bastante simples e trazem prazer. Além disso, são facilmente acessíveis. Portanto, uma razão para passarmos tanto tempo em atividades rotineiras é a dificuldade de nos afastarmos de algo que nos deixa felizes. Mas, infelizmente, a maioria de nós não pode passar o dia todo apenas em atividades rotineiras.

É possível que elas não *causem* a felicidade, mas será que talvez realizemos tarefas sem esforço porque já estamos felizes? A forte associação que encontramos não confirma que elas *causam* sentimentos positivos. No entanto, defendo que causam, sim. Maira Kalman descreve que sua atividade rotineira lhe traz consolo, e ouvi de muitos participantes de nosso estudo que eles recorriam a atividades rotineiras quando precisam aliviar o estresse e se sentirem melhor. Na minha experiência, as atividades rotineiras são uma forma de recuar e se reabastecer, e, desde que comecei a estudar a nossa atenção com nossos dispositivos, percebo que elas me relaxam e acalmam.

A felicidade com o Facebook e a interação face a face

Se eu lhe perguntasse o que você acha que faz as pessoas mais felizes, interações no Facebook ou interações face a face, o que você responderia? Faço essa pergunta regularmente às pessoas, e a maioria escolhe interações face a face. Mas o resultado vai surpreendê-lo. Se você lembrar bem, no Capítulo 3, discutimos como, quando estavam no Facebook, as pessoas sentiam que estavam realizando atividades rotineiras ou até mesmo entediantes.[24] Em um estudo que fiz com Mary e Shamsi na Microsoft Research, pedimos a 32 participantes que usassem SenseCams durante 1 semana para, a cada 15 segundos, tirarem fotos do que estavam vendo. Após aplicar um software de detecção facial, pudemos determinar quando as pessoas tinham interações face a face. Também usamos a escala PANAS, um método bem validado que mede o humor subjetivo, ao pedir que os participantes avaliassem como se sentiam em relação a vinte tipos diferentes de emoções, como interesse, entusiasmo, ansiedade ou angústia.[25] Pedimos a eles que preenchessem a escala pela manhã, quando chegavam ao trabalho, e novamente no final do dia, antes de saírem do escritório. Se alguém começasse a manhã muito positivo, mas tivesse um dia exaustivo, então suas pontuações na escala PANAS refletiriam seu humor no final do dia, mostrando uma mudança de sentimento positivo para negativo. Também investigamos as emoções das pessoas em tempo real usando a amostragem de experiência, com base no modelo de emoções de Russell (Figura 1). Elas também relataram o quanto se sentiam engajadas e desafiadas.

Então, os participantes se sentiram mais positivos no Facebook em comparação com as interações presenciais? Primeiro, examinamos as emoções no momento em que as interações ocorreram a partir das sondagens de amostragem de experiência. Descobrimos que, naquele momento, eles relataram estar mais felizes interagindo face a face com os outros do que quando estavam no Facebook.

Mas quando analisamos o humor deles no final do dia, descobrimos que, quanto mais tempo as pessoas passavam na rede, mais felizes relatavam estar no final do dia. No entanto, a quantidade de tempo gasta em interações presenciais no decorrer do expediente não mostrou nenhuma relação com a mudança de humor ao final do dia. Como reconciliar esses resultados diferentes? Considere que as sondagens estão capturando emoções em tempo real que podem não durar muito tempo. As pesquisas PANAS no final do dia, por outro lado, refletiram todos os altos e baixos. Então, mesmo que as pessoas possam ter ficado mais felizes em algum momento durante uma interação presencial, parece possível que, ao longo do dia, esses momentos felizes não tenham levado a um humor positivo cumulativo mais elevado.

Também parecia haver outro motivo subjacente. Nós nos perguntamos se a atenção dos participantes poderia ter alguma influência nisso. Analisamos o nível de engajamento relatado logo após cada tipo de interação. Eles relataram estar mais envolvidos durante as interações presenciais, em comparação com o acesso ao Facebook, o que era esperado. Parece razoável que elas exijam mais atenção, mas, ao mesmo tempo, os participantes podem ter menos controle sobre sua atenção quando começam a interagir face a face. As interações presenciais envolvem diferentes estágios. Há o estágio inicial, quando você cumprimenta alguém. Em seguida, ocorre a interação propriamente dita e, finalmente, um estágio de encerramento com rituais de despedida ("Vou entrar em contato amanhã"). Se você está estressado, com uma pilha de trabalho à sua frente ou com prazos se aproximando, a última coisa que vai querer é ficar aprisionado em uma interação presencial. A menos que você seja propenso à grosseria, é muito difícil interromper uma interação depois de passar pelo estágio inicial. Por outro lado, as pessoas podem escolher *quando* entrar no Facebook (embora muitas possam perder o controle quando entram no site). Se você está trabalhando duro, o Facebook oferece uma maneira conveniente de fazer uma pausa e realizar alguma atividade rotineira, o que, é claro, pode ajudá-lo a recuperar seus recursos e fazê-lo se sentir mais positivo.

As emoções negativas durante as multitarefas

Somos atraídos por pessoas que expressam emoções positivas. Na sala de descanso da empresa, aproximamo-nos daquele que sorri para nós. Quando espiamos o escritório de uma pessoa para ver se podemos interrompê-la, basta uma expressão azeda dela, e recuamos silenciosamente. Talvez você lembre que, no Capítulo 4, abordamos a realização de multitarefas em grande parte do dia e o estresse advindo delas. No entanto, as organizações são ambientes sociais e, muitas vezes, quando os trabalhadores realizam multitarefas, eles estão perto de outros. Como o estresse que as pessoas experimentam ao realizar multitarefas e serem continuamente interrompidas afeta a sua expressão emocional quando estão perto dos colegas? As emoções que sentem nesse contexto ficam visíveis publicamente em seu rosto para os outros verem?

Decidimos testar isso. Com os colegas Ricardo Guttierez-Osana e Ioannis Pavlidis e nossos estudantes de pós-graduação, investiguei como as pessoas expressam suas emoções ao realizar multitarefas. Recrutamos 63 pessoas para o experimento e as levamos a um laboratório onde simulamos um ambiente de escritório com multitarefas e interrupções. Como sabemos que o e-mail é uma fonte de interrupções importante, decidimos interromper os participantes por meio dele.

Pedimos aos participantes que concluíssem uma tarefa, que era escrever um ensaio. Para ele, escolhemos o tema da singularidade tecnológica, que considera o que pode acontecer se as máquinas dominarem a civilização humana. Esperávamos que fosse uma temática provocadora e envolvente. Em seguida, uma das duas condições seguintes foram atribuídas aos participantes aleatoriamente. Na condição de tarefa sequencial, primeiro, eles recebiam um conjunto de e-mails, respondiam a eles e, depois, escreviam o ensaio, e, na condição de multitarefas, trabalhavam no ensaio, mas eram interrompidos em momentos aleatórios com o mesmo número de e-mails ao longo da tarefa e instruídos a respondê-los imediatamente. Os e-mails foram pré-selecionados para que os participantes precisassem dar uma resposta ponderada e incluíam, por exemplo, um pedido de conselho sobre viagens domésticas ou de opinião sobre mentiras inofensivas.

Filmamos as expressões faciais dos participantes em ambas as condições. Também medimos seu estresse usando uma câmera de imagem térmica, que é bastante precisa para detectar estresse com base no suor na região perinasal do rosto, a área triangular entre o nariz e os lábios. Em seguida, usamos um programa automático de reconhecimento de expressão facial que foi testado e comprovou ser bastante preciso, reconhecendo sete emoções distintas: raiva, nojo, medo, felicidade, tristeza, surpresa e neutralidade. Descobrimos que, quando as pessoas realizavam multitarefas, suas expressões faciais exibiam mais emoções negativas, especialmente raiva, como pode ser visto na Figura 3. Quando realizavam atividades sequenciais, suas expressões emocionais eram mais neutras.[26] Curiosamente, quando os participantes recebiam os e-mails de uma vez, suas expressões mostravam mais raiva durante o tempo em que respondiam aos e-mails do que enquanto escreviam o ensaio. Também fornecemos aos participantes a escala NASA-TLX, descrita anteriormente no Capítulo 5, e aqueles que foram continuamente interrompidos se atribuíram uma carga mental e esforço maiores. Assim, aquelas emoções exibidas e medidas objetivamente pareciam corresponder ao que eles estavam experimentando. É preciso lembrar também que se acredita que a carga cognitiva corresponda ao uso dos recursos cognitivos subjacentes[27] — então, a carga mental mais alta daqueles continuamente interrompidos significaria mais recursos sendo gastos.

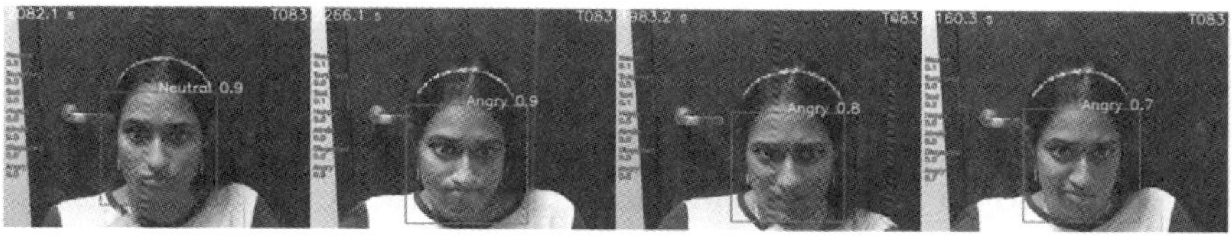

Figura 3. *A imagem à esquerda mostra uma participante realizando uma tarefa sem interrupções, exibindo uma emoção neutra. As três imagens à direita mostram a mesma pessoa enquanto realiza multitarefas e é continuamente interrompida, exibindo expressões de raiva.*[28]

Embora não possamos ter certeza se as expressões faciais dos participantes mostram exatamente o que estão sentindo, sabemos que as emoções sentidas e expressas estão intimamente ligadas.[29] Portanto, é provável que, se o seu rosto mostrar tristeza, você possa estar triste, mas nem sempre. Da mesma forma, se ele mostrar entusiasmo, provavelmente você estará se sentindo positivo, mas, repito, nem sempre. As expressões emocionais e o comportamento podem ter um impacto sobre outras pessoas, especialmente em um ambiente público. As emoções podem ter efeitos de contágio, nos quais uma pessoa pode influenciar outras a expressarem emoções semelhantes[30], o que levou a pesquisadora Sigal Barsade a se referir às pessoas como "indutores de humor ambulantes".[31] Assim, o que fazemos em nossos dispositivos afeta nossas emoções, e elas podem ser exibidas publicamente. Em resumo, os indivíduos não apenas se sentem estressados quando realizam multitarefas e estão exaustos, mas também podem transmitir essas emoções negativas para os outros.

O labirinto do contentamento

Dada a quantidade de multitarefas e interrupções, o trabalho rotineiro pode cumprir uma função — a de provocar emoções positivas em um ambiente estressante. As recompensas emocionais positivas que as pessoas obtêm ao realizar atividades rotineiras podem ajudar a explicar por que elas são atraídas por atividades de baixo esforço, como redes sociais e jogos simples, que são fáceis e lhes trazem prazer. O escritor Nicholson Baker reserva um tempo para o que chama de "trabalho diurno": tarefas sem muita pressão, que não exigem muitos recursos cognitivos, como digitar anotações ou transcrever uma entrevista.[32] Nos diferentes ritmos de atenção que encontramos no Capítulo 3, também descobrimos que as pessoas reservam tempo à preparação para o trabalho focado, e as atividades de Baker podem prepará-lo para a difícil tarefa de escrever. Em nossa era digital, passamos grande parte do nosso dia diante de uma tela, temos muitas mais oportunidades para atividades rotineiras que acontecem à margem do nosso trabalho, como navegar no Twitter ou assistir a vídeos do TikTok. Recorrer a elas pode ser uma consequência dos nossos dias estressantes, com a pressão dos prazos e as multitarefas, mas isso tem um lado positivo, pois as atividades rotineiras podem ajudar a liberar a tensão.

»«

Você pode não ter pensado que atividades sem esforço e sem sentido poderiam ajudá-lo no trabalho. Com elas, podemos deixar os problemas incubarem em nossa mente, e pensar em outras coisas que não exigem nossos recursos cognitivos pode nos ajudar a gerar soluções.[33] Como ter mais opções de ação está relacionado a sentimentos positivos, obtermos positividade e podermos nos recompor por meio de atividades rotineiras pode nos ajudar até a sermos mais criativos. Isso pode reajustar nossas emoções para um estado desejável e talvez explique por que somos tão atraídos por atividades sem sentido, podendo nos ajudar a alcançar um equilíbrio psicológico.

Lembre-se de que a atenção é direcionada a objetivos. Quando perdemos de vista nossos objetivos, podemos nos deixar distrair por pensamentos internos ou por estímulos externos, levando nossa atenção em direção a atividades emocionais menos exigentes e potencialmente mais recompensadoras. Mas, por outro lado, se mantivermos nossos objetivos de alto nível em mente e virmos a atividade rotineira como um meio para alcançar um fim, da mesma forma que a Mente Pequena de Maya Angelou trabalhava em conjunto com sua Mente Grande, então corremos menos risco de cair na armadilha da atenção rotineira.

As atividades rotineiras podem nos ajudar a alcançar a produtividade? Se fôssemos especialistas em eficiência como Frederick Taylor (que, se você lembrar bem, usava cronômetros para medir a produtividade dos trabalhadores), seria difícil medir como elas ajudam na produtividade. B. F. Skinner, o renomado psicólogo que acreditava no behaviorismo, descreveu a jardinagem e a natação como tempo "gasto de forma não lucrativa", pois isso atrapalhava suas horas de trabalho.[34] À moda skinneriana, ele usava um despertador para registrar o início e o término de seu trabalho e programava o alarme para tocar quatro vezes durante a noite e acordá-lo para que pudesse trabalhar por uma hora. Para Skinner, não havia espaço para atividade rotineira. Hoje em dia, os aplicativos de produtividade usados para rastrear o tempo em que você usa seus dispositivos fornecem informações sobre quando navega em sites como o Twitter e quando utiliza aplicativos como o Word. Eles são destinados a maximizar seu trabalho de maneira quantificável. No entanto, para os trabalhadores do conhecimento, tais aplicativos não capturam como o trabalho em tarefas sem sentido além do nosso projeto principal pode, na verdade, deixar-nos felizes, desestressar-nos e, potencialmente, ajudar-nos a resolver problemas, permitindo que eles incubem. Esses aplicativos de produtividade não teriam classificado Wittgenstein como produtivo quando ele descascava batatas (ele observou que pensava melhor enquanto fazia isso) nem Einstein, quando passava longas horas perdido nos próprios pensamentos ou tocando violino. O físico até afirmou que a música o ajudava em seu trabalho e levara à sua intuição da teoria da relatividade.[35] A seguir, analisaremos de forma mais ampla nossa atenção em relação a todos os meios de comunicação que utilizamos, além de nossos computadores e celulares.

CAPÍTULO ONZE:

Como a Mídia Condiciona a Nossa Atenção

Como mãe, considero motivo de orgulho o fato de meus filhos terem sido criados em um lar sem televisão. Quando nossa família voltou da Alemanha para os Estados Unidos em 2000, meu marido insistiu que não tivéssemos uma televisão em casa. Do ponto de vista europeu dele, a TV americana tinha muita violência. No entanto, não foi fácil criar crianças nos Estados Unidos sem televisão. Havia uma intensa pressão dos colegas para nossos filhos assistirem a certos programas, e eles se sentiam excluídos. Eu me questionava se estávamos agindo certo. Mas então algo interessante aconteceu. Alguns anos depois, moramos em Berlim por um ano durante uma licença sabática. Alugamos um apartamento que tinha duas TVs. Em um dia em que eu estava tentando trabalhar, meus filhos estavam me rodeando, e não conseguia me concentrar. Então disse algo que seria impensável alguns meses antes: "Liguem a TV." Eles protestaram alto dizendo: "Não, é chato!" Eu soube que havia feito algo certo.

A maioria de nós, em nosso dia a dia, é exposta a uma variedade de mídias além dos nossos computadores e celulares. Acontece que nossa atenção alterna rapidamente não apenas quando estamos usando computadores, mas também ao vermos TV e filmes, videoclipes musicais e comerciais — mas, nesses casos, os diretores e editores determinam o ritmo com que isso acontece. Neste capítulo, mostrarei como a alternância rápida de atenção também é encontrada em uma variedade de mídias que consumimos. Argumento que, por meio de nossa imersão mais ampla, desenvolvemos a expectativa de mudanças rápidas de tela, e isso pode influenciar a nossa alternância de atenção nos dispositivos pessoais de maneiras de que, talvez, nem estejamos conscientes.

As influências do amplo cenário midiático

Desde muito novas, a maioria das crianças é exposta à televisão, passando, em média, cerca de 2 horas e 15 minutos por dia na frente de uma TV.[1] Mas isso é coisa de família. De acordo com o Relatório de Audiência Total da Nielsen de 2021[2], os adultos norte-americanos com 18 anos ou mais passam, em média, 4 horas e 24 minutos por dia assistindo à televisão, mais do que os de outros países. Por exemplo, no Reino Unido, o tempo diário médio de visualização é de 3 horas e 12 minutos[3]; na França, 3 horas e 49 minutos[4]; no Japão, 2 horas e 41 minutos[5] e, na China, 2 horas e 30 minutos[6]. Isso não inclui o tempo gasto nem em sites de streaming, nem em outras atividades de computador e celular — a Nielsen relata que os norte-americanos ficam, em média, 5 horas e 30 minutos por dia em seus computadores, tablets e celulares.[7] Essa média é baseada em todos os norte-americanos de todas as idades, e não apenas em pessoas que usam o computador para o trabalho. Mas o que realmente surpreende é que, quando somamos a isso o tempo que gastamos assistindo a outros meios de comunicação, como TV e filmes, percebemos que nossa atenção fica fixada em algum tipo de tela, em algum tipo de ambiente mediado, *por quase 10 horas diárias.*[8]

Mas o que todo esse tempo gasto assistindo a TV ou filmes tem a ver com nossa capacidade de atenção quando usamos nossos dispositivos? Quando vemos um programa de TV, filme ou videoclipe, nossa atenção é direcionada de um plano de câmera para outro — em uma velocidade muito rápida. O plano é a unidade mais curta e contínua do filme que o espectador consegue perceber[9], sendo composto por 24 ou 30 quadros por segundo; devido a essa tamanha velocidade, um quadro individual não é discernível pelo olho humano. A própria duração do plano é cuidadosamente elaborada na sala de edição e, assim como o movimento e a iluminação dentro de cada plano, é projetada para direcionar o interesse e as emoções do espectador e criar tensão.

O tipo de movimento dentro dos planos tem mudado. De acordo com o estudioso de cinema James Cutting e seus colegas da Cornell, os planos que contêm o início do movimento (como uma pessoa que está em pé e, então, corre) aumentaram, porque os cineastas acreditam que isso atrairá melhor a atenção dos espectadores.[10] As pessoas conseguem detectar com mais precisão os objetos que mudam de estacionário para móvel do que os que já estão em movimento.[11] Quando um objeto começa a se mexer, percebemos e processamos os estímulos — assim como fazemos com as notificações que piscam em nossas telas. Não conseguimos deixar de notar.

»«

Outra mudança que afetou a atenção dos espectadores foi o encurtamento da duração dos planos ao longo das décadas. A introdução de filmes com som sincronizado no final dos anos 1920 levou a planos mais longos, pois isso permitia mais foco no diálogo. Nos filmes de 1930, a duração média dos planos era de 12 segundos, mas começou a diminuir, chegando a uma média de menos de 4 segundos após 2010, conforme medido por James Cutting e seus colegas.[12] Curiosamente, ela também diminuiu em sequências de filmes. Por exemplo, a duração média dos planos no primeiro filme do *Homem de Ferro* era de cerca de 3,7 segundos; em *Homem de Ferro 2*, 3,0 segundos; e, em *Homem de Ferro 3*, cerca de 2,4 segundos.[13]

A televisão seguiu um padrão semelhante ao cinema nesse sentido. A Figura 1 mostra a duração média dos planos de filmes (a partir de 1930, conforme relatado por James Cutting e seus colegas) e de programas de televisão (a partir de 1950, conforme medido por Jeremy Butler[14]) até o ano de 2010.

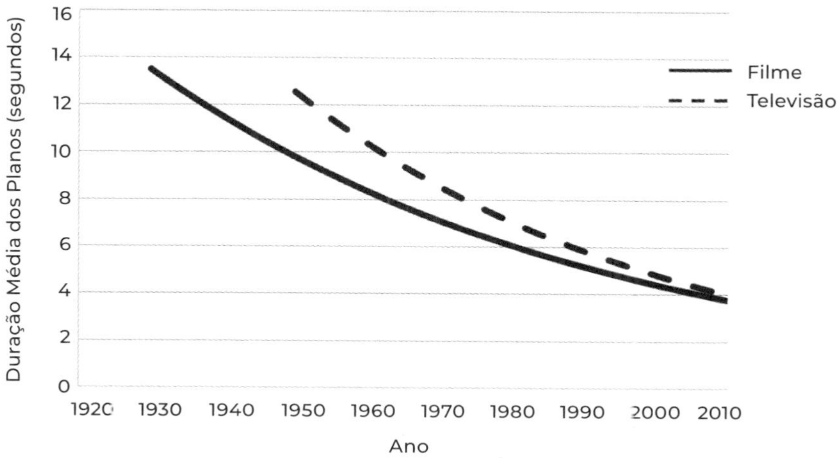

Figura 1. *Tendências da duração média dos planos de filmes e programas de TV ao longo das décadas (dados de Cutting* et al.[12] *e Jeremy Butler*[14]*).*

Como mostra a figura, a tendência geral tem sido uma redução da duração média dos planos tanto em filmes quanto em programas de TV ao longo das décadas. Em 1950, os planos tinham uma média de cerca de 13 segundos na televisão (semelhante à média de 12 segundos nos filmes de 1930) e passaram, tanto nos longas-metragens quanto na televisão, a ter uma média de menos de 4 segundos em 2010. Considerando as extensas 4,5 horas diárias que as pessoas passam assistindo à TV, afirmo que passamos a esperar por um conteúdo curto e com trocas rápidas de cena.

Isso também é visível em videoclipes musicais. A duração média dos planos de 155 dos vídeos premiados e indicados ao prêmio de Melhor Edição do MTV Video Music Awards de 1984 a 2014 foi de apenas 1,6 segundos.[15] O site Cinemetrics descreve que essa duração média dos planos tem sido utilizada nos vídeos da MTV há trinta anos. Dos dez clipes mais assistidos no YouTube, todos são videoclipes musicais que apresentam planos curtos e mudanças rápidas.[16] Um dos vídeos mais populares de todos os tempos no YouTube, "Gangnam Style", do Psy, com mais de 4 bilhões de visualizações, tem 4 minutos e 12 segundos e uma duração média dos planos de 2,9 segundos, segundo minha contagem. Mas isso não inclui as mudanças rápidas e estroboscópicas de cena, pois não consegui acompanhá-las. Os videoclipes musicais são populares, especialmente entre aqueles da geração Z: uma pesquisa de rastreamento de mídia realizada pela empresa Morning Consult em 2021 relatou que 36% dos jovens da geração Z os veem diariamente.[17]

»«

Apesar de as mudanças de plano estarem cada vez mais rápidas, nem todas as transições chamam nossa atenção ou causam uma descontinuidade na experiência visual — isso depende do tipo de edição. Na edição tradicional de continuidade, as mudanças de plano são planejadas para serem "invisíveis" ao espectador. Ela junta planos que são suficientemente semelhantes em tempo e espaço para permitir que o espectador una cognitivamente os fragmentos do filme e crie a ilusão de uma narrativa contínua.[18] Existe um paralelo entre nossa alternância de atenção ao assistir a filmes e ao usar computadores: uma edição de continuidade seria como virar a página seguinte de um e-book, enquanto uma edição abrupta seria como alternar entre uma planilha do Excel e a caixa de entrada de e-mails.

No entanto, mesmo quando as regras da edição de continuidade são seguidas, os espectadores ainda podem estar cientes das mudanças de plano. Em um estudo que examinou se conseguimos detectar cortes, os participantes assistiram a trechos de filmes de vários gêneros e foram instruídos a pressionar um botão quando percebessem uma edição. No geral, eles conseguiram detectar 84% dos cortes feitos nos filmes. Como seria de se esperar, os participantes detectaram menos edições quando os planos mudavam para perspectivas diferentes dentro da mesma cena do que quando ocorria uma transição entre cenas diferentes.[19] Outros estilos de edição são intencionalmente abruptos, projetados para chamar a atenção e estão se tornando cada vez mais populares, como visto em videoclipes musicais, propagandas, YouTube e especialmente filmes de ação de grande sucesso como *O Incrível Hulk* ou *Transformers*, sobre os quais falaremos em breve.

A evolução dos cortes no cinema e a atenção

Embora mudanças rápidas de plano na TV e no cinema sejam prática comum atualmente, há uma longa história de como chegamos até aqui. No início do cinema, os filmes eram compostos por tomadas únicas sem qualquer edição. Mas isso logo mudou. A inovação das mudanças de plano dentro dos filmes pode ser atribuída ao inglês Robert William Paul, nascido em 1869. Ele começou sua carreira como fabricante de instrumentos científicos, e sua estatura e renome na produção cinematográfica surgiram por acaso.[20] Em 1894, Paul foi convidado por dois empresários para construir uma reprodução do cinetoscópio de Thomas Edison, um dispositivo pelo qual era possível assistir a filmes. Ele pôde fazer isso porque o cinetoscópio de Edison não era patenteado na Inglaterra. Mas, na época, havia poucos filmes para assistir, e então Paul, um engenhoso fabricante de instrumentos, projetou uma câmera de filme um ano depois. Isso deu início a uma carreira na qual ele produziria quase oitocentos filmes.

A primeira edição na história do cinema ocorreu no filme de 1898 de Paul: *Come Along, Do!* Na primeira cena, com duração de 44 segundos, a câmera mostra um plano geral com um homem e uma mulher sentados do lado de fora de uma galeria de arte, almoçando. Essa cena estabelece a tranquilidade do relacionamento do casal.

Então, ela muda abruptamente para uma cena dentro da galeria por mais 13 segundos, com uma mudança de fundo de claro para escuro, na qual o homem está examinando cuidadosamente uma estátua nua, enquanto a mulher, com expressão irritada, tenta afastá-lo. O corte nos surpreende e mostra uma clara mudança de espaço e tempo.

»«

A edição de continuidade, que cria uma transição contínua entre os cortes e avança a narrativa linear, foi desenvolvida na década de 1910 pelo cineasta D. W. Griffith. Essa edição se tornou emblemática do cinema clássico de Hollywood (um período que se estendeu de 1910 a 1960). Um exemplo dela é encontrado no filme *Janela Indiscreta* (1954) de Hitchcock. Em uma parte do longa-metragem, o personagem principal, um fotógrafo, está observando seu vizinho através de sua lente telefoto. Os planos alternam entre o fotógrafo, que olha através da câmera, e a imagem do vizinho que ele está observando. As transições não interrompem a continuidade espaço-temporal da cena, e o espectador consegue entender facilmente que trata-se do vizinho que o fotógrafo está vendo. Paralelamente ao surgimento da edição de continuidade nos Estados Unidos, na metade da década de 1920 na escola de cinema russa, o cineasta Sergei Eisenstein desenvolveu uma técnica muito diferente, chamada montagem dialética. Inspirado na ideologia soviética do materialismo dialético, a ideia de confrontar forças opostas, Eisenstein acreditava que o significado no cinema é criado por meio do contraste de ideias diferentes, mas relacionadas, em planos sequenciais. Por exemplo, em seu famoso filme *O Encouraçado Potemkin*, uma cena de um padre batendo em uma cruz corta imediatamente para uma cena de um soldado batendo em uma espada. Isso exigia mais esforço do espectador para encontrar uma associação entre os planos, mas Eisenstein acreditava que esse tipo de corte deveria levar a um pensamento mais profundo sobre o filme.

Os cortes abruptos tornaram-se mais impactantes durante a Nouvelle Vague francesa nos anos 1950. Os *jump cuts* criam uma descontinuidade nos filmes, fazendo com que as narrativas pareçam "pular" instantaneamente para um período diferente dentro da mesma cena. O primeiro *jump cut* é creditado ao diretor Georges Méliès em seu filme de terror de 1896 *O Solar do Diabo*. Os diretores da Nouvelle Vague francesa, como Jean-Luc Godard, revolucionaram e popularizaram os *jump cuts*, que nos chocam por surpreenderem e parecerem artificiais.

Em uma cena do filme *Acossado* (1960), de Jean-Luc Godard (com um tempo médio de plano de 11,8 segundos), enquanto o personagem principal está dirigindo um carro roubado, ele olha para o porta-luvas aberto, e, em seguida, um *jump cut* revela que há uma arma dentro do compartimento. O personagem estica a mão para pegá-la. Em seguida, outro *jump cut* ocorre, e a arma, de repente, está em sua mão. A interrupção do fluxo da ação surpreende um pouco, mas você ainda consegue acompanhar a narrativa. A experiência está mais para um recorte de partes da cena, contando com a sua atenção para preencher as lacunas. O espectador precisa fazer um esforço para acompanhar a história: observando cuidadosamente os planos, mantendo-os em mente e, então, juntando-os para construir a narrativa. A crítica britânica Penelope Houston afirmou que Godard desenvolveu um estilo de "cubismo visual" para enfatizar o meio cinematográfico em vez da história; por outro lado, o rival do diretor, Claude Autant--Lara, afirmou que o outro estava intencionalmente tentando arruinar *Acossado* com os *jump cuts*.[21] O próprio Godard afirmou que utilizou essa técnica para encurtar um filme que estava com uma hora a mais.

Enquanto Jean-Luc Godard usava os *jump cuts* habilidosamente para realçar uma cena (nas palavras do crítico de cinema do *The New York Times*, Boswell Crowther[22], para dialogar com os "jovens parisienses cruéis e desarraigados no fluxo cru e inquieto da Nouvelle Vague francesa"), eles se tornaram uma estética característica do YouTube, principalmente para manter sua atenção.

Os *jump cuts* e o YouTube

O objetivo de usar *jump cuts* no YouTube é maximizar a quantidade de conteúdo no menor período possível. Eles também são mais fáceis de fazer do que técnicas de edição mais suaves, como, por exemplo, a de variar os tamanhos dos planos, passando de planos médios a *close-ups*, especialmente para editores inexperientes. O surgimento dos *jump cuts* no YouTube criou expectativas para os espectadores. No cinema, os editores experientes editam habilmente os diálogos para condensar a fala sem perder o sentido naturalístico. Mas, no YouTube, o objetivo de eliminar o tempo "morto" das pausas e enunciados breves como "hum" e "é" compila mais ação e conteúdo em um tempo mais curto para manter a atenção. Eu assisti a um vídeo instrucional que explicava como fazer *jump cuts* no YouTube, e foi explicado que, quando o silêncio é eliminado, o vídeo parece mais fluido.[23] No entanto, em uma conversa real, essas palavras de preenchimento, como "hum" e "é" — que usamos para ganhar tempo enquanto compomos nosso discurso — são essenciais para sinalizar transições e fazer com que a conversa pareça natural. O YouTube criou uma linguagem cinematográfica na qual a presença de *jump cuts* durante o diálogo se tornou normal. Visualmente, o vídeo é chocante, fragmentado e energético, o discurso não tem pausas, e eles servem para condensar o vídeo para manter nossa atenção, curta, nele.

O cinema originalmente criava um encanto que envolvia o espectador para que esse pudesse se perder em outro mundo. Agora, em novas formas de vídeo, o objetivo é garantir que ele não fique entediado dentro desse mundo. Como resultado, a edição deve incorporar continuamente cortes rápidos e *jump cuts* para manter a atenção do espectador — é como jogar um videogame de ritmo acelerado. Ironicamente, descobriu-se que, se a edição de um filme for muito dinâmica, ela vai contra a tendência natural das pessoas de perceber a coerência de uma história e pode levar a uma recordação pior do filme.[24] Sua atenção visual pode ser capturada por um vídeo do YouTube com *jump cuts*, mas você pode ter mais dificuldade em lembrar o que viu.

A edição não linear e a edição caótica

Para entender o surgimento das edições rápidas e seu impacto em nossa atenção do ponto de vista de alguém que cria os planos, conversei com Doug Pray — que venceu o Emmy duas vezes, pioneiro no campo da edição não linear e aprendeu a editar em filme analógico. Ao longo de sua carreira, ele não apenas observou os desenvolvimentos dos planos, mas também participou dessas mudanças, dirigindo e editando filmes. Durante nossa conversa no Zoom, Pray estava sentado em sua sala de edição. Ao fundo, havia cartões coloridos mapeando a história de seu projeto atual. Em determinado momento, Pray estendeu a mão para fora do enquadramento do vídeo, e quando voltou, revelou uma bobina de filme analógico. Ele explicou que aprendeu a editar em filme de 16mm e desenrolou o carretel: "Sabe, filme." Pray se lembra do processo intensivo de edição analógica antes dos anos 1990: "Tinha um grande recipiente que ficava ao lado do sistema de edição e tinha centenas de ganchinhos, e, em cada um, havia centenas de pedaços de filme. Então, para cada tomada, primeiro é preciso encontrar o pedaço em questão, colocá-lo, emendá-lo, colocar uma fita adesiva nele. Imagine, se eu quisesse ter vinte planos para um minuto de tempo de tela, isso daria horas de trabalho. E se quisesse ajustar alguns quadros em um plano, seria preciso fazer todo o processo de novo. Se preferisse fazer algo abstrato ou artisticamente desafiador em termos de planos por minuto, levaria uma quantidade insana de tempo. Estamos falando de dias e dias de algo que agora é possível fazer em um minuto."

O primeiro sistema de edição não linear digital, o CMX-600, que permitia o acesso rápido a qualquer quadro em qualquer ordem, foi lançado em 1971. Seu alto preço de US$250 mil, baixa qualidade de monitor e limitado espaço de armazenamento impediram que ele se popularizasse entre os cineastas. Mas em 1989, a empresa Avid lançou o Avid Media Composer, um software que revolucionou o campo emergente da edição não linear. Pray lembra a primeira vez que se sentou em uma máquina Avid, em 1992: "Eu só pensava: 'Meu Deus.' Era de tirar o fôlego. Aquilo mudou tudo."

De repente, Pray pôde experimentar um novo plano por impulso. Ou uma dúzia deles. E trocá-los ou inverter a sua ordem em minutos, não em horas ou dias. "E porque você pode, você faz. Começamos a nos divertir com isso. Em termos de narrativa, de repente, tínhamos um número exponencial de opções ao nosso alcance. Podíamos avançar rapidamente na história, e um jeito diferente de pensar se abriu." A edição se tornou mais eficiente: ficou fácil inserir mais cortes, e isso resultou em uma redução na duração geral dos planos.

Pray também acredita que essa redução está relacionada a uma audiência moderna que possui um bom entendimento da "linguagem cinematográfica" e de suas convenções. Um público anterior ficaria confuso com uma sequência que mostrasse um personagem na rua e, seguida por um corte abrupto, depois em um quarto. Essa audiência precisaria seguir passo a passo: "Era preciso fazer uma tomada de estabelecimento, apresentar a pessoa se aproximando da casa, ter um *close* da mão dela e mostrá-la abrindo a porta." Atualmente, as audiências são muito mais sofisticadas, e essas tomadas intermediárias podem ser eliminadas ou reduzidas em duração.

A redução da duração dos planos também está relacionada ao surgimento da MTV e ao crescimento dos videoclipes de música, acredita Pray, que descreve isso como o "principal fator de mudança" em termos de estilo e estética cinematográfica. A música se tornou "mais marcante" e rápida. Surgiram o *punk rock*, o *grunge*, o *speed metal* e a *new wave*. E o *hip-hop*, que Pray diz ser não linear: "É uma colisão de duas ideias que não combinam. Colocam um arranhão sobre esse ritmo, e a voz de uma pessoa sobre uma outra música." Esses novos estilos musicais levaram ao surgimento de novos tipos de edições de filmes, como o *flash cut* (um flash branco entre os cortes), que chama a atenção para o corte e que Pray descreve como "percussão visual". Essas novas formas de música influenciaram muito o trabalho dele, desde seu documentário *Hype!* (sobre a comercialização da cena *grunge*) até *Scratch* (sobre o surgimento dos DJs de *hip-hop*).

»«

Não foi apenas a estética cinematográfica de Pray que foi influenciada, mas também a duração dos planos, mais especificamente, a ideia de que "mais rápido é melhor". Nos anos 1980, ele estava trabalhando em videoclipes musicais mais "picotados" e explica: "Todos os queriam fazer assim, porque parecia ser mais empolgante. Não sei por quê. Era simplesmente empolgante, e todos os produtores pediam: 'Você pode deixar mais picotado — mais divertido — mais energético?' De certa forma, isso é capitalista: Mais! Mais rápido! Maior! Melhor! Estamos vendendo a banda, estamos vendendo a música. Estamos vendendo três minutos de tempo. É igual ao mercado imobiliário."

Por fim, Pray acredita que a diminuição da duração dos planos também está relacionada à proliferação de diferentes fontes de mídia. Nos primórdios da TV, os EUA tinham 3 canais, e agora existem quase 2 mil estações de televisão, isso sem falar nas outras mídias de streaming a que se pode assistir em sites como Netflix, YouTube e na web. Assim, as opções se expandiram, mas não a capacidade de tempo e atenção, e é essa "propriedade limitada" da mente que a mídia está visando. Como Pray descreve: "Editar é omitir. Se um plano não avança a história, então corte. Se a duração dele é de 6 segundos e pode ser de 3, e isso não prejudica a história, por que não deixar 3?" A competição por sua atenção se tornou mais acirrada, e Pray acredita que as pessoas provavelmente prestarão mais atenção ao que é mais curto.

»«

Para obter uma perspectiva profissional do ponto de vista do espectador sobre o impacto da edição na nossa capacidade de atenção, conversei com o experiente crítico de cinema Glenn Kenny, que escreve para o *The New York Times* e o *RogerEbert.com*, leciona uma disciplina sobre linguagem e cinema na NYU e é autor do livro *Made Men: The Story of Goodfellas*. Kenny ama cinema; isso não mudou muito: desde criança, assistia a filmes no banco de trás do carro dos pais no drive-in. Ele aprecia filmes que provocam contemplação. No entanto, sente que, com a evolução dos cortes rápidos, a capacidade de refletir está se tornando mais rara. Esses cortes, como os que duram em média 2 segundos em filmes de ação, agora são uma prática comum, e Kenny explica que isso é conhecido como edição caótica.

O trabalho do cineasta Michael Bay, que fez os filmes *Transformers*, é emblemático dessa técnica. Se você assistir ao *Transformers* de 2007 (cujos planos têm uma duração média de 3 segundos), em um trecho do filme, verá uma cena de robôs destruindo uma pirâmide. Em seguida, o plano muda para explosões, depois, para pessoas caindo pelo ar e, em seguida, para robôs voando por um longo corredor com colunas. Tudo isso acontece em apenas 15 segundos. Se perder um momento do filme, você ainda pode voltar e retomar a história. Não terá perdido nenhum desenvolvimento do enredo; apenas parte do caos. É impossível não notar os cortes com edição caótica. Você não terá um filme para contemplar, observa Kenny, mas "uma sensação de êxtase. Ele está pedindo sua atenção, mas, se não prestar atenção total, você perderá mais do caos." A edição caótica tem uma função nos filmes de ação, pois pode ser emocionante assistir a cortes tão rápidos. Você será bombardeado com informações sensoriais: o conteúdo de cada cena corre pela tela em uma velocidade vertiginosa, como se estivesse em uma montanha-russa. Kenny diz que, visualmente, podemos acompanhar a ação de corte a corte, mas, mentalmente, não temos tempo para compreender o que está acontecendo de forma significativa. Ele se pergunta se o objetivo desse tipo de edição rápida é simplesmente criar uma anarquia visual.

Há um paralelo aqui entre a evolução dos cortes que reduzem os filmes e a da nossa capacidade de atenção nos computadores. Décadas atrás, os planos dos filmes eram mais longos. Mas agora nossa atenção passa de plano em plano em cenas que mudam rapidamente. Isso é semelhante aos "cortes" mentais que fazemos de tela em tela no computador, entre tipos de conteúdo muitas vezes desconexos entre si. E, quando nossa atenção alterna rapidamente nos dispositivos de forma frenética, é como se estivéssemos criando nossa própria edição caótica.

A redução dos anúncios

Assim como na TV e no cinema, a duração dos planos nos comerciais de televisão também diminuíram com o tempo. A média dela nos comerciais em 1978 era de 3,8 segundos, diminuindo para 2,3 segundos em 1991.[25] Eu assisti ao *Mind Reader*, o comercial mais visto do Super Bowl de 2022 (segundo a revista *Variety*), que retrata a Alexa da Amazon como uma vidente, e medi a duração média dos planos, computando 2,4 segundos. Talvez a duração dos planos nos anúncios tenha alcançado seu limite.

No entanto, não é apenas essa duração que encurtou, mas os anúncios na TV, no geral, também diminuíram. A maioria deles começou com 60 segundos de duração na década de 1950[26], mas essa duração representou apenas 5% das propagandas exibidas em 2017. Na década de 1980, os anunciantes começaram a experimentar anúncios de 15 segundos em vez de 30 segundos. Eles descobriram que 15 segundos eram ainda mais persuasivos do que 30 segundos, especialmente quando as propagandas usavam elementos de fofura e humor.[27] Em 2014, 61% dos anúncios tinham 30 segundos de duração, mas, 3 anos depois, essa porcentagem diminuiu para 49%.[28] Curiosamente, em 2018, a empresa Nielsen registrou uma patente para compactar propagandas de vídeo em intervalos de tempo mais curtos. Elas, que originalmente tinham 30 segundos de duração, tiveram o mesmo desempenho quando comprimidas em intervalos de tempo de 15 segundos por meio da remoção quadros, por exemplo.[29] Há uma motivação financeira por trás dessa loucura. Um anúncio de 15 segundos custa cerca de 60% a 80% do valor daquele de 30 segundos.[30] Quanto mais propagandas de 15 segundos puderem ser encaixadas em um intervalo comercial, mais dinheiro a rede de televisão ganhará. Assim, o lucro incentivou os anúncios a terem mais informações compactadas em um intervalo de tempo menor, reforçando ainda mais nossas curtas capacidades de atenção.

No YouTube, as pessoas têm a opção de pular o anúncio, geralmente após os primeiros cinco segundos. Os espectadores do Hulu podem escolher entre ver anúncios mais curtos no decorrer de um programa ou assistir a um longo no início. O Facebook tem uma lista de melhores práticas para a criação de anúncios de vídeo para dispositivos móveis em sua plataforma. No topo, ele afirma: "Mantenha seu vídeo curto" e recomenda que o tempo seja de 15 segundos ou menos para prender a atenção das pessoas.[31] Implícita nessa recomendação está a ideia de que a capacidade de atenção das pessoas diminuiu tanto que 15 segundos parece ser o máximo de tempo que podem se atentar ao anúncio. Da mesma forma que a TV e o cinema nos acostumam a ter uma capacidade de atenção mais curta, a duração dos anúncios, impulsionada explicitamente pelo lucro, também se adapta a ela. Na verdade, agora são comuns propagandas de 6 segundos.[32]

A cultura em pedaços e a atenção

Por um momento, vamos considerar nossas capacidades de atenção nas redes sociais. Não são apenas os anúncios que têm curta duração; muitas dessas plataformas restringem o tamanho do conteúdo que pode ser postado, nos obrigando a ler ou visualizá-lo em pequenas partes. Em nosso mundo digital, estamos presenciando uma cultura em evolução, a cultura em pedaços ou *snacking* — um termo originado na Coreia do Sul que se refere ao fato de que os jovens consomem conteúdo em seus dispositivos em pedaços de cerca de 10 minutos por vez.[33] No entanto, as redes sociais também ajudam a impor esse breve consumo, estabelecendo limites para o tamanho do conteúdo postado. Isso, é claro, limita por quanto tempo realmente podemos prestar atenção em cada postagem. No caso do TikTok, a duração dos vídeos que as pessoas criam, compartilham e veem, originalmente, era limitada a 15 segundos, depois foi ampliada para 60 segundos e agora é de 3 minutos. A empresa afirma que ampliou essa duração para permitir mais criatividade, mas isso também permite a inserção de mais anúncios.[34] No momento em que este texto foi escrito, o TikTok conta com mais de 130 milhões de usuários ativos mensais em todo o mundo[35]; entre eles, cerca da metade dos adultos norte-americanos entre 15 e 29 anos, atingindo uma enorme audiência. Embora essa expansão da duração dos vídeos possa parecer uma boa notícia para nossas capacidades de atenção, infelizmente também é verdade que vídeos curtos de 9 a 15 segundos parecem ter um desempenho melhor para maximizar suas visualizações na rede.[36]

Não é apenas o TikTok, mas também a estrutura de outras plataformas populares de rede social, que limita nossa capacidade de assistir (e criar) conteúdo mais longo. Tanto o Instagram quanto o Snapchat limitam a duração de seus vídeos a 60 segundos. A cultura das mensagens de texto é escrever de forma econômica, e os tweets têm limites de caracteres. Assim como os anunciantes descobriram que anúncios de menor duração podem capturar nossa atenção de forma mais eficaz e persuasiva, esses sites também perceberam que nossa atenção pode ser capturada com conteúdo de curta duração. TikTok, Instagram e Snapchat atendem a usuários mais jovens que crescem com a expectativa de que o conteúdo será curto. As pequenas porções de conteúdo se encaixam bem no estilo de vida móvel. Podemos facilmente encaixar o *snacking* online em nossa rotina diária, seja em reuniões, em pequenas pausas no trabalho, enquanto assistimos a outras mídias e até mesmo durante conversas face a face.

Os efeitos da mídia em nossa atenção

Mas, enquanto essas tendências ocorriam em paralelo, que evidências existem para comprovar uma relação entre o encurtamento dos planos na mídia e da nossa capacidade de atenção quando usamos computadores e celulares? Pesquisas apoiam a ideia de que há influências cruzadas entre a TV e a nossa visualização dos computadores que, por sua vez, podem afetar nossa capacidade de atenção. S. Adam Brasel e James Gips levaram 42 participantes a um laboratório na Boston College, onde foram colocados em uma mesa com um computador a uma distância de 1,5 metro de uma tela de televisão de 36 polegadas. Os participantes foram informados de que poderiam acessar qualquer site ou usar qualquer programa de computador que desejassem e poderiam usar o controle remoto da TV para trocar para qualquer um dos 59 canais de rede e a cabo. A tela que olhavam, assim como a duração da seu foco nas duas, foram rastreadas. Os resultados revelaram uma atenção muito curta em ambas: 75% dos olhares para a tela da TV e 49% dos olhares para a tela do computador duraram menos de 5 segundos. Algo especialmente interessante foi que a atenção das pessoas alternava rapidamente entre a TV e o computador (quatro vezes por minuto). O fato de que as durações de atenção eram tão curtas em cada meio, além da rápida alternância dela entre eles, apoia a ideia de que pode haver uma influência cruzada.[37] Esse estudo foi realizado com participantes usando mídias em um laboratório, mas é possível que esses resultados possam se aplicar à vida real: assistir à TV (e filmes) e usar nossos computadores e celulares por várias horas por dia ao longo dos anos pode ter efeitos cruzados. Nossos hábitos de visualizar mudanças rápidas de cena em outras mídias podem estar relacionados aos nossos comportamentos de atenção cinéticos que são observados nos dispositivos. Mas os hábitos de visualização não precisam ser apenas passivos: pense em quando você troca de canal com o controle remoto.

Com filmes e programas de TV que se movem em um ritmo acelerado e com planos curtos, as pessoas precisam reorientar a atenção visual rapidamente, absorvendo o novo conteúdo, os ângulos, o movimento e as perspectivas a cada cerca de 4 segundos.[38] Isso pode exigir muito dos recursos cognitivos limitados. Da mesma forma que trocar de telas pode esgotar nossos recursos cognitivos, assistir a filmes e programas de TV acelerados também gasta esses recursos, com base em evidências coletadas ao longo dos anos por Annie Lang, da Universidade de Indiana.[39] Especialmente quando as mudanças de cena são perceptíveis e abruptas, as pessoas precisam usar seus recursos de atenção limitados para se reorientar continuamente para a nova cena. Não é surpreendente, então, que estudos tenham mostrado que a frequência cardíaca e a excitação aumentam quando o ritmo do filme acelera.[40]

Mas, às vezes, os cortes do filme são tão rápidos que conseguimos processá-los visualmente, mas nossas mentes não conseguem acompanhá-los, como acontece com a edição caótica ou os videoclipes musicais. Os editores e diretores de filmes e TV estão percorrendo uma linha tênue para controlar sua atenção: eles determinam a taxa de alternância de cenas para criar tensão e uma experiência de visualização dinâmica. Os cortes feitos na sala de edição têm a intenção de apoiar o ritmo da história: eles direcionam as imagens que vemos, seu movimento e a rapidez com que mudam.

Pesquisas mostram que cortes rápidos podem desgastar a capacidade de nossa função executiva. Se você lembrar bem, a função executiva, a governante da mente, é responsável por muitas coisas, entre elas, pela inibição de respostas. Portanto, se ela estiver muito sobrecarregada, pode não ser capaz de trabalhar efetivamente para impedi-lo de clicar impulsivamente no ícone de e-mail. O condicionamento começa ainda na infância, e o efeito que as rápidas mudanças de cena em filmes têm na função executiva e no controle da atenção é, de fato, observado em crianças. Em um estudo experimental, 40 crianças de 7 anos foram levadas a um laboratório e assistiram a vídeos com ritmo ou acelerado ou lento. Depois, elas receberam uma tarefa chamada "vou/não vou", em que precisavam pressionar o botão sempre que um número aparecesse na tela, mas não apertá-lo quando uma letra aparecesse. A função executiva tem o papel de controlar as reações que não queremos ter e, nesse caso, a reação indesejada para a criança era apertar o botão quando aparecesse uma letra. Mas, após assistir ao vídeo com ritmo acelerado, elas foram menos capazes de se conter e de não pressionar o botão quando a letra aparecia, cometendo mais erros. Sua função executiva havia sido sobrecarregada por terem precisado seguir as rápidas mudanças de cena nos vídeos e se reorientar continuamente a elas. Na verdade, as reações que mostraram uma inibição pior também eram evidentes em nível neural em seu córtex cerebral, com base em um registro de EEG.[41]

Um achado semelhante foi obtido em um estudo laboratorial com crianças de 4 anos submetidas a duas condições: ou viram vídeos com ritmo acelerado ou desenharam.[42] Elas foram capazes de controlar melhor seus impulsos após desenharem do que após assistirem aos vídeos. Considerando tudo isso, esperaríamos que esses resultados se aplicassem à vida das crianças fora do laboratório: após ver um vídeo com ritmo acelerado, as crianças deveriam ter menos habilidade para conter impulsos. Sabemos que, para adultos, o mesmo tipo de incapacidade de inibir respostas pode ocorrer quando estamos com poucos recursos cognitivos.

Esses resultados são consistentes com a ideia de que assistir a mídias com mudanças rápidas de cena pode desgastar nossa função executiva, levando a uma maior impulsividade, o que poderia resultar em menos capacidade de manter nossa atenção fixa em outras coisas, como um livro, um quadro branco ou uma tela de computador, por um certo período. É claro que esses estudos laboratoriais testaram a atenção imediatamente após os participantes assistirem aos vídeos, quando a sua função executiva estava sobrecarregada. Portanto, podemos esperar ter dificuldades semelhantes de atenção logo após vermos, por exemplo, uma sequência de videoclipes ou um filme de sucesso como *Transformers*. Mas as pessoas podem desenvolver hábitos enraizados após fazerem algo por muito tempo e, depois de anos assistindo a vídeos com ritmo acelerado por várias horas por dia, tais hábitos podem se refletir em nosso uso de dispositivos.

A ideia de que esses hábitos podem ser formados é apoiada por evidências que mostram que a quantidade de televisão assistida pelas crianças leva a problemas de atenção mais tarde, na adolescência. Um estudo de longo prazo na Nova Zelândia acompanhou 1.037 crianças no decorrer do tempo, dos 3 aos 15 anos. Os pesquisadores descobriram que, quanto mais televisão elas assistiam, maiores eram seus problemas de atenção na adolescência, mesmo após controlarem outros fatores que poderiam potencialmente afetar os resultados: o gênero da criança, sua situação socioeconômica, os problemas precoces com a atenção e a habilidade cognitiva. Os autores explicam que a exposição a trocas rápidas de telas, como na televisão, pode tornar as pessoas menos tolerantes a períodos de atenção mais longos.[43] Esse estudo fortalece ainda mais a ideia de que assistir a programas de televisão ou a filmes com planos curtos pode nos condicionar a ter menos disposição para prestar atenção por períodos mais longos em outros dispositivos, como nossos computadores e celulares.

A cultura midiática de atenção curta

Vivemos em um ambiente midiático tão acelerado, no qual estamos imersos por dez horas por dia, que argumento ser difícil nossos períodos de atenção não serem afetados. Não só os conteúdos nos afetam, mas também a *estrutura* da mídia, com planos rápidos em filmes de ação, TV, YouTube, videoclipes e anúncios curtos. E, é claro, enfrentamos restrições de duração de conteúdo nas plataformas de rede social. Como nossos períodos de atenção podem não ser influenciados quando estamos consumindo tanta mídia?

Então, o que impulsiona essa tendência? Até que ponto os rápidos cortes de cena dos diretores são informados por seus períodos de atenção mais curtos? Será que a tendência de encurtar a duração das cenas está sendo reproduzida inconscientemente no processo de edição? Será que os editores estão sujeitos às mesmas expectativas do público? Ou, talvez, os cortes rápidos de cena dos diretores sejam informados pela crença de que nossos períodos de atenção estão ficando cada vez mais curtos? É uma questão de causa e efeito. Parece que estamos vivenciando um ciclo no qual nossos períodos de atenção estão encurtando, e em que, ao mesmo tempo, a cultura está se adaptando e criando condições para que eles permaneçam curtos.

Estamos presenciando uma evolução cultural na qual várias vertentes colaboram para deslocar nossa atenção rapidamente — toda vez que ligamos a TV, assistimos a filmes ou usamos as redes sociais. Uma nova geração está crescendo nessa cultura. Na verdade, a duração das cenas está começando a seguir o padrão das flutuações mentais — assim como a mente muda naturalmente de pensamento em pensamento, conforme medido em laboratório.[44] Os pesquisadores James Cutting e seus colegas da Cornell, que acompanharam os planos de filmes ao longo de 75 anos, afirmam que nos acostumamos com essas mudanças rápidas de plano e até mesmo nos condicionamos a esperá-las nos filmes.

Mas também estamos criando a cultura. Jonathan Gottschall descreve em seu livro *The Storytelling Animal* que somos uma espécie contadora de histórias.[45] Somos produtores e consumidores — todos podem ser criadores, colocando suas histórias nas mídias. Esse é um aspecto fundamental do YouTube e das redes sociais. Portanto, os diretores de cinema e TV ou as plataformas de tecnologia não são os únicos responsáveis por mudar as estruturas midiáticas — todos nós somos.

Os filmes e programas de TV usam cortes para transmitir uma história ou, no caso dos longas-metragens cheios de ação, para aumentar nossa adrenalina. Mas, quando desviamos a nossa atenção entre aplicativos e telas nos computadores e celulares, a narrativa que criamos para nossos projetos se desfaz. Continuamos escrevendo e reescrevendo nossos quadros brancos internos. O teórico da mídia Marshall McLuhan observou com perspicácia: "Nós nos tornamos o que contemplamos."[46] Nossos períodos de atenção moldaram a mídia e, por sua vez, a mídia está moldando a nossa atenção.

Parte Três:

Foco, Ritmo e Equilíbrio

CAPÍTULO DOZE:

Livre-arbítrio, Agência e Atenção

Dado o alcance das forças sociotécnicas que abordamos — a estrutura da internet, os algoritmos direcionados, as dinâmicas sociais, as nossas personalidades, emoções e a nossa ampla exposição à mídia na sociedade — sobre nossa atenção, qual será a influência delas em nosso controle de atenção quando usamos nossos dispositivos? Ao mexermos no computador ou celular, até que ponto a nossa atenção depende totalmente da própria vontade, como William James pensava? Realmente temos livre-arbítrio no mundo digital?

Vamos falar mais sobre livre-arbítrio. Existe um debate de longa data sobre a existência dele, remontando a Platão e Aristóteles e continuando até hoje. Essa discussão permanece relevante na era digital. Tendemos a acreditar que as escolhas que fazemos em nossas vidas, como em quem votar ou qual carreira seguir, são resultado do livre-arbítrio. Mas, no mundo digital, muitos reclamam que não conseguem evitar acessar as redes sociais ou reagir a conteúdos sensacionalistas. Se ter livre-arbítrio é comandar nossos pensamentos e ações, será que estamos exercendo-o quando respondemos ao impulso de verificar nossos celulares ou acessar as redes sociais? Essa ação realmente vem da nossa vontade, ou fomos condicionados pelas influências sociotécnicas, que nos estimulam, ou até mesmo coagem, a agir assim?

Vamos considerar duas experiências diferentes que ilustram posições contrastantes sobre o livre-arbítrio no mundo digital. Ben, que trabalha como desenvolvedor de software em uma empresa de tecnologia, disse-me que não tem problemas em focar sua atenção quando usa dispositivos. Ele proclamou que escolhe livremente quanto tempo gasta nas redes sociais, tem total controle sobre quando usa o e-mail e não é de se envolver em jogos por horas a fio. Afirma que pode parar quando quiser e que está no controle de suas ações nos dispositivos.

Por outro lado, Matt, um dos participantes de nosso estudo, que trabalha como analista de pesquisa, sentia ter pouca agência quando estava no computador. Ao descrever sua relação com o e-mail, disse: "Deixo o som de notificações e os pop-ups governarem minha vida." Ele diz que seu comportamento de multitarefas "me foi imposto, em vez de autoimposto", mesmo que não queira trabalhar dessa maneira e não tenha previsto isso quando começou a usar computadores e celulares. Da forma como colocou, Matt se sente impotente. Não há muito que possa fazer "para mudar a maneira como o mundo se impõe sobre mim", apontou, referindo-se, é claro, ao mundo digital.

Há uma diferença marcante aqui: Ben e Matt contrastam em suas visões de mundo sobre a quantidade de livre-arbítrio que têm em seus comportamentos no mundo digital. Quem está certo? Quando uma pessoa entra no TikTok e não consegue sair, apesar de saber que tem outras tarefas para terminar, por que ela não consegue fazer a escolha consciente de parar de assistir? Podemos exercer o livre-arbítrio para resistir a distrações e escolher como controlar e direcionar produtivamente a nossa atenção? Argumentei e mostrei que nossa suscetibilidade a distrações varia com base nos recursos cognitivos disponíveis, nos diferentes estados de atenção que experimentamos ao longo do dia, na personalidade, no design da tecnologia, nas recompensas emocionais, nas dinâmicas sociais e na exposição a uma variedade de mídias no ambiente. Será que a maneira como direcionamos a atenção nos dispositivos é uma simples questão de livre-arbítrio ou isso é uma ilusão?

Examinemos o argumento contra o livre-arbítrio, nos moldes do que Matt expressou. Um dos maiores céticos em relação a esse tópico provavelmente não é quem você imagina. Em 1905, o artigo "Sobre a

Eletrodinâmica dos Corpos em Movimento" abalou a comunidade da física e, depois, o mundo todo, transformando nossa percepção sobre espaço e tempo. Seu autor, Albert Einstein, tornou-se uma celebridade mundial. Ele tinha uma crença surpreendente nas próprias habilidades, muito mais extrema do que mera modéstia. "Não reivindico mérito por nada. Tudo está determinado", disse. "Podemos fazer o que desejamos, mas só podemos desejar o que devemos. Na prática, sou compelido a agir como se a liberdade de escolha existisse."[1]

O que Einstein quer dizer com isso? Acreditamos que ele nasceu com uma predisposição genética para um grande intelecto e que trabalhou duro para alcançar a descoberta da relatividade especial. Mas o físico considerava que tudo tem uma causa anterior. Assim como a Lua pode acreditar que está traçando seu próprio curso, apontou, os humanos, falsamente, acreditam que estão escolhendo seus próprios caminhos.[2] A visão de Einstein é a de um cético radical do livre-arbítrio, uma crença de que as pessoas não têm liberdade total para escolher como agem.

O físico certamente não estava sozinho em sua visão. Psicólogos comportamentais rigorosos consideravam que o comportamento humano é moldado por meio da exposição a estímulos no ambiente, e que essa modelagem comportamental é feita automaticamente. B. F. Skinner acreditava que os comportamentos humanos, ou até mesmo as "mentes e corações de homens e mulheres", são alterados pelas contingências no ambiente social e físico.[3] Para o psicólogo, a cognição humana é uma falácia. Argumentava que os ambientes condicionam nosso comportamento na vida cotidiana. Na verdade, ele tinha tanta convicção disso que projetou um "Berço de Ar" para a filha, que controlava cuidadosamente o ambiente em que ela dormiria e brincaria. Tratava-se uma caixa de metal fechada com um painel de vidro que proporcionava um fluxo de ar, uma temperatura ideal e roupas de cama, e ele criou a filha nessa caixa pelos primeiros dois anos de vida dela. Cerca de trezentas crianças norte-americanas usaram o Berço de Ar de Skinner em meados da década de 1940. A filha de Skinner e as outras crianças, ao que parece, desenvolveram-se normalmente, mas isso ilustra o quanto ele acreditava que o ambiente molda os seres humanos.

Evidências obtidas por meio de exames cerebrais parecem reforçar o argumento contra a existência do livre-arbítrio. Esses estudos têm mostrado que alguns tipos de ações são precipitados por mecanismos inconscientes. Em um estudo clássico realizado por Benjamin Libet[4] e replicado diversas vezes, os participantes foram instruídos a realizar um movimento com as mãos, como girar os pulsos — eles podiam escolher quando fazer isso. Acontece que *antes de qualquer ação consciente*, uma atividade cerebral chamada potencial de prontidão antecedia o movimento dos pulsos em quatrocentos milissegundos. O experimento de Libet mostrou que a ação da pessoa começava primeiro no nível inconsciente, antes mesmo de ela perceber que estava mexendo o pulso. Em outras palavras, os participantes respondiam de forma inconsciente e, em seguida, a parte consciente de seus cérebros entrava em ação. No entanto, eles acreditavam que a origem dos movimentos de seus pulsos tinha sido uma decisão consciente. O estudo de Libet parece se aplicar amplamente a ações como pegar e verificar nossos celulares em busca de mensagens. Se nos perguntassem, provavelmente diríamos que tomamos uma decisão consciente nesse caso. No entanto, geralmente alcançamos nossos dispositivos de forma reflexiva, o que aparenta estar mais para uma decisão inconsciente.

A ideia de livre-arbítrio está profundamente enraizada nas culturas ocidentais. Na verdade, se eu perguntasse às pessoas na América do Norte e na Europa sobre esse tópico, a maioria diria intuitivamente que tem livre-arbítrio. Mas devemos aceitar isso como verdade absoluta? O filósofo Daniel Dennett, professor na Universidade Tufts, investiga a questão do livre-arbítrio há muitos anos e acredita que os seres humanos têm a capacidade de agir como escolherem e também de refletir sobre suas ações. É esse livre-arbítrio que nos torna moralmente responsáveis por nossas ações. Dennett acredita que ainda podemos ter livre-arbítrio mesmo em um mundo determinista, ou seja, onde os efeitos são determinados por causas anteriores.[5]

Mas aqui está o dilema: se realmente temos livre-arbítrio no mundo digital, por que não o praticamos e escolhemos ser mais focados? Por que não exercemos nossa própria vontade sobre a atenção como William James expressou? Ter livre-arbítrio significa não apenas escolhermos como queremos nos comportar, mas também sermos capaz de autorregular nossas ações. Isso significa termos controle da nossa atenção e sermos capaz de resistir a verificar o Twitter, o Instagram ou de reagir a interrupções. Muitos relatam que desejam se autorregular. Se realmente temos total livre-arbítrio para escolher como queremos agir, por que nossa autorregulação diminuiria apenas devido às circunstâncias, como quando dormimos pouco ou quando tentamos resistir a determinadas escolhas por horas? Quando verificamos o e-mail com frequência, mas reclamamos disso, por que não exercemos o livre-arbítrio e paramos de verificá-lo? Ao longo dos anos, em nossos estudos, os participantes expressaram o desejo de serem mais focados, mas constatamos que sua atenção, muitas vezes, desloca-se de forma cinética. O exercício do livre-arbítrio pode ser diferente quando se trata de desejos em vez de ações. Os fumantes não têm controle sobre o desejo de fumar um cigarro.[6] Da mesma forma, as pessoas não conseguem parar de querer entrar no Instagram ou jogar *Candy Crush*. Se o livre-arbítrio existe, então é possível superar os desejos. Por exemplo, resistir à vontade de acessar o Instagram e, em vez disso, trabalhar no relatório atrasado. Certos traços de personalidade, como Conscienciosidade e baixa Impulsividade, desempenham um papel na resistência aos desejos, como discutimos anteriormente. Mas será que o restante de nós precisa usar ferramentas de bloqueio de software para nos contermos, assim como Odisseu, que se amarrou ao mastro do navio, sabendo que não conseguiria resistir aos chamados das sereias?

Existe uma terceira posição sobre o livre-arbítrio que talvez explique melhor nossos comportamentos digitais. Essa visão, chamada por alguns de determinismo suave, situa-se entre a crença e o ceticismo em relação ao livre-arbítrio completo. Ela reconhece que outros fatores ou condições podem moldar nosso comportamento, o qual pode ter antecedentes, como nossa constituição genética, nossa criação cultural ou nosso ambiente, mas eles não determinam completamente nossas ações. Dentro dessas limitações, nessa visão, temos alguma capacidade de moldar nossas ações. É difícil negar que as circunstâncias desempenham um papel em nossas decisões. Se olharmos para onde escolhemos estudar ou para a carreira que seguimos, essas decisões provavelmente foram influenciadas pelas circunstâncias ou até pela sorte. Uma pessoa nascida na pobreza provavelmente terá um status socioeconômico mais baixo, trinta anos depois, do que alguém que nasceu na riqueza. Além disso, a pobreza também aumenta a probabilidade de que, mais tarde na vida, essa pessoa tenha uma saúde pior e morra mais jovem. As meninas que são desencorajadas a fazer aulas de matemática geralmente não seguem carreiras em ciências e engenharia. Esses são exemplos que apontam para o papel das circunstâncias que orientam ou limitam comportamentos. O acaso também pode desempenhar uma função em nossas decisões: podemos ter conseguido um emprego por causa de alguém que conhecemos em uma festa. Conheci meu marido quando, depois de recusar um convite para jantar com colegas, decidi ir de última hora e me sentei em frente a ele no restaurante. Também nascemos com personalidades únicas que nos predispõem a agir de certas maneiras. Da mesma forma, encontros sociais precoces podem afetar comportamentos: se uma pessoa foi vítima de bullying, exposta a drogas ou conheceu um modelo inspirador — qualquer uma dessas experiências pode moldar como ela pode se relacionar com os outros mais tarde na vida. No entanto, o determinismo suave nos oferece otimismo: apesar das circunstâncias que podem influenciar o comportamento, tanto no início da vida quanto no presente, ainda é possível escolhermos livremente como agimos. Isso é uma boa notícia, pois sugere que, apesar de tantos fatores diferentes que podem direcionar nossos comportamentos e criar distrações, podemos tomar o controle da nossa atenção no mundo digital.

As ações conscientes, as reações automáticas e o livre-arbítrio

As decisões conscientes têm propriedades distintas das automáticas, e pesquisas em neurociência mostram que as duas se originam de locais diferentes no cérebro. O livre-arbítrio envolve controle consciente[7], e é claro que, regularmente, tomamos decisões conscientes quando usamos nossos dispositivos, nos quais usamos atenção endógena ou voltada para um objetivo. A execução de ações conscientes é impulsionada por uma série de processos que ocorrem em diferentes regiões do cérebro. Quando abrimos nossos notebooks, primeiro, geramos possíveis planos. Por exemplo, decidimos se vamos verificar as notícias, navegar no Twitter ou no Facebook, ou trabalhar naquele relatório atrasado. Essa decisão ocorre no córtex frontal do cérebro, a parte responsável pelo planejamento, localizada logo atrás da testa. Em seguida, os circuitos de recompensa cerebrais avaliam o que nos trará uma experiência positiva ou negativa. Então, nas áreas de atenção do nosso cérebro, escolhemos a experiência positiva.

Mas, se nos referirmos aos estudos de Libet, algumas ações que consideramos conscientes e intencionais podem ser automáticas. Por exemplo, talvez não estejamos agindo com intenção, mas nos comportando automaticamente, quando respondemos a anúncios direcionados por algoritmos que conhecem nossa personalidade ou a notificações piscantes projetadas para chamar nossa atenção. Os céticos do livre-arbítrio podem dizer que essas ações são impulsionadas por mecanismos neurais fora da nossa consciência. Como no teste de Stroop discutido anteriormente, é difícil resistir às nossas reações automáticas.

Do ponto de vista da neurociência, esses tipos de notificações digitais têm o que é chamado de "saliência *bottom-up*". Ela opera por meio de uma parte do cérebro chamada rede atencional ventral (ou rede atencional exógena), a qual nos informa que devemos prestar atenção nesse objeto em movimento e piscante, da mesma forma que nossos ancestrais ficariam em alerta máximo para reagir a movimentos na vegetação que sinalizassem um predador. Assim, quando um anúncio direcionado pisca na tela ou tem palavras-chave atraentes que capturam nosso interesse, ocorre uma resposta automática, como se estivéssemos operando no piloto automático. Outros exemplos comuns de tais respostas automáticas são quando pegamos, sem olhar, o celular que está perto de nós e quando clicamos na notificação do Facebook no topo da tela ou no ícone de e-mail, podendo ser influenciados por forças sociais, como o desejo de manter nosso capital social com outros. E agimos antes mesmo de termos consciência disso.

As respostas automáticas têm suas vantagens, pois não consomem recursos de atenção e, teoricamente, economizam energia mental. Mas esse tipo de automaticidade pode ser prejudicial se nos levar a comportamentos contrários aos nossos objetivos de nível mais elevado. Além disso, quanto maior a frequência com que realizamos as mesmas respostas automáticas, como verificar o celular ou e-mail, mais fortes elas se tornam. Uma vez que se estabelecem bem, fica difícil a função executiva controlá-las. É por isso que, após muitas instâncias de verificar o celular ao longo dos anos, é difícil resistir a pegá-lo e clicar no botão "Início" quando ele está à vista.

Forças que moldam a agência humana em nosso comportamento digital

No nosso uso diário de computadores e celulares, estamos constantemente enfrentando o desafio de nos mantermos atentos em nossas metas. Porém, com muita frequência, nossos objetivos de alto nível são minados por todas as tentações da web. Passamos duas horas nas redes sociais em vez de terminar um relatório. Perdemo-nos assistindo a vídeos no YouTube. Esse desafio de obter controle sobre o que fazemos e não ceder a comportamentos indesejáveis não tem sido ignorado pelos psicólogos. Albert Bandura transformou o argumento mais amplo sobre o livre-arbítrio em um problema da agência humana mais focado e passível de resolução. Ter agência sobre as próprias ações significa que é possível agir intencionalmente da maneira que se deseja neste mundo complexo. Com ela, as pessoas podem fazer escolhas dentro dos limites de suas forças e fraquezas, conscientizar-se das causas e efeitos de suas ações, autorregular-se e compreender as restrições de seus ambientes.

Bandura percebeu que nossos ambientes circunscrevem e limitam as opções de como podemos agir. Por exemplo, uma pessoa privada de liberdade não pode sair das quatro paredes da cela, mas ainda pode exercer agência na forma de pensar. A Califórnia ocasionalmente impõe cortes de energia que limitam o que a população pode fazer durante esses apagões (por exemplo, não é possível usar o micro-ondas), mas esses cortes podem oferecer mais opções de ação no futuro, se prevenirem incêndios florestais e protegerem o fornecimento de energia. A posição de Bandura é otimista, pois ele acreditava que podemos superar influências ambientais e escolher o próprio futuro. Talvez não seja possível para a maioria das pessoas superar as circunstâncias da pobreza e se tornar um sócio de destaque em um escritório de advocacia, mas elas podem, pelo menos, esforçar-se para influenciar suas direções e, por exemplo, obter um diploma em direito.

Os interesses de pesquisa de muitos psicólogos foram inspirados por eventos pessoais que moldaram suas vidas. Da mesma forma, Bandura foi atraído para o estudo da agência humana por sua experiência ao viver na difícil região do norte do Canadá. Ele cresceu em Mundare, Alberta, uma pequena cidade de 400 habitantes com apenas 1 escola. Por haver somente dois professores para cobrir todos os cursos do ensino médio, Bandura assumiu, em grande parte, o controle da própria formação. Sua experiência de autossuficiência e sua educação, assim como sua exposição ao duro estilo de vida no Yukon — onde trabalhou antes da faculdade — plantaram uma semente para seu interesse no estudo da autoeficácia. Por fim, obteve seu doutorado na Universidade de Iowa (Kurt Lewin havia deixado essa faculdade alguns anos antes) e depois ingressou no corpo docente de Stanford. Tendo começado em um estilo de vida pioneiro, ele acabou se tornando um dos psicólogos sociais mais famosos do século XX.

Bandura, que faleceu enquanto eu trabalhava neste livro, passou sua longa carreira compreendendo como as pessoas podem começar a acreditar na própria capacidade de assumir o controle sobre as próprias ações. Ele chegou à ideia de que a agência humana possui quatro propriedades: intencionalidade; antecipação; autorregulação e autorreflexão e comportamento corretivo.[8] É fácil imaginar como elas refletem a agência quando agimos no mundo físico. Por exemplo, alguém pode, com intencionalidade, escolher frequentar a universidade. Usando a antecipação, essa pessoa pode imaginar como será o próprio futuro se decidir estudar em uma faculdade fora do estado. Ela poderia demonstrar autorregulação, evitando festas descontroladas e estudando para as provas. A última propriedade da agência, que é autorreflexão e comportamento corretivo, ocorrerá quando essa pessoa perceber que cometeu um erro ao aceitar um emprego após a formatura e tomar a iniciativa de mudar de emprego para corrigir o erro.

No entanto, pode ser mais difícil pensar em como essas propriedades da agência podem operar no mundo digital, especialmente se quisermos aplicá-las para controlar nossa atenção. Com a primeira propriedade, intencionalidade, podemos fazer planos e escolher conscientemente trabalhar no relatório mensal, lidar com e-mails acumulados na caixa de entrada ou verificar o Twitter. A segunda propriedade da agência, antecipação, pode não ser óbvia, por exemplo, quando pensamos no impacto do uso das redes sociais no nosso futuro, especialmente se essa ação decorrer de uma escolha momentânea. No entanto, se pensarmos em como acessar o Facebook pode afetar nosso trabalho mais tarde no dia, isso é uma antecipação. Escrever este livro também é um bom exemplo. Sempre que reservo um tempo para trabalhar no computador, tento antecipar como o livro pode se desenvolver. A terceira propriedade de Bandura, autorregulação, como vimos anteriormente neste livro, é um desafio para muitos no mundo digital. Eles podem ter dificuldade em autorregular seu comportamento de jogos, as verificações do celular ao longo do dia ou da noite ou o uso excessivo das redes sociais — tudo isso pode interferir nos objetivos endógenos (internos). Claro, aqueles que nasceram com traços de personalidade que lhes dão uma predisposição para baixa Impulsividade e alta Conscienciosidade têm muito mais facilidade, porque tiveram um bom conjunto de cartas desde o início. Mas essa mão não é necessariamente fixa, como veremos a seguir.

Isso nos leva à quarta propriedade de Bandura em relação à agência: autorreflexão e comportamento corretivo. Esse aspecto é muito importante para o controle da atenção, porque significa a capacidade de refletir sobre o que fazemos nos dispositivos e de usar essa consciência para mudar nosso comportamento. Por exemplo, quando temos agência, não apenas percebemos que estamos gastando tempo excessivo em um jogo, mas também temos o poder de agir para parar com isso. Mas como? Sabemos que a mudança não é fácil, no entanto, para refletir sobre nosso comportamento e, em última análise, mudá-lo, primeiro precisamos estar cientes dos fatores subjacentes que o causam. Em outras palavras, para desenvolver a crença de que podemos mudar nosso comportamento, que é uma parte fundamental da prática da agência humana, precisamos entender por que estamos agindo dessa forma em primeiro lugar. Isso nos ajuda a desenvolver nossas próprias ferramentas internas para sermos capazes de mudar de rumo. De acordo com Bandura, o ato de gerar tal compreensão é uma base importante para o desenvolvimento da agência, pois ele pode levar à autorreflexão e, em última análise, à correção do comportamento.

Uma parceria estranha e complicada

Então, diante de toda a complexidade existente no mundo digital, como podemos agir com agência? Como nos comportar de uma maneira que seja consistente com nossos objetivos de alto nível? Primeiro, vamos recuar um passo e lembrar que não usamos a tecnologia no vazio. Nossa atenção está sujeita a tantas influências além do eu — ela está envolvida em uma relação complexa com múltiplos fatores, tanto internos quanto externos, que a guiam, permitem e limitam no mundo digital. Alguns dos fatores que influenciam a atenção são causais (um anúncio projetado por algoritmos que entra no nosso campo de visão e captura nossa atenção). Outros fatores parecem afetá-la de forma recíproca. Por exemplo, atentamo-nos ao construir nossa rede social online e, por sua vez, somos distraídos pelas pessoas nela. Nossa relação com os dispositivos é complicada e confusa. Vamos examinar mais de perto como os fatores que discutimos na Parte II do livro podem trabalhar em conjunto e afetar nossa atenção. Essa análise pode nos ajudar a nos conscientizar de nosso comportamento — a primeira propriedade associada à agência de Bandura. Alcançar a consciência de nossas ações é fundamental para a mudança. No próximo capítulo, abordaremos como podemos desenvolver uma metaconsciência de nossas ações, uma consciência profunda e instantânea do que estamos fazendo. Também falaremos, posteriormente, de outros aspectos da agência em relação à conquista do controle da atenção.

Em primeiro lugar, os algoritmos exercem um efeito direto na atenção, aproveitando informações sobre nós que entregamos inconscientemente com base em nossa atividade na internet. Os anúncios, as recomendações e os feeds de notícias são cuidadosamente personalizados para nos atrair. Claro, podemos tentar resistir, mas eles são poderosos e implacáveis.

Uma influência menos direta é a nossa personalidade, que não determina nosso comportamento de atenção, mas estabelece o cenário em que podemos reagir aos estímulos. Uma pessoa que nasceu com uma personalidade impulsiva provavelmente terá que se esforçar mais para resistir às distrações em comparação às que têm pontuação mais baixa nesse traço de personalidade. Como minha pesquisa mostrou, alguém que tem uma pontuação alta em Neuroticismo, em média, alternará a atenção com mais frequência entre as telas do que outro que tem uma pontuação mais baixa nesse traço.

As influências sociais na atenção também podem ser poderosas. Criamos estruturas sociais e, então, nossos comportamentos são moldados por elas. No mundo físico, as pessoas estabelecem instituições como escolas, locais de trabalho e clubes, com normas às quais se conformam. Também criam estruturas sociais, como grupos e comunidades, nas quais a troca de capital social e a influência social exercida as incentivam a permanecer conectadas socialmente. Elas formam essas estruturas sociais que, por sua vez, moldam o comportamento das pessoas ali dentro.

No mundo digital, as empresas de tecnologia fornecem as plataformas nas quais estabelecemos estruturas sociais, como uma rede de amigos no Facebook ou um grupo de seguidores no Twitter. Assim, criamos nossas próprias estruturas sociais digitais que moldam nossa atenção. Podemos decidir limitar nossa rede de amigos apenas aos mais próximos, ou podemos aceitar muitos convites e convidar muita gente para a festa, de modo que integremos um círculo de mil usuários. Provavelmente, uma rede de mil amigos consumirá mais nossa atenção do que uma de cinquenta, apresentando mais notificações e mais postagens. Ou podemos construir uma grande base de seguidores no Instagram, e as curtidas que recebermos nos incentivarão a postar ainda mais, e assim o ciclo de distração continua.

Outro tipo de relação recíproca envolve o design da internet e a atenção. A visão para o design e a estrutura da internet era democrática, com uma arquitetura aberta. O fato de qualquer pessoa — fossem indivíduos ou empresas — poder contribuir com conteúdo e desenvolver a estrutura promove o crescimento contínuo de novos conteúdos, e isso está relacionado com nossa curiosidade inata, que sempre busca novidades. Muitos também experimentam o FOMO (medo de ficar de fora). Construímos nossas postagens com base nas dos outros, contribuindo com mais informações e links, oferecendo mais para a atenção de todos os usuários. Se um museu continua crescendo em suas ofertas, voltaremos sempre. Além disso, a estrutura de nós e links fornece um caminho suave para a atenção vagar pela nossa rede interna de memória semântica.

Os designers de software projetaram interfaces de maneira inteligente que nos incentivam a agir de determinada forma, levando-nos a acreditar que o fazemos por vontade própria. Por exemplo, ficamos na beira do sofá após um episódio de um programa, e a Netflix reproduz automaticamente o próximo, e acreditamos ter decidido voluntariamente continuar assistindo. Na verdade, somos atraídos, talvez pela tensão da contagem regressiva de segundos, a continuar assistindo. Outro exemplo é o botão “Retweetar” no Twitter, que nos incentiva a compartilhar tweets. Quando estamos envolvidos, realizamos essas ações. Mas as pessoas que projetaram esses tipos de estímulos também aprimoram seus designs com base na reação dos usuários, visando maximizar sua eficácia.

É possível encontrar relações recíprocas semelhantes em um ambiente midiático mais amplo. Os planos rápidos e as transições abruptas em filmes, programas de TV, vídeos do YouTube e videoclipes podem ter sido desenvolvidos para avançar a trama e direcionar nossa atenção. Ou talvez as escolhas de alguns diretores e editores sejam feitas porque eles acreditam que adotar mudanças rápidas de cena é a maneira de manter pessoas com pouca capacidade de atenção envolvidas.

Ou talvez suas escolhas sejam impulsionadas por um motivo lucrativo de encaixar o máximo possível em um curto espaço de tempo. Ou talvez suas capacidades de atenção reduzida estejam influenciando essas escolhas estéticas. Nossa atenção está sendo direcionada em um mercado altamente competitivo pela "propriedade" da nossa mente.

Nosso comportamento de atenção também é muito influenciado pela nossa situação e contexto. Uma pessoa que sente que seus recursos mentais estão esgotados após um dia exaustivo de reuniões terá pouca resistência para não clicar em um anúncio direcionado por algoritmo ou para não ceder ao impulso interno de entrar no TikTok em busca de uma recompensa engraçada. Ou, como mostraram minhas pesquisas, essa pessoa provavelmente preferirá realizar atividades leves, porque elas são fáceis (como usar o Instagram ou jogar *Candy Crush*) e também nos fazem nos sentir satisfeitos. Se, já tarde da noite, você é um adolescente, privado de sono e com trabalhos escolares pendentes, será muito difícil não responder à notificação do seu amigo no Instagram.

Utilizando a agência como um caminho

Então, será que criamos um mundo digital que dificulta ou até impossibilita que alguns exerçam uma escolha livre? Nosso mundo digital e nosso comportamento nele são moldados por nossas cultura, práticas atuais e história, e não poderíamos ter criado um mundo virtual livre desses elementos. A influência cultural é especialmente evidente quando olhamos para o design da tecnologia: os sinais e símbolos do mundo digital remontam aos do mundo físico ocidental, como as metáforas de arquivos, pastas e lixeira nas interfaces dos computadores e os termos "amigo" e "rede" no Instagram e Facebook. Esses símbolos têm a intenção de nos sinalizar como agir no mundo digital, e os seguimos de bom grado, porque eles se relacionam com nossas vidas no mundo físico. Não podemos atribuir a falta de atenção apenas aos algoritmos e às notificações; nosso comportamento de atenção quando usamos dispositivos está envolvido em uma cultura muito mais ampla, além da tecnologia. Não devemos esquecer que também estamos inseridos em um mundo físico que afeta nossos comportamentos digitais.

Se reformularmos o objetivo de buscar o livre-arbítrio no mundo digital como na forma de uma busca pela agência, e se acreditarmos que desenvolvê-la nele é possível — e eu acredito que seja —, então precisamos entender como esses fatores subjacentes podem direcionar e limitar nossa atenção de maneiras complexas. A consciência e a autorreflexão sobre as motivações de nossos comportamentos podem nos levar a dominar nossa atenção no mundo digital.

»«

Como Ben descreveu antes, algumas pessoas podem acreditar que estão no controle no mundo digital e que conseguem facilmente manter seus objetivos de alto nível quando usam seus dispositivos. No entanto, para muitos participantes dos meus estudos, esse não é o caso. A maioria de nós é suscetível a forças individuais, ambientais e tecnológicas que direcionam nosso comportamento de atenção, sem que, talvez, nem percebamos. A visão de agência de Bandura, no entanto, oferece um caminho adiante. Ela sugere que podemos tomar consciência de nosso condicionamento e nossas circunstâncias e que, embora talvez não sejamos capazes de controlar nossos desejos, é possível controlarmos nossos comportamentos. Essa consciência pode nos ajudar a construir novas formas de trabalho. Com tal agência, podemos alcançar nossos objetivos de atenção de alto nível, concluindo nossas tarefas; regular estrategicamente os estados de atenção, equilibrando-os melhor, e aprender a utilizar nossa tendência à atenção cinética em nosso benefício. A seguir, analisaremos especificamente o que podemos fazer para alcançar essa agência e esse controle da atenção.

CAPÍTULO TREZE:

Alcançando Foco, Ritmo e Equilíbrio

Conforme mencionado no início deste livro, é hora de repensar nossa relação com nossas tecnologias pessoais. Precisamos reformular nosso objetivo de maximizar a produtividade humana com nossos dispositivos para, em vez disso, usá-los, mantermos um equilíbrio psicológico saudável e, ao mesmo tempo, alcançarmos nossas metas. Além do uso de nossos dispositivos, é claro que há muitas coisas que podem perturbar nosso equilíbrio psicológico, como discutir com um parceiro, lidar com uma criança indisciplinada ou ser negligenciado em uma promoção muito esperada. Mas a realidade é que passamos a maior parte do nosso tempo desperto em nossos computadores, tablets e celulares, e, portanto, neste capítulo, vou me concentrar em como podemos nos sentir positivos e enérgicos, e não estressados e exaustos — em outras palavras, vou abordar como podemos alcançar um equilíbrio psicológico ao usar nossos dispositivos.

O que exatamente queremos dizer com equilíbrio psicológico? O sistema nervoso autônomo controla certos processos corporais e é composto por duas partes: os sistemas parassimpático e simpático. O primeiro regula as funções de "descanso e digestão" quando o corpo está relaxado, ou seja, reduz a frequência cardíaca e controla a digestão. O segundo, por outro lado, está associado à reação de luta ou fuga, ou seja, aumenta a frequência cardíaca e o fluxo sanguíneo para os músculos em resposta a situações estressantes. Conforme minha pesquisa mostrou, as multitarefas, com a rápida alternância de atenção, as interrupções e o foco sustentado excessivo, resultam em estresse e, quando isso acontece por muito tempo, aumenta excessivamente o domínio do sistema nervoso simpático. Se esse prevalecer sobre o sistema parassimpático, o corpo permanece em um estado de luta ou fuga, e isso pode levar a uma série de problemas de saúde, como hipertensão[1]. Se estamos constantemente experimentando estresse, então nosso sistema psicológico também fica desequilibrado. Podemos tomar medidas para alcançar um equilíbrio interno, o que é chamado de *homeostase psicológica.*[2]

Quando nosso sistema nervoso autônomo está em equilíbrio, nossa performance é melhor. O estado de espírito associado à homeostase psicológica é positivo: uma combinação de contentamento, felicidade e energia.[3] Quando nos sentimos positivos, podemos realizar mais. A emoção positiva é mostrada como um antecedente da criatividade[4] e, conforme discutimos com a teoria de ampliação e construção no Capítulo 10, aumenta a amplitude dos nossos pensamentos e ações para podermos gerar uma maior variedade de soluções para os problemas.[5]

Se você se lembra do Capítulo 3, minha pesquisa mostrou que a atenção não é apenas uma questão binária de estar focado ou desfocado — ela varia ao longo do dia, e cada tipo de atenção tem um propósito diferente. A atenção focada nos permite processar profundamente o material, e a rotineira nos permite recuar e recarregar. O tédio, embora, em excesso, possa nos fazer nos sentir negativos, também pode ajudar a aliviar a carga cognitiva. Seguimos ritmos naturais em nossas vidas: o circadiano nos indica quando dormir e acordar, ajustamos nossas rotinas ao ritmo da noite e do dia, e nossa fala é rítmica.[6] Nossa atenção também tem um ritmo — às vezes, temos os recursos para nos concentrarmos profundamente, e, outras, nem tanto. Continue pensando em seu medidor interno e reconheça quando seu reservatório estiver cheio e pronto para um trabalho duro e criativo, mas também quando você precisa parar e reabastecer esse reservatório. Utilizar os diferentes tipos de atenção intencionalmente, levando em consideração seus recursos cognitivos, pode ajudá-lo a alcançar seus objetivos e ainda manter um equilíbrio psicológico interno.

Desenvolvendo agência para controlar a atenção

Para manter um equilíbrio interno, você precisará desenvolver agência para controlar a sua atenção, bem como internalizar isso em sua prática diária. No último capítulo, discutimos a noção de Bandura de que a agência envolve quatro propriedades: intencionalidade; antecipação; autorregulação e autorreflexão e comportamento corretivo.[7] Elas também podem ser aplicadas para obter controle da atenção no mundo digital.

Estar no controle da atenção significa desenvolver uma percepção consciente de como você a utiliza. Por exemplo, depois de anos usando o Facebook habitualmente, comecei a questionar o que eu estava obtendo das redes sociais. Descobri que as interações cara a cara ou os telefonemas ofereciam muito mais valor e ajudavam a construir confiança nos relacionamentos. Durante a pandemia, agendei conversas regulares no Zoom com amigos, mas também com colegas que normalmente encontraria no trabalho ou em conferências. Os recursos de amizade mínimos que eu havia obtido usando as redes sociais agora eram muito mais fortes graças a essas conversas em tempo real. Mas você pode usar as redes sociais estrategicamente para obter benefícios em suas amizades, e falarei mais sobre isso em breve.

A metaconsciência dos comportamentos digitais

A fim de obtermos controle sobre a nossa atenção, vamos começar com a primeira propriedade de Bandura para alcançar a agência: a intencionalidade. Você pode aprender a praticar a *metaconsciência* de suas ações, uma técnica poderosa para trazer sua atenção e ações para um nível consciente, permitindo que seja mais intencional em suas escolhas. Ter metaconsciência significa saber o que você está experienciando à medida que a situação se desdobra, como quando está consciente de sua escolha de alternar entre telas, passando do trabalho à leitura do *The New York Times*. Se você entrou no TikTok e não percebeu quanto tempo passou ou se perdeu em um labirinto na internet, então foi por falta de metaconsciência sobre seu comportamento.

A metaconsciência é uma mentalidade analítica que ajuda você a processar, de forma mais profunda, seu comportamento e as razões pelas quais está fazendo algo. Trata-se de observar suas atitudes feito um observador externo, o que então o leva a trazer ações habituais para um nível consciente. Cheguei a essa ideia quando a pandemia começou e fiz um curso que minha universidade oferecia sobre meditação *mindfulness*, ou atenção plena. A atenção plena ensina a focar o que se experimenta no presente, como a respiração, ou estímulos externos, como sons, ou sensações físicas no corpo. O resultado é que você se torna mais consciente do presente.

Percebi que um processo semelhante poderia ser aplicado para conscientizar mais alguém do comportamento em seus dispositivos. Sou treinada para observar o comportamento das pessoas, o que já fiz fora dos laboratórios, e percebi que é possível aplicar ao meu comportamento um tipo semelhante de observação interna. Então, testei e descobri que isso me ajudou a aprender mais sobre meu comportamento online e a agir de forma mais deliberada. É claro que tenho muita experiência em conduzir observações, então aprender a observar meu comportamento foi relativamente fácil para mim. Mas qualquer pessoa pode aprender a se observar feito um observador externo — é uma habilidade que podemos desenvolver. Não é necessário fazer um curso de atenção plena para desenvolver a metaconsciência ao usar dispositivos; em vez disso, é possível aprender a se fazer as perguntas certas para controlar a atenção. Quanto mais pratica a atenção plena, melhor você se torna nela, e descobri que a prática da metaconsciência funciona da mesma maneira.

Lembre-se dos erros de enquadramento que podem ocorrer nas escolhas, conforme discutido no Capítulo 2: as pessoas podem avaliar erroneamente o valor de uma escolha, bem como a quantidade de tempo que planejam gastar fazendo algo. Você pode tentar evitar esses erros de enquadramento se fazendo perguntas para se conscientizar mais de seu comportamento. Por exemplo, antes de acessar uma rede social, questione-se: Entrar lá vai me agregar algum valor? Se você já estiver no site, pode se perguntar: Quanto tempo já passei aqui? Permanecer aqui está me agregando algum valor? Ao usar a metaconsciência, você muda sua mentalidade, passando de um usuário de atenção passivo a um usuário ativo. Fazer tais perguntas, muitas vezes, impediu que eu clicasse em um site de notícias ou em uma rede social. É claro que você pode adotar uma mentalidade analítica a qualquer momento, mas descobri que existem três momentos principais em que isso funciona bem: (1) quando quero avaliar meu nível de recursos cognitivos; (2) quando sou tentada a trocar de tela e visitar um site que não está relacionado à minha tarefa atual, como uma rede social, um portal de notícias ou uma página de compras, e, (3) quando já estou realizando uma atividade rotineira, para avaliar se ela ainda vale a pena.

Pratique a metaconsciência para aprender a reconhecer se seus recursos de atenção estão baixos e se você precisa de uma pausa. Eu costumava trabalhar o dia inteiro sem fazer intervalos o suficiente e só percebia tarde demais que estava exausta. Agora aprendi a me perguntar: Como estou me sentindo? Devo continuar trabalhando ou já estou cansada? Preciso fazer uma pausa e recuperar minha energia? Essas perguntas me conscientizaram mais do nível dos meus recursos pessoais e descobri que consigo até ser proativa, fazendo intervalos antes de ficar muito exausta. É claro que, às vezes, vamos para as redes sociais ou nos entretemos com jogos simples porque nossos recursos cognitivos estão baixos. Isso é perfeitamente normal. Essas atividades sem sentido são ótimas para pequenas pausas, embora o melhor seja se levantar e movimentar. Mas, mesmo que acesse as redes sociais ou se entretenha com jogos simples e repetitivos, você pode aprender a se conscientizar do momento quando sentir que já passou tempo suficiente nessas atividades. Pergunte-se: Você se sente revigorado? Ou está tentando evitar um trabalho difícil? Se sim, o que torna a tarefa difícil? Há alguma parte dela que não entende em que alguém pode ajudá-lo?

Você está nas redes sociais porque está entediado com seu trabalho? Quanto mais analisar seu comportamento, mais fácil será sair desse labirinto. Ao fazer essas perguntas continuamente, pode se tornar um observador profissional de si mesmo.

Enquanto eu escrevia este livro, houve um alerta de notícias sobre um veredicto de um julgamento de grande repercussão. Meu impulso foi trocar de tela para ler sobre isso, mas, primeiro, parei e me perguntei: Isso realmente me agregará valor? Preciso fazer uma pausa agora para ler sobre essa notícia? Decidi esperar até chegar a um momento de intervalo do meu trabalho. (Nesse ponto, minha empolgação já havia diminuído.) Enquanto leio, por exemplo, uma reportagem, eu me pergunto: Já entendi a essência da história? Ainda estou aprendendo algo novo e interessante? Se continuar, meu retorno será apenas marginal e decrescente? Se for, então paro — é simples assim. Isso impede que você se aprofunde demais na armadilha de atenção do custo afundado, da qual, psicologicamente, é difícil sair.

Desenvolver a habilidade de usar a metaconsciência é como um músculo que é possível desenvolver. No início, você pode se esquecer de pausar e se fazer essas perguntas, mas, quanto mais pratica, mais natural isso se torna. Pode começar escrevendo perguntas simples para si mesmo, como em notas adesivas, e mantê-las à vista. Quanto mais capaz você for de desenvolver uma metaconsciência, mais intencional poderá ser em suas ações. Com a prática, desenvolverá uma mentalidade analítica ao considerar seu comportamento.

Desenvolvendo antecipação no comportamento digital

A segunda propriedade de Bandura, o uso da antecipação, é outra ferramenta que pode ajudá-lo a ganhar agência quanto à sua atenção. Essa propriedade significa imaginar como suas ações atuais podem afetar seu futuro. Isso também o torna mais consciente e intencional em seu comportamento. Antes de acessar as redes sociais ou se entreter com um jogo online, reserve um momento para pensar adiante e imaginar como será o fim da manhã ou do dia, caso se entregue a essas atividades. Você conhece seus hábitos e provavelmente sabe quanto tempo costuma passar nas redes sociais ou em um site de notícias. Sabendo que costuma se perder nas redes, visualize como passar vinte minutos (ou duas horas) do seu tempo nelas afetará seu trabalho (e vida pessoal) algumas horas depois. Vamos imaginar que você precisa concluir várias tarefas: fazer uma apresentação em PowerPoint, escrever um memorando, lidar com e-mails, acompanhar o Slack e, além disso, procurar um apartamento. Você sabe que gosta de visitar as redes sociais, mas também sabe que, uma vez lá, tende a ficar facilmente por uma hora. Então, antes de acessá-las, pause e imagine que vai passar uma hora nelas. Como será o fim do seu dia?

Você imagina que não conseguirá concluir aquela apresentação do PowerPoint, ou se vê ficando acordado até tarde para compensar o tempo perdido? Se for estudante, a antecipação é especialmente importante — em nossos estudos com universitários, descobrimos que as redes sociais consomem uma quantidade desproporcional do tempo deles. Visualize como será a sua noite às duas da manhã. Estará dormindo ou ainda acordado, terminando as tarefas porque passou muitas horas nas redes sociais? Você visualiza algum arrependimento? Amplie seu pensamento além do momento presente para considerar as implicações das ações de agora em sua vida futura ao longo do dia.

As metas são importantes, mas, sem uma visualização para acompanhá-las, elas se tornam abstratas e difíceis de manter em mente. Quanto mais detalhada for a sua visualização, inclusive imaginando quais podem ser suas emoções, mais fácil será agir para corrigir o curso, se necessário. Visualizar o impacto que passar tempo nesses sites lhe trará a curto prazo, e possivelmente até a longo prazo, introduzirá obstáculos antes de você alternar a atenção. Visualizar esse futuro pode ajudá-lo a desenvolver a consciência de que suas ações presentes têm consequências. Uma imagem detalhada do futuro (concluir seu trabalho, ter tempo para relaxar, assistir ao próximo episódio daquela série da Netflix e ler um livro antes de dormir) se torna um motivador para que siga suas metas.

Admito que sou fascinada por um certo jogo de anagrama chamado *Pangram*. Ele tem diferentes níveis e cria tensão enquanto eu me esforço para alcançar um nível mais alto — isso é intencional, pensado pelos desenvolvedores do jogo. Quando começo a jogar, continuo no *Pangram* porque não conseguirei aliviar a tensão (seguindo a noção de redução de tensão de Kurt Lewin) até atingir um nível mais alto. Também sei, devido às minhas características de personalidade, que, uma vez que eu começo o jogo, é difícil parar antes de terminá-lo. Não é uma boa escolha jogá-lo como uma pausa curta a fim de reiniciar meus recursos — o resultado de Zeigarnik sobre tarefas interrompidas é relevante para mim, pois não consigo tirar o jogo da cabeça até atingir aquele nível mais alto. Às vezes, mesmo depois de passar de nível, continuo jogando para ver se consigo encontrar ainda mais palavras. É como uma obsessão para mim. Então, antes mesmo de começá-lo, eu pratico a antecipação. Sei que posso gastar de trinta minutos a várias horas até alcançar o nível mais alto, então considero como isso vai interferir no meu planejamento para o fim do dia. Se as circunstâncias permitirem (por exemplo, uma longa viagem), então me dou permissão para me deleitar, sabendo que terei tempo suficiente para terminar o jogo. Usar a antecipação antes mesmo de começar o *Pangram* me ajudou a me impedir de iniciá-lo em primeiro lugar. Mas também sei que jogá-lo em um momento posterior, quando tiver mais tempo para terminá-lo, pode me proporcionar ainda mais recompensas, pois não terei a tensão subjacente que Lewin descreveu de precisar terminar meu trabalho. Eu nem mesmo abro o jogo a menos que consiga visualizar que ele não afetará meu trabalho.

Quando costumava jogar muito o *Pangram*, mesmo realizando outras tarefas, as letras permaneciam na minha mente, e eu ficava louca pensando em novas palavras. Essa é a natureza de estar tão obcecado. Mesmo quando você interrompe uma atividade, os vestígios da tarefa podem permanecer em sua mente e interferir nas tarefas subsequentes. Usar a metaconsciência também me ajudou a perceber que o resíduo de atenção do jogo estava interferindo em meu outro trabalho. Visualizar as consequências futuras, bem como uma futura oportunidade de retomar o jogo, ajudou-me a controlar meu comportamento.

A autorregulação do comportamento digital

O uso de software de bloqueio pode parecer uma maneira fácil de promover a autorregulação, que é a terceira propriedade de agência de Bandura. Isso pode ajudar a curto prazo, mas não é uma solução permanente. Embora esses programas tenham proporcionado benefícios a curto prazo para alguns participantes de nosso estudo que tinham baixo autocontrole, se recuarmos um passo, perceberemos que eles não chegam a ensinar realmente uma habilidade duradoura de autorregulação, mas, sim, transferem o trabalho para o software. As pessoas deixam de aprender as habilidades por si mesmas, e é disso que trata a agência. É como manter as rodinhas da bicicleta e nunca aprender a pedalar sozinho. Ao usar software para bloquear sites, você deixa de ser o agente responsável por suas ações; o programa se torna um agente substituto, e você não aprenderá a desenvolver um modelo interno para explicar suas próprias ações — a ferramenta necessária para ajudá-lo a se autorregular. É melhor desenvolver sua própria agência.

Nem todos nascemos com traços de personalidade com autorregulação forte, mas essa é uma habilidade que você pode desenvolver. Se tivesse pegado aquele primeiro marshmallow quando tinha quatro anos, como no experimento de Mischel, não significa que estaria destinado à incapacidade permanente de controlar a atenção. Talvez você precise trabalhar com mais afinco do que outros. Lembre-se de que temos mais dificuldade em nos autorregular quando nossos recursos cognitivos estão baixos. Portanto, uma das primeiras coisas que você pode fazer é não deixar que eles se esgotem. Esteja ciente do seu medidor pessoal de recursos e, quando começar a se sentir exaurido, faça uma pausa.

A autorregulação por meio da mudança das estruturas

Criamos diversos tipos de estruturas para nós mesmos, como programações de horários. Mas você provavelmente não percebe que existem outros tipos de estruturas que limitam e direcionam sua atenção no mundo digital. A configuração do seu computador e a interface do seu celular são estruturas que afetam a sua atenção, porque apresentam pistas visuais dos arquivos, aplicativos e abas do navegador. Para obter controle sobre sua atenção, a primeira coisa que você deve fazer é reestruturar seu ambiente de interface para reduzir estímulos que despertam a atenção automática. Provavelmente você já sabe que deve remover as pistas visuais em sua interface que podem distraí-lo — uma alternativa é desativar as notificações, pois elas atraem sua atenção por meio dos avisos no topo, fazendo com que responda automaticamente. Também deve dificultar o acesso a coisas não relacionadas ao seu trabalho, atividades que você sabe que escolhe conscientemente. Se está ciente de que gosta de se entreter com um certo jogo, esconda o aplicativo em uma pasta para que ele não apareça na interface. Ter que procurá-lo fará você pausar e então poderá se perguntar se vale a pena jogar agora. Se o tempo que passa nele não lhe agregar nada, então delete-o. Mas se isso lhe traz prazer e ajuda a relaxar, e você sente que pode aprender a moderar seu comportamento, então mantenha-o. Faça uma limpeza em seu computador e celular.

Você também pode projetar uma rotina para se ajudar a se autorregular. Quando sabe que é uma pessoa com um traço de alta Impulsividade e responde automaticamente à visão do seu celular, então projete uma rotina personalizada para criar atrito e dificultar ser distraído por ele. Ao se sentar para trabalhar, deixe o celular em outro cômodo ou em uma gaveta, e até mesmo o tranque nela. Quanto mais atrito você projetar em sua rotina para evitar estímulos distrativos, menos prováveis serão as interrupções — externamente, mas também internamente, porque suas expectativas de acessar facilmente aquele aplicativo serão revisadas. Se vejo uma revista ao meu lado, é provável que eu a pegue para ler. Se ela estiver em outro cômodo, talvez eu nem pense nisso e, se pensar, mas precisar ir a outro cômodo para pegá-la, provavelmente não o farei. Portanto, mantenha estímulos potencialmente distrativos fora de vista em seu computador, celular e ambiente físico — e, assim, fora da mente.

A autorregulação por meio da criação de gatilhos

Obter controle sobre sua atenção não significa parar completamente de usar as redes sociais, de navegar na web ou de ler notícias. Isso seria como jogar fora um champanhe fechado. Para manter os benefícios sociais, bem como o controle da sua atenção, pense em como projetar o que chamo de "gatilhos" no seu mundo digital. Eles podem ajudá-lo a evitar armadilhas de atenção. Antes de entrar nas redes sociais ou de ler notícias, seja proativo e planeje um gatilho que possa tirá-lo dessa situação. Por exemplo, organize uma pausa nas redes sociais de dez minutos antes de uma ligação importante. O compromisso se torna o gatilho, e você sabe que terá que parar de navegar nas redes sociais e atender a chamada. (Claro que há o perigo de você não atender essa chamada, então tenha cuidado.) Outro exemplo é reservar sua obsessão por jogos para o seu trajeto diário até o trabalho. O gatilho ocorre quando você chega ao seu destino. Esperemos que você não perca o seu ponto (como perdi uma vez no metrô de Nova York enquanto estava lendo no meu celular). Também é possível reservar o uso das redes sociais para quando estiver em uma sala de espera, como em um consultório médico, e o gatilho para tirá-lo dessa situação é quando chamam o seu nome. Você pode achar que não está exercendo autonomia se depender de algum evento externo para interromper seu comportamento. Mas está, porque planejou estrategicamente maneiras de criar uma saída antecipadamente.

A autorregulação ao não trocar de telas

É difícil resistir a comer aquele bolo de chocolate quando ele já está no seu prato. Saiba que, se você trocar para outra tela a fim de seguir seus impulsos internos será ainda mais difícil voltar para a tela e a tarefa originais. Se trocar para o YouTube, é como se estivesse colocando aquele bolo de chocolate no seu prato, bem na sua frente. Como não comê-lo? Você não será sugado para um buraco negro de vídeos do YouTube se não começar a assisti-los em primeiro lugar. Lembre-se, talvez não tenhamos livre-arbítrio sobre nossos desejos, mas podemos agir com autonomia em nossas ações. Então, quando sentir o desejo de visitar uma rede social, você pode ajudar a sua autorregulação simplesmente não trocando de tela. Isso é mais fácil do que se desligar das redes sociais depois de já entrar no site. É muito menos tentador abrir mão do que você não vê. É simples assim. Respire fundo, olhe pela janela por um minuto ou faça uma breve caminhada e depois retome de onde parou, na mesma tela.

A autorreflexão e correção

Agora vamos abordar a quarta propriedade de agência de Bandura, a autorreflexão e a correção, e analisar diferentes maneiras de corrigir o comportamento para você alcançar o controle da atenção e sentir-se equilibrado. É possível mudar sua mentalidade em relação ao uso das redes sociais, aprender a planejar seu dia levando em consideração seus recursos cognitivos e emoções, bem como manter seus objetivos concretos e conscientes em mente.

Use sua rede de amigos de maneira significativa

Navegar sem rumo por postagens no Facebook é como executar multitarefas. Você pula de pessoa para pessoa e de tópico para tópico. A maioria das postagens mal chama sua atenção, algumas podem ser levemente interessantes (ou tristes), mas, de tempos em tempos, assim como no TikTok ou Instagram, se depara com uma história encantadora ou um vídeo que o deixa feliz, irritado ou triste. Mas pode levar muito tempo para encontrar algo assim. Então, você terá desperdiçado seu tempo, sua atenção e sua energia. Como mencionei, o Facebook, ou qualquer outra rede social, não foi projetado para os usuários desenvolverem relacionamentos profundos, apenas para manterem os já existentes. No entanto, como as redes de amigos cresceram para centenas ou até milhares de pessoas, mesmo a ideia de manter relacionamentos se tornou um pouco sem sentido. Pense no número de Dunbar, as 150 pessoas com as quais você pode ter um relacionamento estável (e, para relacionamentos profundos, são apenas cerca de 5). Claro, se você realmente deseja desenvolver relacionamentos melhores, precisará fazer isso fora das redes sociais.

Lembre-se de que você obtém diferentes tipos de recompensas com sua rede social. O capital social de conexão lhe fornece informações de um grupo diversificado de pessoas. Ele pode ajudá-lo a resolver problemas, como encontrar um apartamento, ou lhe oferecer dados que talvez não pudesse obter de outra forma, como as últimas notícias sobre mudanças climáticas. O outro tipo de capital social — o de vínculo — fornece recompensas emocionais e de apoio daqueles com quem você tem relacionamentos próximos (e a quem apoia também). É provável que, quando entrar nas redes sociais e passar por postagens, você não pense nesses diferentes tipos de recompensas.

Mas é possível aproveitar as recompensas que sua rede online tem a oferecer para melhorar seu uso do próprio tempo e da própria atenção. Minha preferência é pensar no capital social de vínculo e em como interagir de forma significativa com um indivíduo para obter algo e retribuir algo. Talvez seja um amigo antigo com quem você não entra em contato há muito tempo. Quando fizer uma pausa para uma atividade rotineira, entre em contato e use as redes sociais para se conectar com ele e, então, marque um telefonema, videochamada ou encontro. Lembro que me conectei uma vez com um velho amigo do ensino médio no Facebook, e isso trouxe uma enxurrada de memórias maravilhosas. Pense no primeiro erro de estruturação: fazer uma escolha que não vale a pena. As redes sociais podem ser uma perda de tempo quando você navega sem rumo por hábito.

Então, em vez de passar por centenas ou milhares de pessoas em sua rede, que provavelmente se tornarão abstratas para você, pense em tornar sua experiência significativa. Escolha alguém cuja companhia o faça feliz e concentre seu tempo e atenção nessa pessoa. Visualize essa interação de forma que o incentive a persegui-la. Escreva uma mensagem positiva para dizer a essa pessoa que você a valoriza. Claro, também pode pegar o telefone para dizer isso a ela e combinar um encontro. Mas há muito menos obstáculos para iniciar uma interação usando uma rede online — essa é uma grande vantagem das conexões na web. E, a propósito, assim que você enviar essa mensagem legal, é hora de sair das redes sociais e voltar para suas metas de trabalho.

Projetando seu dia para alcançar um equilíbrio

A prática tradicional para planejar o dia é escrever as tarefas a serem realizadas — é o que a maioria de nós sempre fez. Muitas vezes, as pessoas anotam reuniões e prazos em seus calendários, fazem uma lista de afazeres e, às vezes, até atribuem um horário de início e término para cada tarefa. Com essa prática tradicional, elas pensam em cumprir um cronograma e concluir tarefas. Maximizar a produtividade significa encaixar o máximo de trabalho possível em um tempo limitado, e o resultado, muitas vezes, é um estresse maior. Há anos, ensino gerenciamento de projetos para estudantes do meu departamento universitário, em um curso que os ensina a projetar e alcançar os próprios objetivos de forma eficiente. Sabemos, a partir do gerenciamento de projetos, que geralmente há atrasos, e que as tarefas quase sempre levam mais tempo do que imaginamos. Também não há espaço para o bem-estar humano nos horários das atividades. Precisamos, em vez disso, reaprender a projetar os dias no mundo digital do século XXI. Isso deve incluir estratégias para não nos esgotarmos e melhorarmos o nosso bem-estar, além de entendermos nosso ritmo de estados de atenção e o fato de termos recursos cognitivos limitados e preciosos. A seguir, falaremos sobre estratégias que você pode usar para projetar seu dia de forma a alcançar um melhor equilíbrio psicológico.

Otimize seus recursos conhecendo o seu ritmo

Ao longo deste livro, utilizamos a teoria dos recursos cognitivos e a aplicamos à vida diária, com a ideia de que algumas atividades consomem nossos recursos, enquanto outras os repõem. Planeje o seu dia sabendo que você possui recursos mentais limitados, e que reservar um tempo para reabastecê-los não apenas o ajudará a reduzir o estresse e a resistir às distrações, mas também a ser mais criativo.[8] Sabemos que diferentes atividades afetam nossa energia física no mundo real, como estar com a família ou amigos, coordenar um evento complexo ou fazer uma caminhada na natureza. No mundo digital, o que consome sua energia mental? Quais atividades reabastecem seus recursos? Que tipo de atividade mecânica o relaxa? No final do dia, você quer se sentir energizado e positivo. Não acabe com seus recursos no início da tarde — existem efeitos residuais que afetam negativamente sua vida pessoal posteriormente.

Planeje o seu dia considerando o impacto das tarefas nos seus recursos cognitivos. Comece com uma visão geral do seu trabalho. Considere suas atividades como um quebra-cabeça para que você não realize tarefas difíceis em sequência e não sobrecarregue sua atenção. Lembre-se de que longos períodos de atenção contínua podem ser exaustivos (a menos que você esteja em estado de fluxo, o que é raro na maioria das atividades intelectuais). Com que tarefa você deseja começar o dia? Muitas pessoas preferem iniciá-lo com trabalhos mecânicos para se prepararem antes de se dedicarem ao trabalho mais difícil. Considere suas reuniões. Se puder, não agende uma reunião imediatamente após a outra — isso garante que ficará exausto. O problema das chamadas por vídeo é que tendemos a agendá-las uma após a outra, e não há chance de se recuperar entre elas. Faça algo fácil e gratificante antes de uma reunião longa que você sabe que será desafiadora e, em seguida, reabasteça seus recursos com interação social, alguma atividade mecânica ou, melhor ainda, uma caminhada. Considere que você possui uma energia mental valiosa que precisará distribuir entre suas atividades. Não fique exausto às 11h da manhã quando ainda tem o resto do dia pela frente.

Planeje o seu dia com base no seu ritmo de atenção, sabendo que você tem momentos de pico para se concentrar e aproveitando-os para tarefas que exigem mais foco. Seu tempo de pico de concentração é afetado pelo seu cronótipo — o seu ritmo circadiano natural. Conheça o seu.[i] Descobrimos em nossos estudos relatados no Capítulo 3 que a maioria das pessoas tem picos de concentração por volta das 11h da manhã e no meio da tarde. Seu pico de concentração pode ser diferente, depende se você é uma pessoa matutina, e, nesse caso, provavelmente ele ocorrerá antes das 11h da manhã; ou se você é uma pessoa noturna, e então esse pico de concentração pode demorar e talvez só ocorra à tarde. Reserve as tarefas mais difíceis que exigem mais esforço e criatividade para suas horas de pico. Não lide com e-mails durante elas — você gastará recursos preciosos que podem ser melhor aproveitados em outras tarefas. Lembre-se de que e-mails causam estresse e podem ser lidos quando você não está no seu melhor momento, talvez logo pela manhã e no final do dia. Essas mensagens ficam rapidamente desatualizadas, e, se você esperar para checá-las no final do dia, pode descobrir que muitos problemas já foram resolvidos. Verifique sua caixa de entrada em ordem cronológica reversa e verá quantas questões já foram solucionadas. Acima de tudo, não cheque os e-mails antes de dormir — é melhor não levar esse estresse com você.

Meu cronótipo é moderado — não sou uma pessoa extremamente matutina nem extremamente noturna. Quando começo o meu dia, primeiro dou uma olhada nas manchetes de notícias e depois geralmente realizo o trabalho secundário de verificar minha caixa de entrada. No entanto, sei que não posso abrir e depois deixar de lado os e-mails importantes, porque eles se tornarão aquela tarefa inacabada descrita por Zeigarnik, e vou continuar lembrando que preciso respondê-los. Meu pico de concentração é por volta das 11h da manhã, e reservo o meu trabalho mais criativo para o final da manhã. Ao longo do dia, visualizo a minha capacidade de atenção. Estou ciente de que, se gastar muito tempo, por exemplo, tentando entender a lei tributária, estarei usando recursos cognitivos que podem prejudicar minha capacidade de atenção quando eu precisar deles para outro trabalho criativo. É claro que pode ser necessário que dedique tempo para entender a lei tributária, e, nesse caso, farei isso quando ainda estiver com energia.

---

[i] Você pode fazer a pesquisa para descobrir seu cronótipo: https://chronotype-self-test.info/ [Conteúdo em inglês].

Pensar no meu tanque limitado de recursos também me impede de cair na armadilha do custo afundado quando começo a ler um artigo longo. Melhor ainda, nem tento iniciá-lo a menos que saiba que terei tempo reservado para terminá-lo, e isso geralmente é só no fim do dia. Lembre-se de que, à medida que os recursos se esgotam, também nos tornamos menos resistentes a distrações, e nossos impulsos de atenção cinética entram em ação.

Inclua espaços negativos em seu dia

Projete seu dia para incluir espaços negativos. Na arte, o espaço negativo se refere à área ao redor da imagem e faz parte da obra. No design japonês, *yohaku no bi* se refere ao belo e dinâmico espaço negativo ao redor dos objetos em uma pintura ou no design de um jardim. É como o silêncio ativo na música, uma parte integrante da composição. O espaço negativo é uma boa metáfora para explicar a ação de reservar momentos de descanso em seu dia, contornando o trabalho árduo para que você possa reiniciar e aumentar sua capacidade de atenção. Use a metaconsciência para avaliar se seus recursos cognitivos estão baixos. Se estiverem, permita-se fazer algo que sabe que não exigirá muitos recursos cognitivos, que seja rotineiro e fácil, faça você se sentir positivo e lhe traga uma recompensa. O espaço negativo é tão importante quanto o trabalho em si, porque ajuda a alcançar um equilíbrio em que você não esteja sobrecarregado de estresse.

No entanto, você não pode ficar em um estado zen por muito tempo durante o dia de trabalho, pois as pessoas precisam de um certo nível de excitação para um bom desempenho. A relação bem estudada entre excitação e desempenho é chamada de Lei de Yerkes-Dodson[9] e assume a forma de uma curva, como um U invertido. O eixo vertical representa seu desempenho, e você precisa estar no ápice da curva — onde ele está no auge, com a quantidade certa de excitação. À esquerda do ápice, você não tem energia suficiente, e seu desempenho também não é bom. Se precisa de mais excitação, vá caminhar para ganhar energia. Ela é necessária para você ficar alerta, mas, com muita excitação do tipo errado (como estresse), o desempenho começa a cair, e você acaba à direita do ápice na curva. Encontre seu ponto ótimo de excitação — pense nele como o seu ponto ideal de estresse. Use a ideia de combinar espaço negativo e tarefas difíceis, fazendo pausas para caminhar ou realizar atividades rotineiras para tentar se manter nesse ponto ideal. Com a prática, você conhecerá seu ritmo e sua capacidade de atenção.

Suas tarefas têm uma valência emocional

Considere suas atividades no mundo digital não apenas em termos da capacidade de atenção que elas exigem, mas leve em conta também a sua valência emocional — a qualidade emocional associada a essas tarefas, que faz você se sentir positivo ou negativo. Nossas pesquisas mostraram que as pessoas são mais felizes quando realizam atividades fáceis e rotineiras. Também descobrimos que lidar com e-mails evoca emoções negativas. Pense em como você pode planejar seu dia com o objetivo de encerrá-lo com uma emoção líquida positiva. Eu sei que correr me deixa feliz, provavelmente devido à liberação de endorfinas, então encaixo isso quando quero me sentir mais positiva. Infelizmente, não podemos realizar tarefas que tragam emoções positivas o dia todo. Mas é possível limitar o efeito emocional negativo de uma reunião com uma pessoa que você sabe que é irritante, programando-a, por exemplo, para antes do almoço, quando pode fazer uma pausa (mas não coma o almoço na frente da tela). Ou gerenciar tarefas desagradáveis, como responder a e-mails, definindo um horário específico para revisar a caixa de entrada e limitando a sua verificação a uma ou duas vezes por dia. Talvez você possa colaborar com outra pessoa em uma tarefa difícil, o que pode tornar a atividade menos árdua. Para aquelas de que você espera uma valência emocional negativa — se puder flexibilizar a programação delas —, mude o horário em que as realiza, marcando-as, por exemplo, para antes do almoço. Intercale-as com tarefas que tragam emoções positivas ou faça uma pausa para se recuperar após concluí-las. Portanto, ao planejar seu dia, leve em consideração como as coisas que você faz afetarão suas emoções.

Escolhendo metas para alcançar um equilíbrio

Suas metas são os esboços do dia e delineiam como você deseja gastar seus preciosos recursos cognitivos e alcançar um equilíbrio interno. Mantê-las não é uma empreitada estática, mas dinâmica. Lembre-se de que a atenção é direcionada para as metas e, a fim de manter a atenção no caminho certo, você precisa manter uma representação delas em mente. Ao planejar seu dia, pergunte-se mesmo: O que espera realizar? Como deseja se sentir? Visualize suas metas para concretizá-las e use a antecipação: Como será o seu fim de dia e como você se sentirá ao enviar aquele relatório finalizado?

Estabeleça também metas emocionais. Uma abordagem promissora que mostra o valor de incorporá-las às metas de tarefas aparece em um estudo de Alex Williams sobre o desligamento e a recolocação profissional, realizado na Microsoft Research e no qual estive envolvida. Todas as manhãs, durante 14 dias, 34 funcionários de uma grande organização responderam a perguntas simples feitas por um agente de software quando ligavam seus computadores. Na noite anterior, os participantes identificavam o que queriam fazer no dia seguinte, além de como queriam se sentir. Digamos que alguém tenha identificado que queria trabalhar em um projeto específico e queria se sentir feliz. Essa pessoa, então, seria questionada na manhã seguinte: "Você ainda quer trabalhar neste projeto? Qual é o primeiro passo que pode dar para completar esta tarefa? Ainda quer se sentir feliz? Qual é o primeiro passo que pode dar para se sentir assim?" Essas perguntas faziam os participantes pensarem em suas metas, e o experimento mostrou algum sucesso: eles se sentiram mais produtivos e engajados na primeira hora de trabalho.[10] Isso trouxe seus planos e metas para um nível consciente, e, uma vez reconhecendo-os, os funcionários tiveram agência para agir. Você pode usar a mesma técnica para elevar suas metas a um nível consciente e mantê-las em mente. Também foi constatado nesse estudo que elas precisam ser reafirmadas ao longo do dia.

O que me ajudou a terminar este livro foi usar as práticas descritas aqui para desenvolver agência sobre minhas ações. Continuamente, pratico a metaconsciência para refletir mais profundamente sobre minhas ações, como ao me perguntar por que sinto a necessidade de interromper a escrita e verificar notícias ou e-mails. Isso se tornou uma rotina para mim. Também usei a antecipação. Quando começava a trabalhar de manhã, imaginava como seria o fim do meu dia e visualizava como seriam essas várias páginas de um capítulo escrito. Ou imaginava salvar o documento e movê-lo para a pasta de capítulos concluídos ou enviá-lo. Também imaginava como eu me sentiria, ou seja, feliz, e isso ajudou a me motivar. Foi um grande incentivo. Manter minhas metas de alto nível em mente me ajudou a não ficar presa nas armadilhas de atenção. Sei que minha natureza é ficar obcecada quando começo algo, e, portanto, tento não iniciar uma atividade a menos que possa imaginá-la se encaixando na minha visão de fim de dia. Essas práticas me ajudaram a refletir sobre minhas atividades digitais e corrigir o meu comportamento quando percebia um problema.

Acima de tudo, aprendi a reconhecer meu ritmo e a me apropriar dele. Sei quando é o meu horário de pico para escrita e sei quando costumo me sentir esgotada. Para mim, acordar muito cedo não funciona, pois não sou uma pessoa matutina. Mas sei que, se começar em um horário razoável para o meu ritmo pessoal, fazendo um pouco de atividades rotineiras primeiro, acelero meu ritmo rapidamente. Intencionalmente alterno minhas atividades dependendo de como imagino meu tanque de recursos cognitivos pessoal. Se sinto que está baixo, paro e o reinicio antes de ficar exausta. Agendo exercícios ao ar livre no meu dia como se fosse uma reunião (admito que morar no sul da Califórnia ajuda), mas você também pode fazer uma pausa e se movimentar onde quer que esteja, até mesmo dentro do seu apartamento ou casa. Às vezes, faço palavras cruzadas curtas (invocando a Mente Pequena de Maya Angelou). Isso me ajuda a descansar a mente e, quando volto a escrever, posso olhar para o texto com uma visão fresca. Muitas vezes, ao trabalhar em outra atividade, quando retorno ao livro, consigo ver as coisas de forma diferente.

O importante é usar a metaconsciência para fazer uma pausa; ou alternar para uma atividade rotineira assim que você perceber que está com poucos recursos, *antes* que eles se esgotem; usar a antecipação para ajudá-lo a se manter no caminho e desenvolver seus gatilhos, antes de fazer aquela adorável atividade rotineira, para não acabar preso em um labirinto. Estou muito ciente das diferentes forças que me distraem, bem como da minha personalidade, das minhas forças e fraquezas (tendo a ser neurótica), e uso esse conhecimento, não como uma desculpa, mas para me ajudar a planejar como ser mais intencional e proposital na minha atenção ao usar meus dispositivos.

Escrevi este livro durante meu período sabático, o que me liberou das responsabilidades de ensino e trabalho. Mas também conduzi projetos de pesquisa; ministrei algumas reuniões e workshops e participei de outros; escrevi artigos científicos; orientei dois alunos em suas teses; participei de bancas de defesa de doutorandos; revisei artigos; fiz cartas de referência e ainda consegui escrever este livro em sete meses. Também me certifiquei de planejar cuidadosamente meu dia e reservar tempo para atividades rotineiras e prazerosas. Como meu período sabático foi em Nova York, assegurei-me de desfrutar do que a cidade tinha a oferecer à noite e nos fins de semana. Também consegui fazer isso me mantendo próxima daquele ponto ideal de estresse, sem ultrapassá-lo. No entanto, admito que nem sempre foi tranquilo. Às vezes, eu perdia o rumo das minhas metas e, outras, não prestava atenção ao meu indicador pessoal de recursos, negligenciava as pausas ou recuos e me esgotava. A cada vez, isso me tornava mais determinada a me conscientizar das minhas ações e do nível dos meus recursos. Em outras palavras, quando eu encontrava um desafio ou problema, tentava reconhecê-lo como tal. Em seguida, trabalhava para desenvolver agência para enfrentá-lo e, então, conseguia integrar essa nova aprendizagem em meu repertório de ações. Minha mãe expressava essa ideia quando frequentemente dizia: "Eu aceito, assumo e me acalmo."

Quebrando mitos e construindo uma nova base

Neste livro, meu objetivo foi utilizar descobertas de pesquisas a fim de mudar as conversas populares sobre o uso dos nossos dispositivos para que o nosso principal objetivo seja buscar um equilíbrio psicológico saudável e seguir o ritmo natural de atenção. Mas você pode estar pensando: "Espera aí, como assim? Não deveríamos nos esforçar para que a produtividade seja a nossa principal preocupação?" Assim como não conseguimos correr uma maratona o dia todo, não conseguimos suportar a carga mental elevada de atenção concentrada por longos períodos ininterruptos sem que nosso desempenho degrade, e o estresse aumente. Então, em vez de se forçar a focar continuamente por longos períodos, pressionando-se para otimizar a sua produtividade, encontre seu ritmo de uso dos diferentes tipos de atenção: há momentos em que você pode ser desafiado e outros momentos em que precisa de algo fácil e envolvente. Planeje seu dia em torno do bom uso de seus recursos cognitivos e busque otimizar seu bem-estar.

A narrativa popular de que não devemos nos permitir atividades rotineiras não se baseia na ciência, pois elas têm uma função em nossas vidas: ficamos felizes quando nos envolvemos em práticas que não são desafiadoras, mas, muitas vezes, relaxantes. Elas nos ajudam a recuar um passo e a reabastecer nossos recursos cognitivos. A jardinagem e o tricô, por exemplo, são atividades rotineiras. Da mesma forma, no mundo digital, há coisas que podemos fazer para relaxar, recarregar as energias e que podem trazer recompensas, como a conexão com outras pessoas. Precisamos considerar as atividades rotineiras como parte do trabalho que apoia nossas metas profissionais e emocionais. É claro que as melhores pausas são aquelas em que podemos nos levantar e nos movimentar (mas sem checar o celular no processo). Fazer pequenos intervalos com tarefas fáceis (e aplicar a metaconsciência para não nos perdermos muito) ajuda a reabastecer os nossos escassos recursos cognitivos, e o resultado é que, com mais recursos, podemos concentrar melhor nossa atenção, regular-nos mais efetivamente, sermos mais produtivos e, o mais importante, sentir-nos mais positivos.

Permita-se recuar — você não precisa se sentir culpado. Nem todos podemos ser como William James ou o escritor Stephen King, ambos conhecidos por escreverem 2 mil palavras por dia. Criamos uma cultura que foca a otimização da produtividade, o que também significa uma maior produção de informações, mais comunicação e mais informações para acompanharmos. No atual clima digital, estamos lutando contra rajadas de ventos fortes para mantermos o navio no rumo e preservarmos nosso bem-estar.

O que você pode fazer é desenvolver agência para obter um melhor controle sobre a sua atenção, entrar em sintonia com seu ritmo e, com isso, buscar um bem-estar positivo. Os grandes artistas e escritores sabiam da importância de encontrar seus ritmos. Eles sabiam quando trabalhavam melhor, quando fazer pausas e quando preencher o dia com espaço negativo. A escritora Anne Beattie prefere começar a escrever às 21h e atinge o auge do desempenho entre meia-noite e 3h da manhã[11]. Ela segue o próprio ritmo para alcançar seu pico de foco.

Precisamos mudar a conversa em nossa era digital ainda relativamente jovem para priorizarmos nossa saúde e bem-estar. Os computadores foram projetados para estender nossas capacidades, mas, com isso, estamos perdendo o controle de nossa atenção e nos estressando. A ideia de que nos distraímos, somos interrompidos e fazemos várias tarefas por falta de força de vontade pessoal é incompleta. Tampouco é útil culpar os algoritmos poderosos por tudo. O âmbito de influência é muito maior. Nosso comportamento de atenção é influenciado por um mundo sociotécnico muito maior, do qual fazemos parte e que engloba forças ambientais, sociais, individuais e tecnológicas. Não se trata apenas de falta de disciplina. No entanto, podemos usar a agência para planejar e agir, escolhendo intencionalmente como usar a atenção, para aproveitar nossa tendência à atenção dinâmica. Usá-la de forma eficaz no mundo digital, na verdade, trata de compreendermos a nós mesmos e o ambiente mais amplo em que vivemos.

CAPÍTULO CATORZE:

O Futuro da Atenção

A computação pessoal, a internet e os celulares foram criados para aumentar nossas capacidades humanas. Mas, ao longo dos meus anos de pesquisa, descobri que essas tecnologias, embora inestimáveis para melhorar nossas vidas, também nos esgotam com frequência. Meus estudos revelaram resultados muito piores do que eu esperava. Nas longas horas que passamos em nossos computadores e celulares, alternamos rapidamente nossa atenção e somos interrompidos por fontes externas e por nós mesmos. O resultado é que nosso trabalho fica fragmentado, e que frequentemente nos sentimos sobrecarregados e estressados. O estresse, como mencionei no início do livro, é considerado uma epidemia do século XXI[1], e causa uma série de problemas, como pressão alta, distúrbios de sono e fadiga. Claro, muitas coisas em nossas vidas causam estresse, mas podemos mudar pelo menos uma fonte potencial dele — nosso relacionamento com nossos dispositivos pessoais. Podemos usar nossa capacidade limitada de atenção com sabedoria e ainda alcançar um equilíbrio psicológico com bem-estar positivo. E, sim, também podemos ser produtivos.

As tecnologias digitais se tornaram um apêndice de nossas mentes e estão incorporadas em nossa cultura — não é de se admirar que seja tão difícil nos afastarmos delas. Não conseguimos dirigir sem o GPS, não fazemos mais cálculos de cabeça, e o Google se tornou um parceiro em nossas conversas. Nossos computadores e celulares exigem nossa atenção constante. Mas não podemos negligenciar o fato de que fazemos parte de um mundo digital maior e em constante mudança, além de nossos dispositivos: pedimos a assistentes de voz para fazerem as compras, ajustamos termostatos inteligentes para aquecerem nossas casas e usamos robôs para as limparem. A mudança ocorre tão rapidamente em nosso mundo digital que nem sempre a percebemos.

Da mesma forma, acostumamo-nos com o declínio da atenção ao usarmos nossos dispositivos pessoais — nossa capacidade de atenção tem diminuído ao longo dos anos. Enquanto deixamos de lado nossas naturezas individuais, uma cultura se desenvolveu que contribui com a curta capacidade de atenção e a reforça. Ela foi criada por empresas de tecnologia, cinema, TV e publicidade, por plataformas de rede social e estruturas organizacionais, mas também por todos nós. Contribuímos para uma cultura digital que reforça nossa curta capacidade de atenção ao compartilharmos conteúdos e histórias por meio de vídeos e redes sociais e ao desenvolvermos novas plataformas para facilitar isso.

A própria história de como minha atenção foi afetada com o surgimento da computação é muito semelhante àquelas das pessoas que estudei. À medida que continuei com essa pesquisa ao longo dos anos, fiquei mais consciente das minhas multitarefas e do meu estresse. Quanto mais olhava para fora e estudava os outros, mais me voltava para dentro para examinar meu comportamento. Percebi que estava negligenciando meu equilíbrio psicológico. Ao estudar os outros, percebi que não bastava documentar como nossa atenção é fragmentada. Eu também queria entender o porquê disso, e o que podemos fazer a respeito. Minha conclusão é que não precisamos nos prender a um caminho de mais distrações e maior estresse.

Desenvolver uma relação saudável com a tecnologia requer mudanças em três níveis: individual, organizacional e social. Como indivíduos, não podemos mudar muito nossas predisposições nem nossos impulsos sociais básicos, mas podemos usá-los e desenvolver agência a fim de controlarmos nossa atenção no mundo digital. As organizações podem apoiar nossos esforços individuais por meio da reestruturação dos padrões de comunicação e, assim, mudar as expectativas, já a sociedade pode promulgar políticas e programas para nos ajudar a desenvolver novas práticas culturais.

Apesar do impacto atual da tecnologia na atenção, continuo animada com as inovações e acredito que podemos aprender a dominar seu uso sem que isso afete negativamente nossa felicidade. Podemos mudar a narrativa popular de que precisamos nos forçar até o limite e, como alternativa, esforçar-nos para alcançar um bem-estar positivo com o uso da tecnologia. Em vez de nos deixarmos engolir pelo oceano, podemos aprender a nadar com a correnteza e surfar nas ondas.

Olhando para o futuro

Então, podemos simplesmente nos desconectar do e-mail, do Slack ou das redes sociais, como às vezes é recomendado para limitar distrações? É possível fazer uma "desintoxicação digital", mas essa não é uma solução permanente ou viável a longo prazo. Se você é um trabalhador do conhecimento de qualquer tipo, um funcionário em tempo integral ou parcial que precisa usar computadores e celulares no trabalho, um estudante universitário ou do ensino médio ou alguém que precisa manter contato com familiares e amigos distantes, não é sustentável ficar fora da rede por um longo período. Qualquer indivíduo que se desconecta acaba sendo penalizado por perder informações profissionais críticas ou conversas importantes com amigos. Isso também transfere o ônus da comunicação e do trabalho para os colegas, que então precisam compensar essa lacuna. Desistir simplesmente não funciona, porque vivemos em uma rede interligada de pessoas e informações e estamos todos envolvidos em uma circulação cada vez maior de informações. Essa é a realidade da era digital que criamos. Nossos dispositivos são inteligentes, mas precisamos ser mais inteligentes no nosso modo de usá-los.

Embora, como indivíduos, possamos ter agência sobre nossas ações pessoais, também precisamos tratar a questão do controle da atenção como um desafio para as organizações. Sair de ferramentas de trabalho como e-mail e Slack só pode ser feito coletivamente, como constatamos em nosso estudo de interrupção de e-mails.[2] Agrupar essas mensagens é uma alternativa amplamente proposta, mas, como mencionei antes, essa não é a solução mágica que muitos imaginam, como constatamos em dois estudos: ler e-mails em lotes não reduziu o estresse dos participantes, nem os fez relatarem maior produtividade. No entanto, isso não significa que essa prática não possa trazer alguns benefícios. Limitar a chegada de e-mails na caixa de entrada pode redefinir as expectativas. Se todos souberem que os e-mails não chegarão até, digamos, 13h, então isso revisa as expectativas de todos e alivia a pressão (e a culpa) coletiva de não responder imediatamente. Talvez isso possa reduzir o volume de e-mails enviados. Também pode mudar os hábitos individuais de verificar o e-mail, fazendo com que as pessoas apenas consultem a caixa de entrada uma ou duas, e não 77 vezes, por dia, como constatei. Elas podem ganhar mais tempo. Logo aprendem que não haverá novos e-mails, então param de verificar continuamente, e os hábitos podem ser quebrados. No estudo de interrupção de e-mails que fizemos, depois de alguns dias sem e-mail, os participantes começaram a mudar seus hábitos. As organizações podem, assim, criar convenções sociais e expectativas coletivas em relação ao uso das comunicações de trabalho.

Designar um período de silêncio, proibindo o envio de qualquer comunicação eletrônica, também pode estabelecer novas expectativas de que pode haver tempo sem e-mail. Ou, ainda melhor, da mesma forma que os provedores de serviços telefônicos estabelecem minutos limitados para o uso de dados mensal, as organizações podem estabelecer uma quantidade fixa de minutos de e-mail semanal ou diária. Para além disso, as pessoas terão que se encontrar pessoalmente, o que os participantes em nosso estudo de interrupção de e-mails apreciaram.

As organizações podem fazer sua parte ao não penalizar os funcionários que não respondem às mensagens após o expediente. Uma política formal pode ajudar a mudar a mentalidade dos funcionários e reconstruir as fronteiras desgastadas entre trabalho e vida pessoal, apoiando os esforços das pessoas para se desligarem. O tempo gasto pelos funcionários lidando com e-mails após o expediente aumenta o estresse — o uso de e-mails após o trabalho faz as pessoas se sentirem irritadas.[3] Políticas já foram implementadas em alguns lugares para regular a intrusão, de modo que os funcionários possam se desligar em um nível organizacional sem penalizar nenhum indivíduo. Empresas alemãs como Volkswagen e a companhia de seguros Allianz adotaram essa política. Desconectar significa não responder a e-mails, Slack, nem atender ligações ou fazer videoconferências antes e depois do expediente.

Em um nível mais amplo, leis de Direito à Desconexão estão sendo promulgadas, começando pela França, com a lei trabalhista El Khomri, aprovada em 2017.[4] Outros países, como Itália e Filipinas, estão introduzindo legislações semelhantes. Em 2021, a Irlanda aprovou o Código de Conduta, e a província canadense de Ontário promulgou a Lei Trabalhista de 2021, ambas concedendo aos funcionários o direito de não responder às comunicações de trabalho após o expediente normal. Essa política tem sucesso? Uma pesquisa com 107 trabalhadores franceses constatou que a lei El Khomri foi uma questão controversa. Eles adoraram a ideia, mas, na prática, algumas empresas resistiram à implementação da política, pois sentiam que isso interferiria em seus resultados financeiros.[5] Portanto, a cultura também precisa mudar com a política de modo a colocar o bem-estar dos trabalhadores acima do lucro.

O que é marcante nessas leis é que elas tratam o afastamento dos dispositivos digitais como um direito humano básico. Em outras palavras, reconhecem que as pessoas tenham o direito humano básico de se desconectar do trabalho após o horário comercial sem sofrer repercussões. O direito à desconexão se baseia no Artigo 24 da Declaração Universal dos Direitos Humanos, que afirma: "Toda pessoa tem direito a repouso e lazer, inclusive limitação razoável de horas de trabalho e férias periódicas remuneradas."[6] Ainda existem grandes problemas a serem abordados à medida que mais países adotam leis de Direito à Desconexão, como quando os funcionários trabalham em fusos horários diferentes, mas algumas nações estão caminhando na direção certa. Talvez, com o tempo, mais delas percebam a necessidade de reduzir o estresse e de conferir às pessoas a chance de repor seus recursos de atenção, promulgando políticas semelhantes.

No entanto, a experiência da pandemia introduziu uma nova forma de pensar sobre as horas de trabalho. As pessoas frequentemente misturavam a vida pessoal com a profissional durante o dia, como ao cuidar de filhos, e assim o expediente se estendia, as fronteiras entre trabalho e vida pessoal se confundiam, e não estava mais claro exatamente o que significava um expediente normal. Muitas empresas já se comprometeram a continuar com o trabalho híbrido ou remoto, e muitos trabalhadores gostam do benefício da flexibilidade, especialmente se precisam cuidar de filhos ou pais idosos. Para o trabalho remoto, as leis de Direito à Desconexão se tornarão mais importantes do que nunca para evitar o esgotamento causado por longas noites respondendo a e-mails. Considerando que as pessoas podem ter horários flexíveis, tais leis poderiam encurtar a janela de comunicação eletrônica para todos em uma empresa, digamos, limitando esse período a algumas horas por dia. A mudança funciona melhor nas organizações quando ocorre gradualmente, e o encurtamento gradual desse intervalo de tempo pode redefinir as expectativas de todos os funcionários em relação à resposta às comunicações.

Os jovens são especialmente vulneráveis à atração da tecnologia, uma vez que suas funções executivas e identidades sociais ainda estão em desenvolvimento. As escolas precisam desenvolver programas de alfabetização midiática, nos quais eles aprendam a reconhecer e corrigir seus comportamentos digitais — o que pode ajudá-los a desenvolver agência e hábitos positivos no uso da tecnologia. Alguns sistemas escolares já promulgaram certos programas de alfabetização midiática, como o projeto de lei de número 830 do Senado da Califórnia, aprovado em 2018.[7] Ele disponibiliza recursos e materiais instrucionais aos distritos escolares para a educação em alfabetização midiática. Aprender a nutrir um relacionamento saudável com a tecnologia pessoal precisa começar desde cedo.

Em um nível social, leis e políticas podem servir como base para nos ajudar a alcançar um uso mais equilibrado da tecnologia. Há otimismo em relação a essa mudança social, muitos indivíduos já estão se manifestando. Como descrito no Capítulo 7, em 2021, a denunciante Frances Haugen divulgou arquivos internos do Facebook e testemunhou perante um comitê do Senado dos Estados Unidos sobre os efeitos prejudiciais da empresa. Sua coragem pode inspirar muitos outros a se pronunciarem, o que pode levar a novas regulamentações para conter as práticas das empresas de rede social. Outros esforços importantes estão em andamento para incentivar o governo dos Estados Unidos a apoiar o uso mais ético das redes sociais por meio do projeto Technology and Social Change na Escola Kennedy, de Harvard[8], e do Center for Humane Technology[9], além de outros depoimentos perante o Congresso dos Estados Unidos. Embora a personalização direcionada por algoritmos não esteja diminuindo, estamos vendo um aumento na conscientização do público sobre a manipulação dos nossos comportamentos e atenção. Vimos a queda da Cambridge Analytica após a obtenção inadequada de dados sensíveis de 87 milhões de usuários do Facebook.[10] Com o aumento das despesas legais e a perda de clientes, a empresa alegou insolvência. Isso serve como uma mensagem pública forte, direcionada a outras empresas, de que existem limites de privacidade do usuário que não podem ser ultrapassados. Na Europa, a privacidade dos dados agora está consagrada em políticas com o Regulamento Geral de Proteção de Dados.

O otimismo permanece suspenso quanto à possibilidade de mudança no ambiente mais amplo da mídia, incluindo TV, cinema e publicidade. O motivo do lucro é forte, o que leva a mais conteúdo sendo comprimido em intervalos de tempo cada vez menores, e é improvável que isso mude. No entanto, se os planos dos filmes se tornarem muito curtos, os vídeos se tornarão incompreensíveis (a edição caótica parece ter atingido seu limite). Historicamente, o pêndulo muitas vezes balança de volta, então teremos que esperar para ver.

A IA e a nossa atenção

As inovações tecnológicas também podem nos dar motivos para otimismo. Um exemplo histórico de como elas podem mudar o curso das trajetórias sociais é encontrado em um estudo publicado em 1972, chamado "Os Limites do Crescimento"[11], encomendado pelo Clube de

Roma, uma rede de cem líderes pensadores cujo objetivo era abordar problemas globais. Nesse estudo, um grupo de pesquisadores de operações do MIT usou simulações computacionais para prever o declínio dos recursos mundiais, por exemplo, relatando que a comida global per capita atingiria o pico em 2020 e então despencaria. Já passamos de 2020 e, até agora, as previsões não se concretizaram. O que os modelos não levaram em conta foi que intervenções e inovações podem ocorrer ao longo do caminho para frustrar ou desacelerar a direção de tais colapsos, como novas práticas agrícolas. Claro, mudanças significativas ainda precisam ser feitas. Há tantos problemas sociais urgentes, como as mudanças climáticas, que estão em um caminho perigoso, e é preciso inovações e mudanças em políticas e práticas para resolvê-los.

Embora possamos sentir que estamos no limite em termos da fragmentação suportada pela nossa atenção, não conseguimos prever quais inovações tecnológicas e comportamentais podem surgir e desafiar ou apoiar nossa busca por agência. Por exemplo, no futuro, talvez você seja o dono do algoritmo. Pode ter seu próprio assistente digital pessoal baseado em IA e o controlar, além de, algo importante, ser o proprietário dos dados associados a ele. Isso significa que o que você faz com seu assistente não deve ser de posse ou acesso das empresas de tecnologia. Esses futuros assistentes digitais personalizados aprenderão detalhes precisos de sua capacidade de atenção com base em seu comportamento, contexto, traços de personalidade, sono da noite anterior e humor, aprendendo assim o que aumenta seus recursos de atenção pessoais e o que os esgota. Também podem aprender seus ritmos ideais dos diferentes tipos de atenção, o que leva você a se distrair e quando se interrompe. Eles lhe darão feedback sobre o momento ideal para uma pausa e, porque o conhecem tão bem, podem sugerir uma atividade que faça você sentir-se positivo. Um exemplo de tal protótipo de assistente digital é o Amber, implantado em um estudo na Microsoft Research com 24 pessoas ao longo de 14 dias em 2019. Ele sugeriu aos participantes do estudo quando fazer pausas; eles gostaram e, como resultado, até fizeram mudanças positivas em suas rotinas, como menos pausas para as redes sociais.[12] Esses agentes não farão o trabalho por você, mas reunirão dados para ajudá-lo a obter uma compreensão mais profunda do seu comportamento, muito mais do que um software que apenas informa quanto tempo você passou em diferentes aplicativos. O agente pode influenciá-lo e ajudá-lo a desenvolver habilidades de autoeficácia, para que você possa ter autocontrole no mundo digital. Pense nele como um treinador pessoal, mas que o coloca no controle de suas ações.

No entanto, a IA afetará nossa atenção de outras formas à medida que se desenvolve e se integra cada vez mais às nossas vidas. Ela é boa em lidar com tarefas rotineiras, mas com ambiguidade ou tomadas de decisão complexas. Isso pode ser um benefício na medida em que atribuímos a ela tarefas desagradáveis e entediantes que talvez não queiramos fazer, mas também significa que gastaremos uma proporção maior do nosso tempo e atenção lidando com tarefas complexas, o que apresentará novos desafios para a atenção.

O design de tecnologia para nos ajudar a alcançar um equilíbrio

O design de tecnologia desempenha um papel fundamental em direcionar nossa atenção, como vimos com o design da internet. As empresas de redes sociais se aproveitam do fato de que os seres humanos são seres sociais e buscam recompensas sociais. Por exemplo, o botão "Curtir" valida nosso valor social, e os feeds intermináveis exploram nossa curiosidade social básica, sem apresentar um limite claro. Além dos esforços individuais, como a reestruturação da sua interface, a fricção pode ser projetada para levar a hábitos tecnológicos mais saudáveis e períodos de foco mais longos. A rolagem infinita vai contra a promoção da atenção direcionada a objetivos.[13] Ao eliminá-la, as pessoas teriam que fazer um esforço extra para atualizar o feed, o que pode tornar ações não conscientes mais conscientes. As técnicas mais diretas poderiam simplesmente bloquear o acesso à conta de rede social após dez minutos, exigindo que a pessoa faça login novamente, ou limitar uma quantidade de minutos de uso poderia ser distribuída ao longo de um período de tempo limitado. Isso também poderia ajudar as pessoas a focarem seu uso de rede social nos seus relacionamentos mais importantes. Ou a plataforma poderia exigir que a senha fosse renovada a cada três dias. Dá para ver que, em algum momento, os usuários vão simplesmente desistir e sair para dar uma volta. Claro, essas ideias provavelmente não seriam incorporadas aos aplicativos de redes sociais, dadas as motivações lucrativas das empresas, mas podem ser alcançadas na forma de um *plug-in* no navegador.

Em um nível mais amplo, são urgentemente necessárias equipes de design que incluam psicólogos sociais e clínicos como membros — não para tornar os sistemas de rede social mais persuasivos, mas para torná-los estrategicamente *menos persuasivos* e elevar nossa saúde mental e bem-estar como prioridade. Atualmente, as equipes de design são geralmente compostas por pessoas com formação técnica — cientistas da computação e engenheiros. Eu já trabalhei em algumas, na maioria das vezes como a única psicóloga do projeto. Posso atestar a importância de trazer à equipe uma perspectiva sobre como as decisões de design podem afetar o comportamento humano. Na verdade, elas devem incluir talvez as partes interessadas mais importantes — os usuários das tecnologias. Você se lembra da história do Google Glass, em que os designers não previram o que aconteceria quando os óculos fossem usados em um ambiente social? Nossa prioridade deve ser projetar redes sociais para fornecer recompensas sociais saudáveis que sejam apenas complementares àquelas que obtemos na vida real. O design pode e deve trabalhar com práticas naturais para promover um melhor equilíbrio psicológico.

A atenção às nossas vidas físicas

Uma das consequências da era digital é que passarmos tanto tempo e atenção em nossos dispositivos pode ter um custo de oportunidade na interação face a face. É isso que alguns resultados de Jean Twenge, Brian Spitzberg e W. Keith Campbell sugerem. Com base em uma amostra representativa em escala nacional de estudantes do ensino fundamental e médio, os pesquisadores encontraram um declínio na interação presencial deles ao longo dos anos de 1976 a 2017.[14] No entanto, embora o uso de rede social tenha aumentado, esse é um estudo correlacional, então não se pode afirmar que a queda na interação acontece devido ao uso de dispositivos. No entanto, mesmo quando as pessoas estão fisicamente juntas, a atenção, muitas vezes, é direcionada para os celulares, e não para os indivíduos presentes. O celular, muitas vezes, tem prioridade sobre a pessoa na nossa frente. O fato de as mensagens serem assíncronas e de as notícias serem atualizadas continuamente faz com que estejamos sempre atentos, mesmo quando estamos frente a frente com alguém. Continuamos verificando nosso celular porque não queremos perder nada.

À medida que criamos nosso futuro com a tecnologia, projetamos maneiras de estarmos presentes no mundo digital, como quando trabalhamos remotamente com chamadas de vídeo no Zoom. Mas também precisamos pensar em como ficar mais presentes no mundo físico. Conversar no Zoom é melhor do que não conversar, mas não deixe que a interação presencial se torne uma arte perdida. O contato online restringe pistas sociais vitais que as pessoas usam para se comunicar e funciona quando não é possível se encontrar pessoalmente, mas não pode substituir completamente a criatividade e a satisfação que advêm da interação presencial. Quando enviam mensagens de texto, elas perdem as pistas sociais ricas da comunicação presencial, na qual entonação, gestos, postura corporal e expressão facial transmitem significado. Mesmo os meios aprimorados de áudio ou videoconferência também carecem de pistas sociais vitais que podem nos ajudar a navegar nossa interação com outros e nos orientar nela.

A conversa é uma arte, uma dança entre parceiros que é melhor realizada no mundo físico, coreografada pelas informações sociais que usamos em um espaço tridimensional. O contexto também importa para estruturar uma conversa. Os indícios do ambiente digital (como um plano de fundo do Zoom) simplesmente não criam uma atmosfera expressiva para a interação da mesma forma que quando você e seu colega compartilham o mesmo ambiente em um escritório, ao ar livre em um parque ou em uma sala de jantar à luz de velas.

A percepção de estímulos bidimensionais, como fazemos durante a maior parte do tempo que passamos acordados na frente das telas, não pode substituir os estímulos tridimensionais que nossas mentes evoluíram para experimentar no mundo físico. Embora a realidade virtual tenha se tornado bastante hábil em simular ambientes físicos, no final das contas, a atenção e os comportamentos das pessoas ainda são restritos ao uso de uma interface de tela, e os avatares não permitem que os usuários experimentem uma sensação cinestésica de movimento. Precisamos pensar em como ficar imóveis em frente a uma tela por longas horas retira a oportunidade de usarmos a propriocepção, nossa consciência da posição e orientação do corpo no mundo físico. Claro, quando nos movemos pelo mundo grudados no celular, ainda perdemos a percepção do ambiente ao nosso redor. Embora a atividade online rotineira tenha benefícios, reserve momentos para se afastar da tela onde você também possa experimentar o ambiente do mundo real: tente dar uma volta, especialmente ao ar livre na natureza, o que mostrou aumentar a criatividade. Pesquisadores da Universidade Stanford pediram a quarenta pessoas que dessem uma volta ao ar livre e descobriram que caminhar (dentro de casa ou não) e estar ao ar livre contribuíram independentemente para uma maior criatividade, medida pelo aumento da produção de novas ideias para o uso de objetos comuns (como usar um pneu como um vaso de flores).[15] Esse estudo aponta a importância de nos afastarmos da tela, sairmos para o mundo físico e nos movimentarmos e, claro, deixarmos o celular para trás.

O futuro dos ambientes de trabalho e da nossa atenção

À medida que continuamos a experimentar diferentes formas de trabalho — atuando remotamente de casa em Vermont ou indo ao escritório três dias por semana para a modalidade híbrida —, precisamos entender como esses diferentes modelos podem afetar nossa capacidade de atenção. Por exemplo, em um contexto de trabalho em casa, a família, os companheiros de moradia ou a própria casa podem ser uma fonte importante de interrupções, tanto externas quanto internas. Ver aquela pilha de louça suja pode nos distrair — é a tarefa inacabada de Zeigarnik. (No entanto, tenho um amigo — um professor do MIT — que acha prazerosa a atividade rotineira de combinar meias depois de lavá-las. Talvez combinar meias ou passar roupa possam ser usados como uma pausa.) Nos espaços de trabalho físicos, podemos ver se alguém está em um telefonema envolvente ou tentando se livrar dele — examinamos a linguagem corporal e as pistas de entonação para sabermos quando interromper. Mas, em um contexto de trabalho em casa, as fronteiras difusas entre as vida profissional e doméstica podem nos levar a sermos interrompidos às 21h, ou podemos interromper alguém às 7h. No trabalho remoto, não temos consciência se os outros podem ser interrompidos ou não, e todos nos tornamos "interrompedores".

Uma configuração de trabalho completamente diferente é o escritório aberto, que também se tornou popular em espaços de *coworking*. As oportunidades de interação informal e colaboração são contrapostas pelo fator de ele ser um terreno fértil para interrupções. Em um de nossos estudos observacionais sobre interrupções, descobrimos, de forma não surpreendente, que as pessoas que trabalhavam em um ambiente de escritório aberto eram muito mais interrompidas — tanto externa quanto internamente — do que as que trabalhavam nos próprios escritórios.[16] Além disso, o que também não surpreende, essas interrupções, muitas vezes, estavam relacionadas a assuntos periféricos, mesmo quando vinham de pessoas do mesmo grupo de trabalho. Observamos como os colegas monitoravam o ambiente e adquiriam uma consciência de quando interromper uns aos outros assim que surgia a oportunidade (por exemplo, quando um colega desviava o olhar do computador). Assim, à medida que avançamos para um futuro profissional em que podemos esperar mais trabalho remoto e híbrido, os benefícios que eles proporcionam enfrentarão desafios, como a promoção de novas normas para interrupções, o aumento da solidão[17], e, especialmente, das distrações.

Podemos criar o mundo digital à nossa imagem

Quando se trata de prever para onde estamos indo, precisamos estar cientes de que ainda estamos inventando o mundo digital. Na história da computação, ainda estamos em sua infância. Isso me lembra da citação de Emerson no início do livro: "Pensamos que nossa civilização está perto de seu meridiano, mas estamos apenas no canto do galo e na estrela da manhã."[18] Os computadores pessoais se popularizaram na década de 1980, a internet se tornou popular na década de 1990, e os celulares, os supercomputadores que você carrega no bolso, decolaram apenas em 2007 com a invenção do iPhone. A tecnologia está sendo desenvolvida em um ritmo acelerado, mas a compreensão de como ela pode ser integrada à nossa vida diária sem sobrecarregar nossa atenção e nos sobrecarregar com estresse ainda está muito atrasada. Na era do excesso, em que as civilizações ocidentais comem demais, compram muitos bens e consomem muitas substâncias, as pessoas também consomem um excesso de mídia digital e, frequentemente, de maneira equivocada. Ainda não descobrimos como direcionar a nossa atenção ou controlar nossas práticas, ou como exercer nossa capacidade de agência no mundo virtual. Estamos na era do Velho Oeste da era digital.

»«

Podemos ser otimistas, no entanto, em relação ao fato de que o mundo digital conectou as pessoas de maneiras que não poderíamos ter imaginado, que vão além de meras conversas e compartilhamento de conteúdo. Uma cultura digital comum surgiu, e não apenas para aqueles familiarizados com a tecnologia, apesar das práticas culturais únicas em diferentes países e regiões globais.[19] Se você é um jovem em Beijing ou no Rio, a forma como usa o Weibo ou o Twitter não é tão diferente daquela de alguém que vive em Chicago ou Paris. Essencialmente, todos temos a mesma natureza humana e buscamos os mesmos tipos de recompensas quando usamos nossos dispositivos. Estamos todos lutando pela nossa atenção e todos juntos nisso, em nível global.

O mundo digital foi inventado por pessoas e é moldado por pessoas. Podemos moldar coletivamente a cultura, e cada um de nós pode criar narrativas seletivas sobre como a tecnologia pode funcionar a nosso favor. As corporações lideram o mundo digital, mas, em última análise, são as pessoas, por meio de sua inventividade e quantidade, que têm o poder de sobrepujá-las. Apesar das notificações direcionadas, do condicionamento social e ambiental e de sua composição pessoal, você ainda é dono da sua atenção. Ninguém pode tirar isso de você. Podemos aprender a controlar efetivamente nossa tendência para a atenção dinâmica e cinética, buscando o que nos beneficiará, usando foco sustentado quando for preciso e alternando a atenção para a Mente Pequena quando precisarmos recuar um passo. Estamos lutando contra ventos de furacão que tentam desviar nossa atenção, mas, em última análise, os seres humanos podem resistir às forças. Podemos criar e viver no mundo digital à imagem que desejamos.

AGRADECIMENTOS

Escrever é uma tarefa solitária, e sou uma pessoa social. Portanto, em retrospecto, parece natural que eu tenha recrutado outros nessa jornada. O livro se beneficiou de muitos que foram generosos com seu tempo e cujos comentários me ajudaram a expandir meu pensamento. Tenho muita sorte de conhecer tantas pessoas sábias e solidárias.

Este livro foi escrito durante a pandemia, e eu teria adorado, mais do que tudo, sentar pessoalmente e discutir ideias. Em vez disso, essas conversas foram relegadas a chamadas de Zoom e, às vezes, a trocas de e-mails. E assim foi, tendo esse programa como minha janela para o mundo, tive companhia ao longo do caminho de escrita deste livro.

Há tantas pessoas às quais devo agradecer por terem tornado este livro possível. Agradeço à minha querida amiga Judy Olson, com quem sempre pude contar para receber uma opinião honesta, sabedoria e apoio contínuo ao longo de todo o processo. Agradeço a Jim Guszcza, cuja mente filosófica afiada me manteve alerta; a Dan Russell, sempre perspicaz e cujo conhecimento sobre a internet ampliou minha perspectiva; a Nick Belkin e Colleen Cool, que fizeram perguntas diretas e poderosas e aos quais ainda devo um jantar; a Barry Lazarowitz, que me ofereceu conversas envolventes e divertidas e novos insights sobre ritmo; a Doug Pray e Glenn Kenny, por me ajudarem a enxergar diferentes perspectivas sobre os filmes; a Ellen Ensel, por sua experiência e conhecimento musical; a Jonathan Grudin, um cronista da história da interação humano-computador, e a Dave Smith, que estava comigo quando tudo começou.

Também gostaria de agradecer a Mary Czerwinski e Shamsi Iqbal, bem como a outras pessoas da Microsoft Research, pela diversão e por abrir meus olhos para tantas novas possibilidades na pesquisa. Preciso agradecer a tantos outros colegas com quem trabalhei em estudos ao longo dos anos, essas pesquisas me ajudaram a desenvolver meu pensamento sobre a relação entre nossa atenção e nossos dispositivos, especialmente Stephen Voida, Victor González, Erin Bradner e Yiran Wang. Sem o generoso apoio da National Science Foundation, grande parte desta pesquisa não teria sido possível. Os participantes dos meus estudos sempre estavam dispostos a falar sobre os prazeres e as tribulações que seus dispositivos lhes traziam. Muito obrigada também a Duncan Brumby e Max Wilson. Tive conversas maravilhosas com Jofish Kaye, Javier Hernandez e Bart Knijnenburg. Também agradeço a Judith Borghouts, Thomas Breideband, Alex Williams, Roya Farzaneh, Ted Grover, Fatema Akbar, Ioannis Pavlidis, Sidney D'Mello e Wendy Kellogg. Gostaria de mostrar reconhecimento aos meus dedicados alunos no meu seminário de pós-graduação, que tinham curiosidade em aprender sobre interação humano-computador e distração.

Estendo meus sinceros agradecimentos a Peter Joseph, meu editor da Hanover Square, que foi paciente e incansável durante todo esse processo; a Grace Towery, da Hanover Square, por seus comentários importantes, e a Jaidree Braddix, minha agente, a quem sou grata por ter plantado a semente para esta jornada em primeiro lugar.

É claro que toda a premissa deste livro não teria sido possível sem a pesquisa fundamental de Walter Mischel, Kurt Lewin, Albert Bandura e tantos outros grandes psicólogos, a quem agradeço pela inspiração.

Por fim, obrigada à minha família. Minhas filhas, Michaela e Natalie, ofereceram-me seu apoio inabalável e feedbacks em todos os momentos — elas sabem que o amor incondicional significa que é possível ser crítico sem se preocupar com as consequências. E a Alfred, com quem sempre pude contar para críticas honestas, pela paciência ilimitada comigo.

NOTAS FINAIS

Introdução

1. Fink, George. "Stress: the health epidemic of the 21st century". Elsevier SciTech Connect. Disponível em: http://scitechconnect.elsevier.com/stress-health-epidemic-21st-century/.

2. Mark, Gloria; Voida, Stephen; Cardello, Armand. "A pace not dictated by electrons, an empirical study of work without email". *Proceedings of the SIGCHI Conference on Human Factors in Computing Systems*, Nova York: ACM Press, 2012, p. 555–564.

3. Simon, H. A. "Designing organizations for an information-rich world". *In*: *Computers, Communication, and the Public Interest*, editado por Martin Greenberger, p. 40–1. Baltimore: The Johns Hopkins Press, 1971.

4. Song, Peige; Zha, Mingming; Yang, Qingwen; Zhang, Yan; Li, Xue; Rudan, Igor. "The prevalence of adult attention-deficit hyperactivity disorder: a global systematic review and meta-analysis". *Journal of Global Health* 11 (2021).

5. Danielson, Melissa L.; Bitsko, Rebecca H.; Ghandour, Reem M.; Holbrook, Joseph R.; Kogan, Michael D.; Blumberg, Stephen J. "Prevalence of parent-reported ADHD diagnosis and associated treatment among US children and adolescents, 2016". *Journal of Clinical Child & Adolescent Psychology* 47, nº. 2 (2018): p. 199–212.

6. Seo, Mihye; Kim, Jung-Hyun; David, Prabu. "Always connected or always distracted? ADHD symptoms and social assurance explain problematic use of mobile phone and multicommunicating". *Journal of Computer-Mediated Communication* 20, nº. 6 (2015), p. 667–81.

7. Currey, Mason (ed.). *Daily Rituals: How Artists Work*. Nova York: Knopf, 2013.

Capítulo 1

1. James, William. *The Letters of William James*. Vol. 1. Little, Brown, 1920.

2. James, William. *The Principles of Psychology*. Vol. 1. Nova York: Holt, 1890, p. 403.

3. James, William. *The Principles of Psychology*. Vol. 1. Nova York: Holt, 1890, p. 402.

4. Raz, Amir; Buhle, Jason. "Typologies of attentional networks". *Nature Reviews Neuroscience* 7, nº. 5 (2006), p. 367–79.

5. Kahneman, Daniel. *Attention and Effort*. Vol. 1063. Englewood Cliffs, NJ: Prentice-Hall, 1973.

6. Banich, M.T. "Executive function: the search for an integrated account". *Current Directions in Psychological Science* 18, nº. 2 (2009), p. 89–94.

7. Kahneman, Daniel. *Attention and Effort*. Vol. 1063. Englewood Cliffs, NJ: Prentice-Hall, 1973.

8. Wickens, Christopher D. *Processing Resources and Attention*. CRC Press, 2020.

9. Valdez, Pablo; Ramírez, Candelaria; García, Aída; Talamantes, Javier; Cortez, Juventino. "Circadian and homeostatic variation in sustained attention". *Chronobiology International* 27, nº. 2 (2010), p. 393–416.

10. Wickens, Christopher D. "Multiple resources and mental workload". *Human Factors* 50, nº. 3 (2008), p. 449–55.

11. Schneider, Walter; Dumais, Sue T.; Shiffrin, Richard M. *Automatic/Control Processing and Attention*. Illinois University Champaign Human Attention Research Lab, 1982.

12. Wickens, Christopher D. "Multiple resources and mental workload". *Human Factors* 50, nº. 3 (2008), p. 449–55.

13. Sirois, Sylvain; Brisson, Julie. "Pupillometry". *Wiley Interdisciplinary Reviews: Cognitive Science* 5, nº. 6 (2014), p. 679–92.

14. Warm, Joel S.; Matthews, Gerald; Finomore Jr., Victor S. "Vigilance, workload, and stress". *In*: *Performance Under Stress*, p. 131–58. CRC Press, 2018.

15. Warm, Joel S.; Parasuraman, Raja. "Cerebral hemodynamics and vigilance". *In*: *Neuroergonomics: The Brain at Work*, p. 146–58. 2007.

16. Hitchcock, Edward M.; Warm, Joel S.; Matthews, Gerald; Dember, William N.; Shear, Paula K.; Tripp, Lloyd D.; Mayleben, David W.; Parasuraman, Raja. "Automation cueing modulates cerebral blood flow and vigilance in a simulated air traffic control task". *Theoretical Issues in Ergonomics Science* 4, nº. 1–2 (2003), p. 89–112.

17. Midha, Serena; Maior, Horia A.; Wilson, Max L.; Sharples, Sarah. "Measuring mental workload variations in office work tasks using fNIRS". *International Journal of Human-Computer Studies* 147 (2021): 102580.

18. Norman, Donald A.; Shallice, Tim. "Attention to action". *In*: *Consciousness and Self-Regulation*, p. 1-18. Boston: Springer, 1986.

19. Wickens, Christopher D. "Multiple resources and mental workload". *Human Factors* 50, nº. 3 (2008), p. 449–55.

20. Kalimo, Raija; Mejman, Theo. "Psychological and behavioural responses to stress at work". *Psychosocial Factors at Work and Their Relation to Health* (1987), p. 23–36.

21. Hunter, Mary Carol R.; Gillespie, Brenda W.; Chen, Sophie Yu-Pu. "Urban nature experiences reduce stress in the context of daily life based on salivary biomarkers". *Frontiers in Psychology* 10 (2019), p. 722.

22. Rosenberg, Monica; Noonan, Sarah; DeGutis, Joseph; Esterman, Michael. "Sustaining visual attention in the face of distraction: a novel gradual-onset continuous performance task". *Attention, Perception, & Psychophysics* 75, nº. 3 (2013), p. 426–39.

23. Fortenbaugh, F. C.; Rothlein, D.; McGlinchey, R.; DeGutis, J.; Esterman, M. 2018. "Tracking behavioral and neural fluctuations during sustained attention: a robust replication and extension". *Neuroimage* 171, (2018), p. 148–64.

24. Esterman, M.; Rothlein, D. "Models of sustained attention". *Current Opinion in Psychology* 29, (2019), p. 174–80.

25. Monsell, S. "Task switching". *Trends in Cognitive Sciences* 7, nº. 3 (Março de 2003), p. 134–40.

26. Bartlett, Frederic Charles; Bartlett, F.C. *Remembering: A Study in Experimental and Social Psychology*. Cambridge: Cambridge University Press, 1932.

Capítulo 2

1. Chun, Marvin M.; Wolfe, Jeremy M. "Visual attention". *Blackwell Handbook of Perception*, (2001): p. 272–310.

2. Birnbaum, I. M.; Parker, E. S. *Alcohol and Human Memory*. Lawrence Erlbaum Associates, 1977.

3. Stroop, J. Ridley. "Studies of interference in serial verbal reactions". *Journal of Experimental Psychology* 18, nº. 6 (1935), p. 643.

4. Culler, Arthur Jerome. *Interference and Adaptability: An Experimental Study of Their Relation with Special Reference to Individual Differences*. No. 24. Science Press: 1912.

5. Blain, B.; Hollard, G.; Pessiglione, M. "Neural mechanisms underlying the impact of daylong cognitive work on economic decisions". *Proceedings of the National Academy of Sciences* 113, nº. 25 (2016), p. 6967–72.

6. James, William. 1890. *The Principles of Psychology*. Harvard ed. vol. 2. Nova York: Holt, 1890, p. 404.

7. Chun, Marvin M.; Wolfe, Jeremy M. "Visual attention". *Blackwell Handbook of Perception*, (2001): 272310.

8. Monsell, S. (2003). "Task switching". *Trends in Cognitive Sciences* 7, nº. 3 (Março de 2003), p. 134–40.

9. Nasar, J. L.; Troyer, D. "Pedestrian injuries due to mobile phone use in public places". *Accident Analysis & Prevention* 57 (2013), p. 91–5.

10. Shapiro, Emily. 2021. "How hiker overcame mental hurdles to survive 8 days missing in wilderness". ABC News, 30 de junho de 2021, https://abcnews.go.com/US/hiker-overcame-mental-hurdles-survive-days-missingwilderness/story?id=78533463.

11. Paxton, J. L.; Barch, D. M.; Racine, C. A.; Braver, T. S. "Cognitive control, goal maintenance, and prefrontal function in healthy aging". *Cerebral Cortex* 18, nº. 5 (2008), p. 1010–28.

12. Braver, T. S.; Cohen, J. D. "On the control of control: the role of dopamine in regulating prefrontal function and working memory". *Control of Cognitive Processes: Attention and Performance XVIII*, (2000), p. 713–37.

13. Blain, B.; Hollard, G.; Pessiglione, M. "Neural mechanisms underlying the impact of daylong cognitive work on economic decisions". *Proceedings of the National Academy of Sciences* 113, nº. 25 (2016), p. 6967–72.

14. Collopy, F. "Biases in retrospective self-reports of time use: an empirical study of computer users". *Management Science* 42, nº. 5 (1996), p. 758–67.

15. Kane, Michael J.; Brown, Leslie H.; McVay, Jennifer C.; Silvia, Paul J.; Myin-Germeys, Inez; Kwapil, Thomas R. "For whom the mind wanders, and when: an experience-sampling study of working memory and executive control in daily life". *Psychological Science* 18, nº. 7 (2007), p. 614–21.

16. Baird, Benjamin; Smallwood, Jonathan; Mrazek, Michael D.; Kam, Julia W. Y.; Franklin, Michael S.; Schooler, Jonathan W. "Inspired by distraction: mind wandering facilitates creative incubation". *Psychological Science* 23, nº. 10 (2012), p. 1117–22.

17. Kane, Michael J.; McVay, Jennifer C. "What mind wandering reveals about executive-control abilities and failures". *Current Directions in Psychological Science* 21, nº. 5 (2012), p. 348–54.

18. Levy, David M.; Wobbrock, Jacob O.; Kaszniak, Alfred W.; Ostergren, Marilyn. "The effects of mindfulness meditation training on multitasking in a high-stress information environment". *Proceedings of Graphics Interface*, (2012), p. 45–52.

19. Herrnstein, R.J. On the law of effect 1. *Journal of the Experimental Analysis of Behavior* 13, nº. 2 (1970), p. 243–66.

20. Johnson, Samuel. *The Works of Samuel Johnson*. Londres: Jones & Co., 1825.

21. Baudrillard, J. *Simulacra and Simulation*. Ann Arbor, MI: University of Michigan Press, 1994.

22. "The state of online gaming". Limelight, 2020. Acesso: julho de 2022. https://de.limelight.com/resources/white-paper/state-of-online-gaming-2020/.

23. Kahneman, D. *Attention and Effort*. Englewood Cliffs, NJ: Prentice Hall, 1973.

24. James, William. *The Principles of Psychology*. Vol. 1, Nova York: Holt, 1890.

Capítulo 3

1. Charney, Noah. "Maya Angelou: how I write". *The Daily Beast*, 10 de abril de 2013, https://www.thedailybeast.com/maya-angelou-how-i-write.

2. Locke, John. *An Essay Concerning Human Understanding*. Filadélfia: Kay & Troutman, 1847.

3. James, William. *The Principles of Psychology*. Vol. 1, Nova York: Holt, 1890.

4. Tellegen, Auke; Atkinson, Gilbert. "Openness to absorbing and self-altering experiences ('absorption'), a trait related to hypnotic susceptibility". *Journal of Abnormal Psychology* 83, nº. 3 (1974), p. 268.

5. Lifshitz, Michael; van Elk, Michiel; Luhrmann, Tanya M. "Absorption and spiritual experience: a review of evidence and potential mechanisms". *Consciousness and Cognition* 73 (2019): 102760.

6. Angiulo, Michael J.; Kihlstrom, John F. "Dissociative experiences in a college population". Manuscrito não publicado, University of Arizona, 1993.

7. Webster, Jane; Ho, Hayes. "Audience engagement in multimedia presentations". *ACM SIGMIS Database: The DATABASE for Advances in Information Systems* 28, nº. 2 (1997), p. 63–77.

8. Csikszentmihalyi, Mihaly. *Flow: The Psychology of Optimal Experience*. Nova York: Harper & Row, 1990.

9. Friedman, William. *About Time: Inventing the Fourth Dimension*. The MIT Press, 1990.

10. Hektner, Joel M.; Schmidt, Jennifer A.; Csikszentmihalyi, Mihaly. *Experience Sampling Method: Measuring the Quality of Everyday Life*. Thousand Oaks, CA: Sage, 2007.

11. Plimpton, George. "Maya Angelou, the art of fiction". *The Paris Review* 119, nº. 116 (1990). https://theparisreview.org/interviews/2279/the-art-of-fiction-no-119-maya-angelou.

12. Nakamura, Jeanne; Csikszentmihalyi, Mihaly. "The concept of f low". *In*: *Flow and the Foundations of Positive Psychology*, p. 239–63. Dordrecht: Springer, 2014.

13. Mark, Gloria; Iqbal, Shamsi T.; Czerwinski, Mary; Johns, Paul. "Bored Mondays and focused afternoons: the rhythm of attention and online activity in the workplace". *Proceedings of the SIGCHI Conference on Human Factors in Computing Systems*, Nova York: ACM Press, p. 3025–34. 2014.

14. LeFevre, Judith. “Flow and the quality of experience during work and leisure”. Cambridge: Cambridge University Press, 1988.

15. Curry, David. “Candy Crush revenue and usage statistics”. *Business of Apps*, 2021. https://www.businessofapps.com/data/candy-crush-statistics/.

16. Sweney, Mark. “More than 9m play Candy Crush for three hours or more a day”. *The Guardian*, 26 de junho de 2019. https://www.theguardian.com/games/2019/jun/26/more-than-9m-play-candy-crush-for-three-hours-or-more-a-day-addiction.

17. Mikulas, William L.; Vodanovich, Stephen J. “The essence of boredom”. *The Psychological Record* 43, nº. 1 (1993), p. 3.

18. Fisher, Cynthia D. “Boredom at work: a neglected concept”. *Human Relations* 46, nº. 3 (1993), p. 395–417.

19. Valdez, Pablo; Ramírez, Candelaria; García, Aída; Talamantes, Javier; Armijo, Pablo; Borrani, Jorge. “Circadian rhythms in components of attention”. *Biological Rhythm Research* 36, nº. 1–2 (2005), p. 57–65.

20. Carrier, Julie; Monk, Timothy H. “Circadian rhythms of performance: new trends”. *Chronobiology International* 17, nº. 6 (2000), p. 719–32.

21. Busch, Niko A.; VanRullen, Rufin. “Spontaneous EEG oscillations reveal periodic sampling of visual attention”. *Proceedings of the National Academy of Sciences* 107, nº. 37 (2010), p. 16048–53.

22. Mark, Gloria; Iqbal, Shamsi T.; Czerwinski, Mary; Johns, Paul. “Bored Mondays and focused afternoons: the rhythm of attention and online activity in the workplace”. *Proceedings of the SIGCHI Conference on Human Factors in Computing Systems*, Nova York: ACM Press, p. 3025–34. 2014.

23. Mark, Gloria; Iqbal, Shamsi T.; Czerwinski, Mary; Johns, Paul. “Bored Mondays and focused afternoons: the rhythm of attention and online activity in the workplace”. *Proceedings of the SIGCHI Conference on Human Factors in Computing Systems*, Nova York: ACM Press, p. 3025–34. 2014.

24. Mark, Gloria; Iqbal, Shamsi; Czerwinski, Mary; Johns, Paul. “Focused, aroused, but so distractible: temporal perspectives on multitasking and communications”. *Proceedings of the 18th ACM Conference on Computer Supported Cooperative Work & Social Computing*, Nova York: ACM Press, p. 903–16. 2015.

25. Abdullah, Saeed; Murnane, Elizabeth L.; Matthews, Mark; Kay, Matthew; Kientz, Julie A.; Gay, Geri; Choudhury, Tanzeem. “Cognitive rhythms: unobtrusive and continuous sensing of alertness using a mobile phone”. *Proceedings of the 2016 ACM International Joint Conference on Pervasive and Ubiquitous Computing*, p. 78–189. 2016.

26. Valdez, Pablo; Ramírez, Candelaria; García, Aída; Talamantes, Javier; Cortez, Juventino. “Circadian and homeostatic variation in sustained attention”. *Chronobiology International* 27, nº. 2 (2010), p. 393–416.

27. Behrens, John. *America's Music Makers: Big Bands and Ballrooms: 1911–2011*. Bloomington: AuthorHouse, 2011.

Capítulo 4

1. Metcalfe, Bob. "Microsoft and Netscape open some new fronts in escalating Web Wars". *InfoWorld*, 21 de agosto de 1995, p. 35.
2. Smith, Monica L. *A Prehistory of Ordinary People*. Tucson: University of Arizona Press, 2010.
3. Medeiros-Ward, Nathan; Watson, Jason M.; Strayer, David L. "On supertaskers and the neural basis of efficient multitasking". *Psychonomic Bulletin & Review* 22, nº. 3 (2015), p. 876–83.
4. Poposki, Elizabeth M.; Oswald, Frederick L. "The multitasking preference inventory: toward an improved measure of individual differences in polychronicity". *Human Performance* 23, nº. 3 (2010), p. 247–64.
5. Kaufman, Carol Felker; Lane, Paul M.; Lindquist, Jay D. "Exploring more than 24 hours a day: a preliminary investigation of polychronic time use". *Journal of Consumer Research* 18, nº. 3 (1991), p. 392–401.
6. Cherry, E. Colin. "Some experiments on the recognition of speech, with one and with two ears". *The Journal of the Acoustical Society of America* 25, nº. 5 (1953), p. 975–9.
7. Taylor, Frederick Winslow. *The Principles of Scientific Management*. Nova York: Cosimo Classics, 2010.
8. González, Victor M.; Mark, Gloria. "'Constant, constant, multitasking craziness': managing multiple working spheres". *Proceedings of the SIGCHI Conference on Human Factors in Computing Systems*, Nova York: ACM Press, p. 113–20. 2004.
9. Meyer, Andre N.; Barton, Laura E.; Murphy, Gail C.; Zimmermann, Thomas; Fritz, Thomas. "The work life of developers: activities, switches and perceived productivity". *IEEE Transactions on Software Engineering* 43, nº. 12 (2017), p. 1178–93.
10. Akbar, Fatema. *Stress and Human-Computer Interaction at the Workplace: Unobtrusive Tracking with Wearable Sensors and Computer Logs*. Tese de doutorado não publicada, University of California, Irvine, 2021.
11. Mark, Gloria; Iqbal, Shamsi T.; Czerwinski, Mary; Johns, Paul; Sano, Akane. "Neurotics can't focus: an *in situ* study of online multitasking in the workplace". *Proceedings of the 2016 CHI Conference on Human Factors in Computing Systems*, Nova York: ACM Press, p. 1739–44. 2016.
12. Akbar, Fatema. *Stress and Human-Computer Interaction at the Workplace: Unobtrusive Tracking with Wearable Sensors and Computer Logs*. Tese de doutorado não publicada, University of California, Irvine, 2021.

González, Victor M.; Mark, Gloria. "'Constant, constant, multitasking craziness': managing multiple working spheres". *Proceedings of the SIGCHI Conference on Human Factors in Computing Systems*, Nova York: ACM Press, p. 113–20. 2004.

Mark, Gloria; Voida, Stephen; Cardello, Armand. "A pace not dictated by electrons, an empirical study of work without email". *Proceedings of the SIGCHI Conference on Human Factors in Computing Systems*, Nova York: ACM Press, p. 555–64. 2012.

Mark, Gloria; Iqbal, Shamsi T.; Czerwinski, Mary; Johns, Paul. "Bored Mondays and focused afternoons: the rhythm of attention and online activity in the workplace". *Proceedings of the SIGCHI Conference on Human Factors in Computing Systems*, Nova York: ACM Press, p. 3025–34. 2014.

Mark, Gloria; Iqbal, Shamsi T.; Czerwinski, Mary; Johns, Paul; Sano, Akane. "Neurotics can't focus: an *in situ* study of online multitasking in the workplace". *Proceedings of the 2016 CHI Conference on Human Factors in Computing Systems*, Nova York: ACM Press, p. 1739–44. 2016.

Meyer, Andre N.; Barton, Laura E.; Murphy, Gail C.; Zimmermann, Thomas; Fritz, Thomas. "The work life of developers: activities, switches and perceived productivity". *IEEE Transactions on Software Engineering* 43, nº. 12 (2017), p. 1178–93.

Yeykelis, Leo; Cummings, James J.; Reeves, Byron. "Multitasking on a single device: arousal and the frequency, anticipation, and prediction of switching between media content on a computer". *Journal of Communication* 64, nº. 1 (2014), p. 167–92.

13. Leroy, Sophie. "Why is it so hard to do my work? The challenge of attention residue when switching between work tasks". *Organizational Behavior and Human Decision Processes* 109, nº. 2 (2009), p. 168–81.

14. Horne, J. H.; Lupton, T. "The work activities of 'middle' managers—an exploratory study". *The Journal of Management Studies* 2 (1965), p. 14–33.

15. Mintzberg, H. "Structured observation as a method to study managerial work". *The Journal of Management Studies* 7 (1970), p. 87–104.

16. Sproull, L. S. "The nature of managerial attention". *Advances in Information Processing in Organizations* 1 (1984), p. 9–27.

17. González, Victor M.; Mark, Gloria. "'Constant, constant, multitasking craziness': managing multiple working spheres". *Proceedings of the SIGCHI Conference on Human Factors in Computing Systems*, Nova York: ACM Press, p. 113–20. 2004.

18. Das Swain, Vedant; Saha, Koustuv; Rajvanshy, Hemang; Sirigiri, Anusha; Gregg, Julie M.; Lin, Suwen; Martinez, Gonzalo J.; *et al.* "A multisensor person-centered approach to understand the role of daily activities in job performance

with organizational personas". *Proceedings of the ACM on Interactive, Mobile, Wearable and Ubiquitous Technologies* 3, nº. 4 (2019), p. 1–27.

19. Das Swain, Vedant; Saha, Koustuv; Rajvanshy, Hemang; Sirigiri, Anusha; Gregg, Julie M.; Lin, Suwen; Martinez, Gonzalo J.; *et al.* "A multisensor person--centered approach to understand the role of daily activities in job performance with organizational personas". *Proceedings of the ACM on Interactive, Mobile, Wearable and Ubiquitous Technologies* 3, nº. 4 (2019), p. 1–27.

    González, Victor M.; Mark, Gloria. "'Constant, constant, multitasking craziness': managing multiple working spheres". *In*: *Proceedings of the SIGCHI Conference on Human Factors in Computing Systems*, Nova York: ACM Press, p. 113–20. 2004.

    Horne, J. H.; Lupton, T. "The work activities of 'middle' managers: an exploratory study". *The Journal of Management Studies* 2 (1965), p. 14–33.

    Hudson, J. M.; Christensen, J.; Kellogg, W. A.; Erickson, T. "'I'd be overwhelmed, but it's just one more thing to do': availability and interruption in research management". *In*: *Proceedings of CHI 2002*, p. 97–104. Nova York: ACM Press. 2002.

    Mintzberg, H. "Structured observation as a method to study managerial work". *The Journal of Management Studies* 7 (1970), p. 87–104.

    Sproull, L. S. "The nature of managerial attention". *Advances in Information Processing in Organizations* 1 (1984), p. 9–27.

20. González, Victor M.; Mark, Gloria. "'Constant, constant, multitasking craziness': managing multiple working spheres". *Proceedings of the SIGCHI Conference on Human Factors in Computing Systems*, Nova York: ACM Press, p. 113–20. 2004.
21. Mark, Gloria; González, Victor M.; Harris, Justin. "No task left behind? Examining the nature of fragmented work". *In*: *Proceedings of the SIGCHI Conference on Human Factors in Computing Systems*, Nova York: ACM Press, p. 321–30. 2005.
22. Van Merrienboer, Jeroen J. G.; Sweller, John. "Cognitive load theory and complex learning: recent developments and future directions". *Educational Psychology Review* 17, nº. 2 (2005), p. 147–77.
23. Mark, Gloria; González, Victor M.; Harris, Justin. "No task left behind? Examining the nature of fragmented work". *In*: *Proceedings of the SIGCHI Conference on Human Factors in Computing Systems*, Nova York: ACM Press, p. 321–30. 2005.
24. Jersild, Arthur T. "Mental set and shift". *Archives of Psychology*, (1927).
25. Wegner, Daniel M.; Erber, Ralph. "The hyperaccessibility of suppressed thoughts". *Journal of Personality and Social Psychology* 63, nº. 6 (1992), p. 903.

26. Adler, Rachel F.; Benbunan-Fich, Raquel. "Self-interruptions in discretionary multitasking". *Computers in Human Behavior* 29, nº. 4 (2013), p. 1441–9.

27. Bailey, Brian P.; Konstan, Joseph A. "On the need for attentionaware systems: measuring effects of interruption on task performance, error rate, and affective state". *Computers in Human Behavior* 22, nº. 4 (2006), p. 685–708.

28. Westbrook, Johanna I.; Raban, Magdalena Z.; Walter, Scott R.; Douglas, Heather. "Task errors by emergency physicians are associated with interruptions, multitasking, fatigue and working memory capacity: a prospective, direct observation study". *BMJ Quality & Safety* 27, nº. 8 (2018), p. 655–63.

29. Loukopoulos, Loukia D.; Dismukes, R. Key; Barshi, Immanuel. "Cockpit interruptions and distractions: a line observation study". *In*: *Proceedings of the 11th International Symposium on Aviation Psychology*, p. 1–6. Columbus: Ohio State University Press, 2001.

30. Leroy, Sophie. "Why is it so hard to do my work? The challenge of attention residue when switching between work tasks". *Organizational Behavior and Human Decision Processes* 109, nº. 2 (2009), p. 168–81.

31. Mark, Gloria; Iqbal, Shamsi; Czerwinski, Mary; Johns, Paul. "Focused, aroused, but so distractible: temporal perspectives on multitasking and communications". *In*: *Proceedings of the 18th ACM Conference on Computer Supported Cooperative Work & Social Computing*, Nova York: ACM Press, p. 903–16. 2015.

32. Wetherell, Mark A.; Sidgreaves, Martin C. "Secretory immunoglobulin-A reactivity following increases in workload intensity using the Defined Intensity Stressor Simulation (DISS)". *Stress and Health: Journal of the International Society for the Investigation of Stress* 21, nº. 2 (2005), p. 99–106.

33. Mark, Gloria; Gudith, Daniela; Klocke, Ulrich. "The cost of interrupted work: more speed and stress". *In*: *Proceedings of the SIGCHI Conference on Human Factors in Computing Systems*, Nova York: ACM Press, p. 107–10. 2008.

34. Wetherell, Mark A.; Carter, Kirsty. "The multitasking framework: the effects of increasing workload on acute psychobiological stress reactivity". *Stress and Health* 30, nº. 2 (2014), p. 103–9.

35. Reinecke, Leonard; Aufenanger, Stefan; Beutel, Manfred E.; Dreier, Michael; Quiring, Oliver; Stark, Birgit; Wölfling, Klaus; Müller, Kai W. "Digital stress over the life span: the effects of communication load and internet multitasking on perceived stress and psychological health impairments in a German probability sample". *Media Psychology* 20, nº. 1 (2017), p. 90–115.

36. Mark, Gloria; Iqbal, Shamsi; Czerwinski, Mary; Johns, Paul. "Focused, aroused, but so distractible: temporal perspectives on multitasking and communications". *In*: *Proceedings of the 18th ACM Conference on Computer Supported Cooperative Work & Social Computing*, Nova York: ACM Press, p. 903–16. 2015.

37. Mark, Gloria; Iqbal, Shamsi; Czerwinski, Mary; Johns, Paul; Sano, Akane. "Neurotics can't focus: an in situ study of online multitasking in the workplace". *In*: *Proceedings of the 2016 CHI Conference on Human Factors in Computing Systems*, Nova York: ACM Press, p. 1739–44. 2016.

38. Rideout, Victoria; Robb, Michael B. "The Common Sense census: media use by kids age zero to eight". São Francisco: Common Sense Media, 2020. https://www.commonsensemedia.org/sites/default/files/research/report/2020_zero_to_eight_census_final_web.pdf.

39. Plude, Dana J.; Enns, Jim T.; Brodeur, Darlene. "The development of selective attention: a life-span overview". *Acta Psychologica* 86, nº. 2–3 (1994), p. 227–72.

40. Welsh, Marilyn C.; Pennington, Bruce F.; Groisser, Dena B. "A normative-developmental study of executive function: a window on prefrontal function in children". *Developmental Neuropsychology* 7, nº. 2 (1991), p. 131–49.

41. Declaração de Frances Haugen, 4 de outubro de 2021. "United States Senate Committee on Commerce, Science and Transportation". https://www.commerce.senate.gov/services/files/FC8A558E-824E-4914-BEDB3A7B1190BD49.

42. Anderson, Monica; Jiang, Jingjing. "Teens, social media & technology 2018". *Pew Research Center* 31, nº. 2018 (2018), p. 1673–89.

43. Ceci, L. "TikTok—Statistics & Facts. 2022". Statista. https://www.statista.com/topics/6077/tiktok/#topicHeader__wrapper.

44. Auxier, Brooke; Anderson, Monica. "Social media use in 2021". *Pew Research Center.* 2021. https://www.pewresearch.org/internet/2021/04/07/social-media-use-in-2021/.

45. Wang, Yiran; Niiya, Melissa; Mark, Gloria; Reich, Stephanie M.; Warschauer, Mark. "Coming of age (digitally): an ecological view of social media use among college students". *In*: *Proceedings of the 18th ACM Conference on Computer Supported Cooperative Work & Social Computing*, Nova York: ACM Press, p. 571–82. 2015.

46. Mark, Gloria; Wang, Yiran; Niiya, Melissa. "Stress and multitasking in everyday college life: an empirical study of online activity". *In*: *Proceedings of the SIGCHI Conference on Human Factors in Computing Systems*, Nova York: ACM Press, p. 41–50. 2014.

47. Ophir, Eyal; Nass, Clifford; Wagner, Anthony D. "Cognitive control in media multitaskers". *Proceedings of the National Academy of Sciences* 106, nº. 37 (2009), p. 15583–7.

48. Baumgartner, Susanne E.; van der Schuur, Winneke A.; Lemmens, Jeroen S.; te Poel, Fam. "The relationship between media multitasking and attention problems in adolescents: results of two longitudinal studies". *Human Communication Research* 44, nº. 1 (2018), p. 3–30.

49. Green, C. Shawn; Bavelier, Daphne. "Effect of action video games on the spatial distribution of visuospatial attention". *Journal of Experimental Psychology: Human Perception and Performance* 32, nº. 6 (2006), p. 1465.

50. Boot, Walter R.; Kramer, Arthur F.; Simons, Daniel J.; Fabiani, Monica; Gratton, Gabriele. "The effects of video game playing on attention, memory, and executive control". *Acta Psychologica* 129, nº. 3 (2008), p. 387–98.

Capítulo 5

1. Carr, Nicholas. *The Shallows: What the Internet Is Doing to Our Brains.* Nova York: WW Norton & Company, 2020.

2. Goodreads. Citações de Martin Luther King Jr. Disponível em: https://www.goodreads.com/quotes/211372-the-major-problem-of-life-is-learning-how-to-handle.

3. "Manuscript of S T Coleridge's 'Kubla Khan.'" The British Library. Disponível em: https://www.bl.uk/collection-items/manuscript-of-s-t-coleridges-kubla-khan.

4. Perlow, Leslie A. "The time famine: toward a sociology of work time". *Administrative Science Quarterly* 44, nº. 1 (1999), p. 57–81.

5. Feldman, Elana; Greenway, David. "It's a matter of time: the role of temporal perceptions in emotional experiences of work interruptions". *Group & Organization Management*, (2020): 1059601120959288.

6. Zeigarnik, Andrey V. "Bluma Zeigarnik: a memoir". *Gestalt Theory*, nº. 3 (2007), p. 256–68.

7. Zeigarnik, Bluma. "On finished and unfinished tasks". (1938). Publicado originalmente como *Das Behalten erledigter und unerledigter Handlungen (1927).* Disponível em: https://scholar.google.com/scholar?hl=en&as_sdt=0%2C33&q=On+finished+and+unfinished+tasks+Zeigarnik&btnG=.

8. Lewin, Kurt. "Field theory and experiment in social psychology: concepts and methods". *American Journal of Sociology* 44, nº. 6 (1939), p. 868–96.

9. Zeigarnik, Andrey V. "Bluma Zeigarnik: a memoir". *Gestalt Theory*, nº. 3 (2007), p. 256–68.

10. González, Victor M.; Mark, Gloria. "'Constant, constant, multitasking craziness': managing multiple working spheres". *In*: *Proceedings of the SIGCHI Conference on Human Factors in Computing Systems*, Nova York: ACM Press, p. 113–20. 2004.

11. Jin, Jing; Dabbish, Laura A. "Self-interruption on the computer: a typology of discretionary task interleaving". *In*: *Proceedings of the SIGCHI conference on human factors in computing systems*, Nova York: ACM Press, p. 1799–808. 2009.

12. Lally, Phillippa; Van Jaarsveld, Cornelia H. M.; Potts, Henry W. W.; Wardle, Jane. "How are habits formed: Modelling habit formation in the real world". *European Journal of Social Psychology* 40, nº. 6 (2010), p. 998–1009.

13. Dabbish, Laura; Mark, Gloria; González, Víctor M. "Why do I keep interrupting myself? Environment, habit and self-interruption". *In*: *Proceedings of the SIGCHI Conference on Human Factors in Computing Systems*, Nova York: ACM Press, p. 3127–30. 2011.

14. Altmann, E. M.; Trafton, J. G. "Memory for goals: an activation-based model". *Cognitive Science* 26, nº. 1 (2002), p. 39–83.

15. Altmann, Erik M.; Trafton, J. Gregory. "Timecourse of recovery from task interruption: data and a model". *Psychonomic Bulletin & Review* 14, nº. 6 (2007), p. 1079–84.

16. Mark, Gloria; Gudith, Daniela; Klocke, Ulrich. "The cost of interrupted work: more speed and stress". *In*: *Proceedings of the SIGCHI Conference on Human Factors in Computing Systems*, Nova York: ACM Press, p. 107–10. 2008.

17. Monk, Christopher A. "The effect of frequent versus infrequent interruptions on primary task resumption". *In*: *Proceedings of the Human Factors and Ergonomics Society Annual Meeting* 48, nº. 3, p. 295–9. Los Angeles, CA: SAGE Publications, 2004.

18. Hart, Sandra G.; Staveland, Lowell E. "Development of NASATLX (Task Load Index): results of empirical and theoretical research". *In*: *Advances in Psychology* 52 (1988), p. 139–83. Amsterdã: North-Holland Publishing.

19. Mark, Gloria; Iqbal, Shamsi; Czerwinski, Mary; Johns, Paul. "Focused, aroused, but so distractible: temporal perspectives on multitasking and communications". *In*: *Proceedings of the 18th ACM Conference on Computer Supported Cooperative Work & Social Computing*, Nova York: ACM Press, p. 903–16. 2015.

20. Mark, Gloria; Iqbal, Shamsi T.; Czerwinski, Mary; Johns, Paul; Sano, Akane; Lutchyn, Yuliya. "Email duration, batching and self-interruption: patterns of email use on productivity and stress". *In*: *Proceedings of the 2016 CHI Conference on Human Factors in Computing Systems*, Nova York: ACM Press, p. 1717–28. 2016.

21. Pew Research. "Social media fact sheet". 2021. https://www.pewresearch.org/internet/fact-sheet/social-media/.

22. Klosterman, C. "My zombie, myself: why modern life feels rather undead". *The New York Times*, 3 de dezembro de 2010.

23. Mark, Gloria; Voida, Stephen; Cardello, Armand. "A pace not dictated by electrons, an empirical study of work without email". *In*: *Proceedings of the SIGCHI Conference on Human Factors in Computing Systems*, Nova York: ACM Press, p. 555–64. 2012.

24. Mark, Gloria; Iqbal, Shamsi T.; Czerwinski, Mary; Johns, Paul; Sano, Akane; Lutchyn, Yuliya. "Email duration, batching and self-interruption: Patterns of email use on productivity and stress". *In*: *Proceedings of the 2016 CHI Conference on Human Factors in Computing Systems*, Nova York: ACM Press, p. 1717–28. 2016.

25. Akbar, Fatema; Bayraktaroglu, Ayse Elvan; Buddharaju, Pradeep; Da Cunha Silva, Dennis Rodrigo; Gao, Ge; Grover, Ted; Gutierrez-Osuna, Ricardo; *et al.* "Email makes you sweat: examining email interruptions and stress using thermal imaging". *In*: *Proceedings of the 2019 CHI Conference on Human Factors in Computing Systems*, Nova York, ACM Press, p. 1–14. 2019.

26. Miyata, Yoshiro; Norman, Donald A. "Psychological issues in support of multiple activities". *User Centered System Design: New Perspectives on Human--Computer Interaction*, (1986), p. 265–84.

27. McFarlane, Daniel C. "Comparison of four primary methods for coordinating the interruption of people in human-computer interaction". *Human-Computer Interaction* 17, nº. 1 (2002), p. 63–139.

28. Bailey, Brian P.; Iqbal, Shamsi T. "Understanding changes in mental workload during execution of goal-directed tasks and its application for interruption management". *ACM Transactions on Computer-Human Interaction (TOCHI)* 14, nº. 4 (2008), p. 1–28.

29. Adamczyk, Piotr D.; Bailey, Brian P. "If not now, when? The effects of interruption at different moments within task execution". *In*: *Proceedings of the SIGCHI Conference on Human Factors in Computing Systems*, Nova York: ACM Press, p. 271–8. 2004.

30. Westman, Mina. "Stress and strain crossover". *Human Relations* 54, nº. 6 (2001), p. 717–51.

31. Scullin, Michael K.; Krueger, Madison L.; Ballard, Hannah K.; Pruett, Natalya; Bliwise, Donald L. "The effects of bedtime writing on difficulty falling asleep: a polysomnographic study comparing to-do lists and completed activity lists". *Journal of Experimental Psychology: General*, 147, nº. 1 (2018), p. 139.

Chapter 6

1. Bush, Vannevar. "As we may think". *The Atlantic Monthly* 176, nº. 1 (1945), p. 101–8.

2. Chan, Lois Mai; Salaba, Athena. *Cataloging and Classification: An Introduction*. Rowman & Littlefield, 2015.

3. Berkeley, Edmund Callis. *Giant Brains or Machines that Think*. Nova York: John Wiley & Sons, 1949.

4. Berkeley, Edmund Callis. *Giant Brains or Machines that Think*. Nova York: John Wiley & Sons, 1949, p. 181–2.

5. Nelson, T. H. "Complex information processing: a file structure for the complex, the changing and the indeterminate". *In*: *Proceedings of the 1965 ACM 20th National Conference*, (agosto de 1965), p. 84–100.

6. Nelson, T. H. "Complex information processing: a file structure for the complex, the changing and the indeterminate". *In: Proceedings of the 1965 ACM 20th National Conference*, (agosto de 1965), p. 84–100. Citação na pág. 96.

7. Bardini, Thierry. *Bootstrapping: Douglas Engelbart, Coevolution, and the Origins of Personal Computing*. Stanford: Stanford University Press, 2000.

8. Russell, Bertrand. *Analysis of Mind*. Oxfordshire: Routledge, 2005.

9. Kumar, Abhilasha A. "Semantic memory: a review of methods, models, and current challenges". *Psychonomic Bulletin & Review* 28, nº. 1 (2021), p. 40–80.

10. Mark, Gloria; Haake, Jörg M.; Streitz, Norbert A. "The use of hypermedia in group problem solving: an evaluation of the DOLPHIN electronic meeting room environment". *In*: *Proceedings of the Fourth European Conference on Computer-Supported Cooperative Work ECSCW '95*. Dordrecht: Springer, 1995, p. 197–213.

11. Killingsworth, Matthew A.; Gilbert, Daniel T. "A wandering mind is an unhappy mind". *Science* 330, nº. 6006 (2010), p. 932.

12. Smallwood, Jonathan; Schooler, Jonathan W. "The restless mind". *Psychological Bulletin* 132, nº. 6 (2006), p. 946.

13. Becker, Suzanna; Moscovitch, Morris; Behrmann, Marlene; Joordens, Steve. "Long-term semantic priming: a computational account and empirical evidence". *Journal of Experimental Psychology: Learning, Memory, and Cognition* 23, nº. 5 (1997), p. 1059.

14. Bargh, John A.; Gollwitzer, Peter M.; Lee-Chai, Annette; Barndollar, Kimberly; Trötschel, Roman. "The automated will: nonconscious activation and pursuit of behavioral goals". *Journal of Personality and Social Psychology* 81, nº. 6 (2001), p. 1014.

15. Nedungadi, Prakash. "Recall and consumer consideration sets: Influencing choice without altering brand evaluations". *Journal of Consumer Research* 17, nº. 3 (1990), p. 263–76.

16. Anderson, John R. "A spreading activation theory of memory". *Journal of Verbal Learning and Verbal Behavior* 22, nº. 3 (1983), p. 261–95.

17. Bargh, John A.; Morsella, Ezequiel. "The unconscious mind". *Perspectives on Psychological Science* 3, nº. 1 (2008), p. 73–9.

18. Loewenstein, George. "The psychology of curiosity: a review and reinterpretation". *Psychological Bulletin* 116, nº. 1 (1994), p. 75.

19. Kang, Min Jeong; Hsu, Ming; Krajbich, Ian M.; Loewenstein, George; McClure, Samuel M.; Wang, Joseph Tao-yi; Camerer, Colin F. "The wick in the candle of learning: epistemic curiosity activates reward circuitry and enhances memory". *Psychological Science* 20, nº. 8 (2009), p. 963–73.

20. Clark, Andy. *Natural-Born Cyborgs: Minds, Technologies, and the Future of Human Intelligence*. Oxford: Oxford University Press, 2003.

21. Fisher, Matthew; Goddu, Mariel K.; Keil, Frank C. "Searching for explanations: how the Internet inflates estimates of internal knowledge". *Journal of Experimental Psychology: General* 144, nº. 3 (2015), p. 674.

22. Liu, Xiaoyue; Lin, Xiao; Zheng, Ming; Hu, Yanbo; Wang, Yifan; Wang, Lingxiao; Du, Xiaoxia; Dong, Guangheng. "Internet search alters intra- and inter-regional synchronization in the temporal Gyrus". *Frontiers in Psychology* 9 (2018), p. 260.

23. McLuhan, Marshall. *Understanding Media: The Extensions of Man*. MIT Press, 1994.

24. Wan, Catherine Y.; Schlaug, Gottfried. "Music making as a tool for promoting brain plasticity across the life span". *The Neuroscientist*, 16, nº. 5 (2010), p. 566–77.

25. Small, Gary W.; Moody, Teena D.; Siddarth, Prabha; Bookheimer, Susan Y. "Your brain on Google: patterns of cerebral activation during internet searching". *The American Journal of Geriatric Psychiatry* 17, nº. 2 (2009), p. 116–26.

Capítulo 7

1. Masood, Rahat; Berkovsky, Shlomo; Kaafar, Mohamed Ali. "Tracking and personalization". *In*: *Modern Socio-Technical Perspectives on Privacy*, Cham, Suíça: Springer, 2022, p. 171–202.

2. Bornstein, Robert F. "Exposure and affect: overview and meta-analysis of research, 1968–1987". *Psychological Bulletin* 106, nº. 2 (1989), p. 265.

3. Pereira, Carlos Silva; Teixeira, João; Figueiredo, Patrícia; Xavier, João; Castro, São Luís; Brattico, Elvira. "Music and emotions in the brain: familiarity matters". *PloS One* 6, nº. 11 (2011): e27241.

4. Baker, William; Hutchinson, J.; Moore, Danny; Nedungadi, Prakash. "Brand Familiarity and Advertising: Effects on the Evoked Set and Brand Preference". *In*: *NA—Advances in Consumer Research*. Volume 13, Richard J. Lutz. Provo, UT (eds.): Association for Consumer Research, 1986, p. 637–642.

5. Presbrey, F. "The history and development of advertising". *Advertising & Society Review* 1, nº. 1 (2000).

6. The Eno Story. Acessado em julho de 2022. https://www.eno.co.za/history-fruit-salts/.

7. Barnard, E. *Emporium: Selling the Dream in Colonial Australia*. National Library of Australia, 2015.

8. Plotnick, M.; Eldering, C.; Ryder, D. Expanse Networks Inc., 2002. *Behavioral Targeted Advertising*. U.S. Patent Application 10/116,692.

9. Deshpande, N.; Ahmed, S.; Khode, A. "Web based targeted advertising: a study based on patent information". *Procedia Economics and Finance* 11, (2014), p. 522–35.

10. Watson, David; Clark, Lee Anna; Tellegen, Auke. "Development and validation of brief measures of positive and negative affect: the PANAS scales". *Journal of Personality and Social Psychology* 54, nº. 6 (1988), p. 1063.

11. Ryff, Carol D.; Keyes, Corey Lee M. "The structure of psychological well-being revisited". *Journal of Personality and Social Psychology* 69, nº. 4 (1995), p. 719.

12. Hao, Bibo; Li, Lin; Gao, Rui; Li, Ang; Zhu, Tingshao. "Sensing subjective well-being from social media". *In*: *International Conference on Active Media Technology*. Cham, Suíça: Springer, 2014, p. 324–35

13. De Choudhury, Munmun; Gamon, Michael; Counts, Scott; Horvitz, Eric. "Predicting depression via social media". *In*: *Seventh International AAAI Conference on Weblogs and Social Media*. 2013.

14. Reece, Andrew G.; Danforth, Christopher M. "Instagram photos reveal predictive markers of depression". *EPJ Data Science* 6 (2017), p. 1–12.

15. Kosinski, M.; Stillwell, D.; Graepel, T. "Private traits and attributes are predictable from digital records of human behavior". *Proceedings of the National Academy of Sciences* 110, nº. 15 (2013), p. 5802–5.

16. Kosinski, M.; Stillwell, D.; Graepel, T. "Private traits and attributes are predictable from digital records of human behavior". *Proceedings of the National Academy of Sciences* 110, nº. 15 (2013), p. 5802–5.

17. Youyou, W.; Kosinski, M.; Stillwell, D. "Computer-based personality judgments are more accurate than those made by humans". *Proceedings of the National Academy of Sciences* 112, nº. 4 (2015), p. 1036–40.

18. Reynaud, Emmanuelle; El Khoury-Malhame, Myriam; Rossier, Jérôme; Blin, Olivier; Khalfa, Stéphanie. "Neuroticism modifies psychophysiological responses to fearful films". *PloS One* 7, nº. 3 (2012): e32413.

19. Matz, Sandra C.; Kosinski, Michal; Nave, Gideon; Stillwell, David J. "Psychological targeting as an effective approach to digital mass persuasion". *Proceedings of the National Academy of Sciences* 114, nº. 48 (2017), p. 12714–9.

20. Wang, Weichen; Harari, Gabriella M.; Wang, Rui; Müller, Sandrine R.; Mirjafari, Shayan; Masaba, Kizito; Campbell, Andrew T. "Sensing behavioral change over time: using within-person variability features from mobile sensing to predict personality traits". *Proceedings of the ACM on Interactive, Mobile, Wearable and Ubiquitous Technologies* 2, nº. 3 (2018), p. 1–21.

21. Nowak, Michael; Eckles, Dean. 2014. "Determining user personality characteristics from social networking system communications and characteristics". Patent US8825764B2. https://patents.google.com/patent/US8825764B2/en.

22. LeDoux, J. *The Emotional Brain: The Mysterious Underpinnings of Emotional Life*. Nova York: Simon and Schuster, 1998.

23. Merrill, Jeremy B.; Oremus, Will. "Five points for anger, one for a 'like': How Facebook's formula fostered rage and misinformation". *The Washington Post* (2021). https://www.washingtonpost.com/technology/2021/10/26/facebook-angry-emoji-algorithm/.

24. Manninen, Sandra; Tuominen, Lauri; Dunbar, Robin I.; Karjalainen, Tomi; Hirvonen, Jussi; Arponen, Eveliina; Hari, Riitta; Jääskeläinen, Iiro P.; Sams, Mikko; Nummenmaa, Lauri. "Social laughter triggers endogenous opioid release in humans". *Journal of Neuroscience* 37, nº. 25 (2017), p. 6125–31.

25. Bennett, Mary P.; Zeller, Janice M.; Rosenberg, Lisa; McCann, Judith. "The Effect of Mirthful Laughter on Stress and Natural Killer Cell Activity". *Alternative Therapies in Health and Medicine* 9 (2), (2003), p. 38–45. Disponível em: http://digitalcommons.wku.edu/nurs_fac_pub/9.

26. Ananny, Mike. "The curious connection between apps for gay men and sex offenders". *The Atlantic*. 14 de abril de 2011. https://www.theatlantic.com/technology/archive/2011/04/the-curious-connection-between-apps-for-gay-men-and-sex-offenders/237340/.

Capítulo 8

1. Becker, Barbara; Mark, Gloria. "Constructing social systems through computer-mediated communication". *Virtual Reality* 4, nº. 1 (1999), p. 60–73.

2. Chung, Alicia; Vieira, Dorice; Donley, Tiffany; Tan, Nicholas; Jean-Louis, Girardin; Gouley, Kathleen Kiely; Seixas, Azizi. "Adolescent peer influence on eating behaviors via social media: scoping review". *Journal of Medical Internet Research* 23, nº. 6 (2021): e19697.

3. Puri, Neha; Coomes, Eric A.; Haghbayan, Hourmazd; Gunaratne, Keith. "Social media and vaccine hesitancy: new updates for the era of COVID-19 and globalized infectious diseases". *Human Vaccines & Immunotherapeutics* 16, nº. 11 (2020), p. 2586–93.

4. Krafft, Peter M.; Della Penna, Nicolás; Pentland, Alex Sandy. "An experimental study of cryptocurrency market dynamics". *In*: *Proceedings of the 2018 CHI Conference on Human Factors in Computing Systems*, Nova York: ACM Press, p. 1–13. 2018.

5. Siddiqui, Yusra, 2020. "Emma Chamberlain just resurrected the pants we used to wear instead of leggings". *Who What Wear*. 2020. https://www.whowhatwear.com/emma-chamberlain-flared-leggings/slide2.

6. Humphrey, K. "Hashtags seep into everyday speech". *Star Tribune*. 2012. https://www.startribune.com/hashtags-seep-into-everyday-speech/173909961/.

7. Asch, S. E. "Studies of independence and conformity: I. A minority of one against a unanimous majority". *Psychological Monographs: General and Applied* 70, nº. 9 (1956), p. 1.

8. Brandstetter, Jürgen; Rácz, Péter; Beckner, Clay; Sandoval, Eduardo B.; Hay, Jennifer; Bartneck, Christoph. "A peer pressure experiment: recreation of the Asch conformity experiment with robots". *In*: *2014 IEEE/RSJ International Conference on Intelligent Robots and Systems*, p. 1335–40. IEEE, 2014.

9. Vilhauer, Ruvanee P. "Characteristics of inner reading voices". *Scandinavian Journal of Psychology* 58, nº. 4 (2017), p. 269–74.

10. Nesi, Jacqueline; Choukas-Bradley, Sophia; Prinstein, Mitchell J. "Transformation of adolescent peer relations in the social media context: part 2 — application to peer group processes and future directions for research". *Clinical Child and Family Psychology Review* 21, nº. 3 (2018), p. 295–319.

11. Ohannessian, Christine McCauley; Vannucci, Anna; Flannery, Kaitlin M.; Khan, Sarosh. "Social media use and substance use during emerging adulthood". *Emerging Adulthood* 5, nº. 5 (2017), p. 364–70.

12. Pesquisa da CareerBuilder. "Number of employers using social media to screen candidates at all-time high, finds latest CareerBuilder study". 2017. https://www.prnewswire.com/news-releases/number-of-employers-using-social-media-to-screen-candidates-at-all-time-high-finds-latest-careerbuilder-study-300474228.html.

13. Sherman, Lauren E.; Greenfield, Patricia M.; Hernandez, Leanna M.; Dapretto, Mirella. "Peer influence via Instagram: effects on brain and behavior in adolescence and young adulthood". *Child Development* 89, nº. 1 (2018), p. 37–47.

14. Braams, Barbara R.; van Duijvenvoorde, Anna C. K.; Peper, Jiska S.; Crone, Eveline A. "Longitudinal changes in adolescent risk-taking: a comprehensive study of neural responses to rewards, pubertal development, and risk-taking behavior". *Journal of Neuroscience* 35, nº. 18 (2015), p. 7226–38.

15. Mark, Gloria; Wang, Yiran; Niiya, Melissa. "Stress and multitasking in everyday college life: an empirical study of online activity". *In*: *Proceedings of the SIGCHI Conference on Human Factors in Computing Systems*, Nova York: ACM Press, p. 41–50. 2014.

16. Bradner, Erin; Mark, Gloria. "Why distance matters: effects on cooperation, persuasion and deception". *In*: *Proceedings of the 2002 ACM Conference on Computer Supported Cooperative Work*, Nova York: ACM Press, p. 226–35. 2002.

17. Tajfel, Henri (ed.). *Social Identity and Intergroup Relations*. Vol. 7. Cambridge University Press, 2010.

18. Buzzfeed, 2020. "A college student behind a massively popular paint-mixing TikTok page was fired from Sherwin-Williams". https://www.buzzfeednews.com/article/tanyachen/college-student-behind-a-massively-popular-paint-mixing.

19. Goffman, Erving. *The Presentation of Self in Everyday Life*. Vol. 21. Londres: Harmondsworth, 1978.

20. Barash, Vladimir; Ducheneaut, Nicolas; Isaacs, Ellen; Bellotti, Victoria. "Faceplant: impression (mis)management in Facebook status updates". *In*: *Fourth International AAAI Conference on Weblogs and Social Media*. 2010.

21. Putnam, Robert D. *Bowling Alone: The Collapse and Revival of American Community*. Nova York: Simon and Schuster, 2000.

22. Ellison, N. B.; Steinfield, C.; Lampe, C. "The benefits of Facebook 'friends': social capital and college students' use of online social network sites". *Journal of Computer-Mediated Communication* 12, nº. 4 (2007), p. 1143–68.

23. Granovetter, Mark S. "The strength of weak ties". *American Journal of Sociology* 78, nº. 6 (1973), p. 1360–80.

24. Burke, M.; Marlow, C.; Lento, T. "Social network activity and social well-being". *In*: *Proceedings of the SIGCHI Conference on Human Factors in Computing Systems*, p. 1909–12. 2010.

25. Russell, Bertrand. *Power: A New Social Analysis*, 10. Oxfordshire: Routledge, 2004.

26. Magee, Joe C.; Galinsky, Adam D. "Social hierarchy: the self reinforcing nature of power and status". *Academy of Management Annals* 2, nº. 1 (2008), p. 351–98.

27. Panteli, Niki. "Richness, power cues and email text". *Information & Management* 40, nº. 2 (2002), p. 75–86.

28. Gilbert, Eric. "Phrases that signal workplace hierarchy". *In*: *Proceedings of the ACM 2012 Conference on Computer Supported Cooperative Work*, Nova York: ACM Press, p. 1037–46. 2012.

29. Tchokni, Simo Editha; Séaghdha, Diarmuid O.; Quercia, Daniele. "Emoticons and phrases: status symbols in social media". *In*: *Eighth International AAAI Conference on Weblogs and Social Media*. 2014.

30. Anderson, Cameron; John, Oliver P.; Keltner, Dacher; Kring, Ann M. "Who attains social status? Effects of personality and physical attractiveness in social groups". *Journal of Personality and Social Psychology* 81, nº. 1 (2001), p. 116.

31. Fiske, Susan T. "Controlling other people: the impact of power on stereotyping". *American Psychologist* 48, nº. 6 (1993), p. 621.

32. Dunbar, Robin I. M. "Coevolution of neocortical size, group size and language in humans". *Behavioral and Brain Sciences* 16, nº. 4 (1993), p. 681–94.

33. Gonçalves, Bruno; Perra, Nicola; Vespignani, Alessandro. "Modeling users' activity on Twitter networks: validation of Dunbar's number". *PloS One* 6, nº. 8 (2011): e22656.

34. Buettner, Ricardo. "Getting a job via career-oriented social networking markets". *Electronic Markets* 27, nº. 4 (2017), p. 371–85.

35. Wang, Yiran; Niiya, Melissa; Mark, Gloria; Reich, Stephanie M.; Warschauer, Mark. "Coming of age (digitally): an ecological view of social media use among

college students". *In*: *Proceedings of the 18th ACM Conference on Computer Supported Cooperative Work & Social Computing*, Nova York: ACM Press, p. 571–82. 2015.

Capítulo 9

1. Brown, Chip. "The epic ups and downs of Peter Gelb". *The New York Times*, 21 de março de 2013. https://www.nytimes.com/2013/03/24/magazine/the-epic--ups-and-downs-of-peter-gelb.html.

2. Mischel, W.; Shoda, Y.; Peake, P. K. "The nature of adolescent competencies predicted by preschool delay of gratification". *Journal of Personality and Social Psychology* 54, nº. 4 (1988), p. 687.

3. Moffitt, T. E., Arseneault, L.; Belsky, D.; Dickson, N.; Hancox, R. J.; Harrington, H.; Houts, R.; Poulton, R.; Roberts, B. W.; Ross, S.; Sears, M. R. "A gradient of childhood self-control predicts health, wealth, and public safety". *Proceedings of the National Academy of Sciences* 108, nº. 7 (2011), p. 2693–8.

4. Ayduk, Ozlem; Mendoza-Denton, Rodolfo; Mischel, Walter; Downey, Geraldine; Peake, Philip K.; Rodriguez, Monica. "Regulating the interpersonal self: strategic self-regulation for coping with rejection sensitivity". *Journal of Personality and Social Psychology* 79, nº. 5 (2000), p. 776.

5. Mischel, Walter. *Personality and Assessment*. Psychology Press, 2013.

6. McCrae, Robert R.; Costa, Paul T. "Self-concept and the stability of personality: cross-sectional comparisons of self-reports and ratings". *Journal of Personality and Social Psychology* 43 (1982), p. 1282–92.

7. Mischel, W.; Shoda, Y. "Toward a unified theory of personality". *Handbook of Personality: Theory and Research* 3 (2008), p. 208–41.

8. McCrae, Robert R.; Costa Jr., Paul T. "The five-factor theory of personality". *In*: *Handbook of Personality: Theory and Research*, editado por L. A. Pervin e O. P. John, 2ª ed. Nova York: Guilford, 1999.

9. Mischel, Walter; Shoda, Yuichi. "Personality psychology has two goals: must it be two fields?" *Psychological Inquiry* 5, nº. 2 (1994), p. 156–8.

10. John, O. P.; Donahue, E. M.; Kentle, R. L. 1991. *Big Five Inventory (BFI)* [Database record]. APA PsycTests. https://doi.org/10.1037/t07550-000.

11. Mischel, Walter; Shoda, Yuichi. "Personality psychology has two goals: must it be two fields?" *Psychological Inquiry* 5, nº. 2 (1994), p. 156–8.

12. McCrae, Robert R. "Cross-cultural research on the five-factor model of personality". *Online Readings in Psychology and Culture* 4, nº. 4 (2002), p. 1–12.

13. Terracciano, A.; Abdel-Khalak, A. M.; Adam, N.; Adamovova, L.; Ahn, C.-k.; Ahn, H.-n., *et al.* "National character does not reflect mean personality trait levels in 49 cultures". *Science* 310 (2005), p. 96–100.

14. Costa Jr., P. T.; Terracciano, A.; McCrae, R. R. "Gender differences in personality traits across cultures: robust and surprising findings". *Journal of Personality and Social Psychology* 81 (2001), p. 322–31.

15. Kraaykamp, Gerbert; Van Eijck, Koen. "Personality, media preferences, and cultural participation". *Personality and Individual Differences* 38, nº. 7 (2005), p. 1675–88.

16. Braun, Beate; Stopfer, Juliane M.; Müller, Kai W.; Beutel, Manfred E.; Egloff, Boris. "Personality and video gaming: comparing regular gamers, non-gamers, and gaming addicts and differentiating between game genres". *Computers in Human Behavior* 55 (2016), p. 406–12.

17. Karim, Nor Shahriza Abdul; Ahmad Zamzuri, Nurul Hidayah; Muhamad Nor, Yakinah. "Exploring the relationship between internet ethics in university students and the big five model of personality". *Computers & Education* 53, nº. 1 (2009), p. 86–93.

18. Moore, Kelly; McElroy, James C. "The influence of personality on Facebook usage, wall postings, and regret". *Computers in Human Behavior* 28, nº. 1 (2012), p. 267–74.

19. Mark, Gloria; Ganzach, Yoav. "Personality and internet usage: a large-scale representative study of young adults". *Computers in Human Behavior* 36 (2014), p. 274–81.

20. Szymura, Blazej; Necka, Edward. "Three superfactors of personality and three aspects of attention". *Advances in Personality Psychology.* (2005), p. 75–90.

21. Whiteside, Stephen P.; Lynam, Donald R. "The five factor model and impulsivity: using a structural model of personality to understand impulsivity". *Personality and Individual Differences* 30, nº. 4 (2001), p. 669–89.

22. Cohen, Sheldon; Kamarck, Tom; Mermelstein, Robin. "A global measure of perceived stress". *Journal of Health and Social Behavior.* (1983), p. 385–96.

23. Mark, Gloria; Iqbal, Shamsi T.; Czerwinski, Mary; Johns, Paul; Sano, Akane. "Neurotics can't focus: an in situ study of online multitasking in the workplace". *In*: *Proceedings of the 2016 CHI Conference on Human Factors in Computing Systems*, Nova York: ACM Press, p. 1739–44. 2016.

24. Forster, Sophie; Lavie, Nilli. "Establishing the attention-distractibility trait". *Psychological Science*, (14 de dezembro de 2015), p. 203–12.

25. Mark, Gloria; Iqbal, Shamsi T.; Czerwinski, Mary; Johns, Paul; Sano, Akane; Lutchyn, Yuliya. "Email duration, batching and selfinterruption: patterns of email use on productivity and stress". *In*: *Proceedings of the 2016 CHI Conference on Human Factors in Computing Systems*, Nova York: ACM Press, p. 1717–28. 2016.

26. Mark, Gloria; Gudith, Daniela; Klocke, Ulrich. "The cost of interrupted work: more speed and stress". *In*: *Proceedings of the SIGCHI Conference on Human Factors in Computing Systems*, Nova York: ACM Press, p. 107–10. 2008.

27. Mark, Gloria; Czerwinski, Mary; Iqbal, Shamsi T. "Effects of individual differences in blocking workplace distractions". *In*: *Proceedings of the 2018 CHI Conference on Human Factors in Computing Systems*, Nova York: ACM Press, p. 1–12. 2018.

28. Agarwal, Ritu; Karahanna, Elena. "Time flies when you're having fun: cognitive absorption and beliefs about information technology usage". *MIS Quarterly*, (2000), p. 665–94.

29. Moffitt, T. E., Arseneault, L.; Belsky, D.; Dickson, N.; Hancox, R. J.; Harrington, H.; Houts, R.; Poulton, R.; Roberts, B. W.; Ross, S.; Sears, M. R. "A gradient of childhood self-control predicts health, wealth, and public safety". *Proceedings of the National Academy of Sciences* 108, nº. 7 (2011), p. 2693–8.

30. Mark, Gloria; Czerwinski, Mary; Iqbal, Shamsi T. "Effects of individual differences in blocking workplace distractions". *In*: *Proceedings of the 2018 CHI Conference on Human Factors in Computing Systems*, Nova York: ACM Press, p. 1–12. 2018.

31. Chattu, Vijay Kumar; Manzar, M. D.; Kumary, Soosanna; Burman, Deepa; Spence, David Warren; Pandi-Perumal, Seithikurippu R. "The global problem of insufficient sleep and its serious public health implications". *In*: *Healthcare*, Vol. 7, nº. 1, 1. Multidisciplinary Digital Publishing Institute, 2019.

32. Mark, Gloria; Wang, Yiran; Niiya, Melissa; Reich, Stephanie. "Sleep debt in student life: online attention focus, Facebook, and mood". *In*: *Proceedings of the 2016 CHI Conference on Human Factors in Computing Systems*, Nova York: ACM Press, p. 5517–5528. Maio de 2016.

33. Muraven, M.; Tice, D. M.; Baumeister, R. F. "Self-control as a limited resource: regulatory depletion patterns". *Journal of Personality and Social Psychology* 74, nº. 3 (1998), p. 774.

34. Mischel, W.; Shoda, Y.; Peake, P. K. "The nature of adolescent competencies predicted by preschool delay of gratification". *Journal of Personality and Social Psychology* 54, nº. 4 (1988), p. 687.

35. Watts, T. W.; Duncan, G. J.; Quan, H. "Revisiting the marshmallow test: a conceptual replication investigating links between early delay of gratification and later outcomes". *Psychological Science* 29, nº. 7 (2018), p. 1159–77.

36. Gottfredson, M. R.; Hirschi, T. *A General Theory of Crime*. Stanford University Press, 1990.

Capítulo 10

1. Danner, Deborah D.; Snowdon, David A.; Friesen, Wallace V. "Positive emotions in early life and longevity: findings from the nun study". *Journal of Personality and Social Psychology* 80, nº. 5 (2001), p. 804.

2. Kalman, Maira. "How to iron a sheet, according to Maira Kalman". *New York Magazine*, 15 de abril de 2020.

3. Currey, Mason (ed.). *Daily Rituals: How Artists Work*. Nova York: Knopf, 2013.

4. Flanner, Janet; Thurber, James; Ross, Harold. "Tender Buttons: a day with Gertrude Stein". (13 de outubro de 1934). https://www.newyorker.com/magazine/1934/10/13/tender-buttons.

5. Diener, E. "Introduction to the special section on the structure of emotion". *Journal of Personality and Social Psychology* 76 (1999), p. 803–4.

6. Watson, D.; Wiese, D.; Vaidya, J.; Tellegen, A. "The two general activation systems of affect: structural findings, evolutionary considerations, and psychobiological evidence". *Journal of Personality and Social Psychology* 76, nº. 5 (1999), p. 820.

7. Gibran, Kahlil; Bushrui, Suheil Badi. *The Prophet: A New Annotated Edition*. Simon and Schuster, 2012.

8. Zohar, Dov; Tzischinski, O.; Epstein, R. "Effects of energy availability on immediate and delayed emotional reactions to work events". *Journal of Applied Psychology* 88, nº. 6 (2003), p. 1082.

9. Gross, Sven; Semmer, Norbert K.; Meier, Laurenz L.; Kälin, Wolfgang; Jacobshagen, Nicola; Tschan, Franziska. "The effect of positive events at work on after-work fatigue: they matter most in face of adversity". *Journal of Applied Psychology* 96, nº. 3 (2011), p. 654.

10. Fredrickson, B. L.; Branigan, C. "Positive emotions broaden the scope of attention and thought-action repertoires". *Cognition & Emotion* 19, nº. 3 (2005), p. 313–32.

11. Fredrickson, Barbara L.; Levenson, Robert W. "Positive emotions speed recovery from the cardiovascular sequelae of negative emotions". *Cognition & Emotion* 12, nº. 2 (1998), p. 191–220.

12. Folkman, Susan; Moskowitz, Judith Tedlie. "Positive affect and the other side of coping". *American Psychologist* 55, nº. 6 (2000), p. 647.

13. Agarwal, Ritu; Karahanna, Elena. "Time flies when you're having fun: cognitive absorption and beliefs about information technology usage". *MIS Quarterly*, (2000), p. 665–94.

14. Csikszentmihalyi, Mihaly. *Flow: The Psychology of Optimal Experience*. Vol. 1990. Nova York: Harper & Row, 1990.

15. Kabat-Zinn, Jon. *Wherever You Go, There You Are: Mindfulness Meditation in Everyday Life*. Nova York: Hachette Books, 2009.

16. Mark, Gloria; Iqbal, Shamsi T.; Czerwinski, Mary; Johns, Paul. "Bored Mondays and focused afternoons: the rhythm of attention and online activity in the workplace". *In*: *Proceedings of the SIGCHI Conference on Human Factors in Computing Systems*, Nova York: ACM Press, p. 3025–34. 2014.

17. Posner, Jonathan; Russell, James A.; Peterson, Bradley S. "The circumplex model of affect: an integrative approach to affective neuroscience, cognitive

development, and psychopathology". *Development and Psychopathology* 17, nº. 3 (2005), p. 715–34.

18. Posner, Jonathan; Russell, James A.; Peterson, Bradley S. "The circumplex model of affect: an integrative approach to affective neuroscience, cognitive development, and psychopathology". *Development and Psychopathology* 17, nº. 3 (2005), p. 715–34.

19. Lang, Peter J.; Greenwald, Mark K.; Bradley, Margaret M.; Hamm, Alfons O. "Looking at pictures: affective, facial, visceral, and behavioral reactions". *Psychophysiology* 30, nº. 3 (1993), p. 261–73.

20. Keil, Andreas; Müller, Matthias M.; Gruber, Thomas; Wienbruch, Christian; Stolarova, Margarita; Elbert, Thomas. "Effects of emotional arousal in the cerebral hemispheres: a study of oscillatory brain activity and event-related potentials". *Clinical Neurophysiology* 112, nº. 11 (2001), p. 2057–68.

21. Posner, Jonathan; Russell, James A.; Peterson, Bradley S. "The circumplex model of affect: an integrative approach to affective neuroscience, cognitive development, and psychopathology". *Development and Psychopathology* 17, nº. 3 (2005), p. 715–34.

22. Carver, Charles S.; Scheier, Michael F. "Situational coping and coping dispositions in a stressful transaction". *Journal of Personality and Social Psychology* 66, nº. 1 (1994), p. 184.

23. Smit, A. S.; Eling, P. A.; Coenen, A. M. "Mental effort causes vigilance decrease due to resource depletion". *Acta Psychologica* 115, nº. 1 (2004), p. 35–42.

24. Mark, Gloria; Iqbal, Shamsi; Czerwinski, Mary; Johns, Paul. "Capturing the mood: Facebook and face-to-face encounters in the workplace". *In*: *Proceedings of the 17th ACM Conference on Computer Supported Cooperative Work & Social Computing*, Nova York: ACM Press, p. 1082–94. 2014.

25. Watson, David; Clark, Lee Anna; Tellegen, Auke. "Development and validation of brief measures of positive and negative affect: the PANAS scales". *Journal of Personality and Social Psychology* 54, nº. 6 (1988), p. 1063.

26. Blank, C.; Zaman, S.; Wesley, A.; Tsiamyrtzis, P.; Da Cunha Silva, D. R.; Gutierrez-Osuna, R.; Mark, G.; Pavlidis, I. "Emotional footprints of email interruptions". *In*: *Proceedings of the 2020 CHI Conference on Human Factors in Computing Systems*, Nova York: ACM Press, p. 1–12. 2020.

27. Wickens, Christopher D. "Multiple resources and mental workload". *Human Factors* 50, nº. 3 (2008), p. 449–55.

28. Blank, C.; Zaman, S.; Wesley, A.; Tsiamyrtzis, P.; Da Cunha Silva, D. R.; Gutierrez-Osuna, R.; Mark, G.; Pavlidis, I. "Emotional footprints of email interruptions". *In*: *Proceedings of the 2020 CHI Conference on Human Factors in Computing Systems*, Nova York: ACM Press, p. 1–12. Abril de 2020.

29. Zajonc, Robert B.; Murphy, Sheila T.; Inglehart, Marita. "Feeling and facial efference: implications of the vascular theory of emotion". *Psychological Review* 96, nº. 3 (1989), p. 395.

30. Bartel, Caroline A.; Saavedra, Richard. “The collective construction of work group moods”. *Administrative Science Quarterly* 45, nº. 2 (2000), p. 197–231.

31. Barsade, Sigal G. “The ripple effect: emotional contagion and its influence on group behavior”. *Administrative Science Quarterly* 47, nº. 4 (2002), p. 644–75.

32. Currey, Mason (ed.). *Daily Rituals: How Artists Work*. Nova York: Knopf, 2013.

33. Wickelgren, Wayne A. *How to Solve Problems: Elements of a Theory of Problems and Problem Solving*. São Francisco: WH Freeman, 1974.

34. Currey, Mason (ed.). *Daily Rituals: How Artists Work*. Nova York: Knopf, 2013.

35. Root-Bernstein, Robert S. “Music, creativity and scientific thinking”. *Leonardo* 34, nº. 1 (2001), p. 63–8.

Capítulo 11

1. Rideout, Victoria; Robb, Michael B. *The Common Sense Census: Media Use by Kids Age Zero to Eight*. São Francisco: Common Sense Media, 2020. https://www.commonsensemedia.org/sites/default/files/research/report/2020_zero_to_eight_census_final_web.pdf.

2. “The Nielsen total audience report March 2021”. https://www.nielsen.com/us/en/insights/report/2021/total-audience-advertising-across-todays-media/.

3. Statista 2020. “Average daily time spent watching TV per individual in the United Kingdom (UK) from 2005 to 2020”. https://www.statista.com/statistics/269870/daily-tv-viewing-time-in-the-uk/.

4. Statista 2020. “Audience distribution among the leading television channels in France in 2020”. https://www.statista.com/statistics/381685/audience-share-of-tv-channels-in-france/.

5. Statista 2019. “Average time people spent on watching real-time television per weekday in Japan from fiscal year 2012 to 2019”. https://www.statista.com/statistics/1201929/japan-average-time-spent-real-time-television-per-weekday/.

6. Statista 2019. “Average daily time spent watching television in China from 2011 to 2019 with estimates until 2022”. https://www.statista.com/statistics/467531/china-average-daily-time-spent-watching-tv/.

7. “The Nielsen total audience report March 2021”. https://www.nielsen.com/us/en/insights/report/2021/total-audience-advertising-across-todays-media/.

8. “The Nielsen total audience report March 2021”. https://www.nielsen.com/us/en/insights/report/2021/total-audience-advertising-across-todays-media/.

9. Cutting, James E.; DeLong, Jordan E.; Nothelfer, Christine E. “Attention and the evolution of Hollywood film”. *Psychological Science* 21, nº. 3 (2010), p. 432–9.

10. Cutting, J. E.; Brunick, K. L.; DeLong, J. E.; Iricinschi, C.; Candan, A. "Quicker, faster, darker: changes in Hollywood film over 75 years". *i-Perception* 2, nº. 6 (2011), p. 569–76.

11. Abrams, Richard A.; Christ, Shawn E. "Motion onset captures attention". *Psychological Science* 14, nº. 5 (2003), p. 427–32.

12. Cutting, J. E.; Brunick, K. L.; DeLong, J. E.; Iricinschi, C.; Candan, A. "Quicker, faster, darker: changes in Hollywood film over 75 years". *i-Perception* 2, nº. 6 (2011), p. 569–76.

13. Follows, S. (2017). "How many shots are in the average movie?" Stephen Follows Film Data and Education. Disponível em: https://stephenfollows.com/many-shots-average-movie/.

14. Butler, Jeremy G. "Statistical analysis of television style: what can numbers tell us about TV editing?" *Cinema Journal* 54, nº. 1 (outono de 2014), p. 25–45.

15. Tsivian, Yuri. Lab: MTV Video. Cinemetrics. Acessado em 3 de dezembro de 2021. http://www.cinemetrics.lv/lab.php?ID=165.

16. Statista. "Most popular YouTube videos based on total global views as of August 2021". 2021. https://www.statista.com/statistics/249396/top-youtube-videos-views/.

17. Shevenock, Sarah. Exclusive: Vevo Data Reveals How Often Gen Z Watches Music Videos and Which Ones Overperform With Them. Morning Consult. 2021. Disponível em: https://morningconsult.com/2021/08/02/vevo-exclusive-data-gen-z-music-videos/.

18. Smith, Tim J. "The attentional theory of cinematic continuity". *Projections* 6, nº. 1 (2012), p. 1–27.

19. Smith, Tim J.; Henderson, John M. "Edit blindness: the relationship between attention and global change blindness in dynamic scenes". *Journal of Eye Movement Research* 2, nº. 2 (2008).

20. Barnes, John. *The Beginnings of the Cinema in England 1894-1901. Vol. 2.* Exeter: University of Exeter Press, 1996.

21. Raskin, Richard. "Five explanations for the jump cuts in Godard's Breathless", *P.O.V.: A Danish Journal of Film Studies*, nº. 6. (1998), p. 141–53.

22. Crowther, Bosley. "French film 'Breathless' has shocking power". *The New York Times*, 12 de fevereiro de 1961. https://timesmachine.nytimes.com/timesmachine/1961/02/12/118022212.html?pageNumber=355.

23. BMAC. "How to jump cut like a pro". 2017. https://www.youtube.com/watch?v=p2BqEvoiX04.

24. Schwan, Stephan; Garsoffky, Bärbel; Hesse, Friedrich W. "Do film cuts facilitate the perceptual and cognitive organization of activity sequences?" *Memory & Cognition* 28, nº. 2 (2000), p. 214–23.

25. MacLachlan, James; Logan, Michael. "Camera shot length in TV commercials and their memorability and persuasiveness". *Journal of Advertising Research* 33, nº. 2 (1993), p. 57–62.

26. Elliott, Stuart. "TV Commercials Adjust to a Shorter Attention Span". *The New York Times*, 8 de abril de 2005. https://www.nytimes.com/2005/04/08/business/media/tv-commercials-adjust-to-a-shorter-attention-span.html?searchResultPosition=1.

27. Stanton, John L.; Burke, Jeffrey. "Comparative effectiveness of executional elements in TV advertising: 15 versus 30-second commercials". *Journal of Advertising Research* 38, nº. 6 (1998), p. 7–8.

28. Friedman, Wayne. "Shorter-duration TV commercials on the rise". *Television News Daily*, 4 de outubro de 2017. https://www.mediapost.com/publications/article/308248/shorter-duration-tv-commercials-on-the-rise.html.

29. Mandese, J. "Nielsen patents method for compressing TV ads, finds they can work better than longer ones". *MediaDailyNews*, 11 de junho de 2018. https://www.mediapost.com/publications/article/320538/nielsen-patents-method-for--compressing-tv-ads-fin.html.

30. Newstead, Kate; Romaniuk, Jenni. "Cost per second: the relative effectiveness of 15- and 30-second television advertisements". *Journal of Advertising Research* 50, nº. 1 (2010), p. 68–76.

31. "Facebook for business. Best practices for mobile video ads". Acessado em 31 de agosto de 2021. https://www.facebook.com/business/help/144240239372256?id=603833089963720.

32. Fulgoni, Gian M. "Why marketers need new measures of consumer engagement: how expanding platforms, the 6-second ad, and fewer ads alter engagement and outcomes". *Journal of Advertising Research* 58, nº. 3 (2018), p. 259–62.

33. Ah-young, Chung. "Snack Culture". *The Korea Times*, 2 de fevereiro de 2014. http://www.koreatimes.co.kr/www/news/culture/2014/02/386_150813.html.

34. Hutchinson, Andrew. "TikTok tests even longer video uploads as it looks to expand its presence". *Social Media Today*, 2021. https://www.socialmediatoday.com/news/tiktoks-testing-even-longer-video-uploads-as-it-looks-to-expand-its--presen/605603/.

35. Ceci, L. "TikTok — Statistics & Facts. 2022". Statista. https://www.statista.com/topics/6077/tiktok/#topicHeader__wrapper.

36. Aldredge, J. "Your guide to social media video lengths". 2021. https://vimeo.com/blog/post/social-media-video-lengths/.

37. Brasel, S. Adam; Gips, James. "Media multitasking behavior: concurrent television and computer usage". *Cyberpsychology, Behavior, and Social Networking* 14, nº. 9 (2011), p. 527–34.

38. Cutting, J. E.; Brunick, K. L.; DeLong, J. E.; Iricinschi, C.; Candan, A. "Quicker, faster, darker: changes in Hollywood film over 75 years". *i-Perception* 2, nº. 6 (2011), p. 569–76.

39. Lang, Annie. "The limited capacity model of mediated message processing". *Journal of Communication* 50, nº. 1 (2000), p. 46–70.

40. Lang, Annie; Bolls, Paul; Potter, Robert F.; Kawahara, Karlynn. "The effects of production pacing and arousing content on the information processing of television messages". *Journal of Broadcasting & Electronic Media* 43, nº. 4 (1999), p. 451–75.

41. Kostyrka-Allchorne, Katarzyna; Cooper, Nicholas R.; Kennett, Steffan; Nestler, Steffen; Simpson, Andrew. "The short-term effect of video editing pace on children's inhibition and N2 and P3 ERP components during visual go/no-go task". *Developmental Neuropsychology* 44, nº. 4 (2019), p. 385–96.

42. Lillard, Angeline S.; Peterson, Jennifer. "The immediate impact of different types of television on young children's executive function". *Pediatrics* 128, nº. 4 (2011), p. 644–9.

43. Landhuis, Carl Erik; Poulton, Richie; Welch, David; Hancox, Robert John. "Does childhood television viewing lead to attention problems in adolescence? Results from a prospective longitudinal study". *Pediatrics* 120, nº. 3 (2007), p. 532–7.

44. Cutting, J. E.; Brunick, K. L.; DeLong, J. E.; Iricinschi, C.; Candan, A. "Quicker, faster, darker: changes in Hollywood film over 75 years". *i-Perception* 2, nº. 6 (2011), p. 569–76.

45. Gottschall, Jonathan. *The Storytelling Animal: How Stories Make Us Human.* Houghton Mifflin Harcourt, 2012.

46. McLuhan, Marshall; Fiore, Quentin. *The Medium is the Message.* Nova York: Random House, 1967, p. 115.

Capítulo 12

1. Viereck, George Sylvester. "What life means to Einstein". *The Saturday Evening Post*, 1929. http://www.saturdayeveningpost.com/wp-content/uploads/satevepost/einstein.pdf.

2. Strawson, Galen. "Nietzsche's Metaphysics?" *In*: *Nietzsche on Mind and Nature* (editores: Manuel Dries, Peter J. E. Kail), Oxford University Press, 2015, citação, p. 33.

3. Skinner, Burrhus Frederic. "Why I am not a cognitive psychologist". *Behaviorism* 5, nº. 2 (1977), p. 1–10.

4. Libet, Benjamin. "Unconscious cerebral initiative and the role of conscious will involuntary action". *Behavioral and Brain Sciences* 8, nº. 4 (1985), p. 529–39.

5. Dennett, Daniel C. *Elbow Room: The Varieties of Free Will Worth Wanting.* MIT Press, 2015.

6. Baumeister, Roy F. "Addiction, cigarette smoking, and voluntary control of action: do cigarette smokers lose their free will?" *Addictive Behaviors Reports* 5 (2017), p. 67–84.

7. Shepherd, Joshua. "Free will and consciousness: experimental studies". *Consciousness and Cognition* 21, nº. 2 (2012), p. 915–27.

8. Bandura, Albert. "The reconstrual of 'free will' from the agentic perspective of social cognitive theory". *In*: Baer, John; Kaufman, James C.; Baumeister, Roy F. (eds.), *Are We Free? Psychology and Free Will*. Oxford University Press, 2008, p. 86–127.

Capítulo 13

1. Esler, Murray; Lambert, Elisabeth; Schlaich, Markus. "Point: chronic activation of the sympathetic nervous system is the dominant contributor to systemic hypertension". *Journal of Applied Physiology* 109, nº. 6 (2010), p. 1996–8.

2. Cummins, Robert A. "Subjective well-being, homeostatically protected mood and depression: a synthesis". *In*: *The Exploration of Happiness*, Dordrecht: Springer, 2013, p. 77–95.

3. Cummins, Robert A.; Gullone, Eleonora; Lau, Anna L. D. "A model of subjective well-being homeostasis: the role of personality". *In*: *The Universality of Subjective Wellbeing Indicators*, Dordrecht: Springer, 2002, p. 7–46.

4. Amabile, Teresa M.; Barsade, Sigal G.; Mueller, Jennifer S.; Staw, Barry M. "Affect and creativity at work". *Administrative Science Quarterly* 50, nº. 3 (2005), p. 367–403.

5. Fredrickson, B. L.; Branigan, C. "Positive emotions broaden the scope of attention and thought action repertoires". *Cognition & Emotion* 19, nº. 3 (2005), p. 313–32.

6. Ramus, Franck; Nespor, Marina; Mehler, Jacques. "Correlates of linguistic rhythm in the speech signal". *Cognition* 73, nº. 3 (1999), p. 265–92.

7. Baer, John; Kaufman, James C.; Baumeister, Roy F, *Are We Free? Psychology and Free Will*. Oxford University Press, (2008), p. 86-127.

8. Rowe, Gillian; Hirsh, Jacob B.; Anderson, Adam K. "Positive affect increases the breadth of attentional selection". *Proceedings of the National Academy of Sciences* 104, nº. 1 (2007), p. 383–8.

9. Yerkes, Robert M.; Dodson, John D. "The relation of strength of stimulus to rapidity of habit-formation". *Punishment: Issues and Experiments*, (1908), p. 27–41.

10. Williams, Alex C.; Kaur, Harmanpreet; Mark, Gloria; Thompson, Anne Loomis; Iqbal, Shamsi T.; Teevan, Jaime. "Supporting workplace detachment and reattachment with conversational intelligence". *In*: *Proceedings of the 2018 CHI*

Conference on Human Factors in Computing Systems, Nova York: ACM Press, 2018, p. 1–13.

11. Currey, Mason (ed.). *Daily Rituals: How Artists Work*. Nova York: Knopf, 2013.

Capítulo 14

1. Fink, George. "Stress: the health epidemic of the 21st century". Elsevier SciTech Connect. 2016. http://scitechconnect.elsevier.com/stress-health-epidemic-21st-century/.
2. Mark, Gloria; Voida, Stephen; Cardello, Armand. "A pace not dictated by electrons, an empirical study of work without email". *Proceedings of the SIGCHI Conference on Human Factors in Computing Systems*, Nova York: ACM Press, 2012, p. 555–64.
3. Butts, Marcus M.; Becker, William J.; Boswell, Wendy R. "Hot buttons and time sinks: the effects of electronic communication during nonwork time on emotions and work-nonwork conflict". *Academy of Management Journal* 58, nº. 3 (2015), p. 763–88.
4. Maligorne, Clementine. "Travail: vous avez désormais le droit de vous déconnecter". 2016. https://www.lefigaro.fr/social/2016/12/31/20011-20161231ARTFIG00013-le-droit-a-la-deconnexion-qu-est-ce-que-c-est.php.
5. Pansu, Luc. "Evaluation of 'Right to Disconnect' legislation and its impact on employee's productivity". *International Journal of Management and Applied Research* 5, nº. 3 (2018), p. 99–119.
6. United Nations. Universal Declaration of Human Rights. 1948. Disponível em: https://www.un.org/en/about-us/universal-declaration-of-human-rights.
7. Senate Bill nº. 830. An act to add Section 51206.4 to the Education Code, relating to pupil instruction. https://leginfo.legislature.ca.gov/faces/billTextClient.xhtml?bill_id=201720180SB830.
8. Technology and Social Change Project. Shorenstein Center on Media, Politics and Public Policy, Harvard Kennedy School. Acessado em julho de 2022. https://shorensteincenter.org/programs/technology-social-change/.
9. Center for Humane Technology. 2021. https://www.humanetech.com/.
10. Lapowsky, Issie. "Facebook Exposed 87 Million Users to Cambridge Analytica". *Wired*, 4 de abril de 2018. https://www.wired.com/story/facebook-exposed-87-million-users-to-cambridge-analytica/.
11. Meadows, D. H.; Meadows, D. L.; Randers, J.; Behrens, W. W. *The Limits to Growth*. Nova York: Universe Books, 1972.
12. Kimani, Everlyne; Rowan, Kael; McDuff, Daniel; Czerwinski, Mary; Mark, Gloria. "A conversational agent in support of productivity and wellbeing at work". *In*: *2019 8th International Conference on Affective Computing and Intelligent Interaction (ACII)*, IEEE, 2019, p. 1–7.

13. Loranger, Hoa. “Infinite Scrolling Is Not for Every Website”. Nielsen Norman Group. 2014. https://www.nngroup.com/articles/infinite-scrolling/.

14. Twenge, Jean M.; Spitzberg, Brian H.; Campbell, W. Keith. “Less in-person social interaction with peers among US adolescents in the 21st century and links to loneliness”. *Journal of Social and Personal Relationships* 36, nº. 6 (2019), p. 1892–913.

15. Oppezzo, Marily; Schwartz, Daniel L. “Give your ideas some legs: the positive effect of walking on creative thinking”. *Journal of Experimental Psychology: Learning, Memory, and Cognition* 40, nº. 4 (2014), p. 1142–52.

16. Mark, Gloria; González, Victor M.; Harris, Justin. “No task left behind? Examining the nature of fragmented work”. *In*: *Proceedings of the SIGCHI Conference on Human Factors in Computing Systems*, Nova York, ACM Press, p. 321–30. 2005.

17. Killgore, William D. S.; Cloonan, Sara A.; Taylor, Emily C.; Dailey, Natalie S. “Loneliness: a signature mental health concern in the era of COVID-19”. *Psychiatry Research* 290 (2020): 113117.

18. Emerson, Ralph Waldo. *Essays: Second Series*. Boston: James Munroe and Company, 1844.

19. Su, Norman Makoto; Wang, Yang; Mark, Gloria; Aiyelokun, Tosin; Nakano, Tadashi. “A bosom buddy afar brings a distant land near: Are bloggers a global community?” *In*: *Communities and Technologies*, Dordrecht: Springer, 2005, p. 171–90.

ÍNDICE

Impressão e Acabamento | **Gráfica Viena**
www.graficaviena.com.br